La cuisine de terroir

320 RECETTES DES PROVINCES DE FRANCE

La cuisine de terroir

JEAN FERNIOT

Sélection du Reader's Digest

LA CUISINE DE TERROIR
320 recettes des provinces de France
est une réalisation de Arnoldo Mondadori Editore SpA, Milan
pour Sélection du Reader's Digest

Direction artistique : Giorgio Seppi
Coordination éditoriale : Lidia Maurizi
Coordination de la rédaction : Lucia Moretti
Maquette : Federico Magi
Réalisation : Studio graphique Clara Bolduri, Milan

La sélection des vins accompagnant chaque recette a été faite par
Stefano Francavilla, sommelier de l'A.I.S., pour Iann SpA, Milan

Réalisation : Libris, Grenoble

Sous la direction de Sélection du Reader's Digest
Direction éditoriale : Gérard Chenuet
Responsables de l'ouvrage : Paule Meunier, Christine de Colombel
Suivi éditorial : Bénédicte Robbe
Lecture-correction : Alain Le Saux
Couverture : Patrick Perrin
Suivi technique : Olpan

DEUXIÈME ÉDITION
Premier tirage

Pour nous communiquer vos suggestions ou remarques
sur ce livre, utilisez notre adresse e-mail :
editolivre@readersdigest.tm.fr

ISBN : 2-7098-1695-4

Achevé d'imprimer : août 2005
Dépôt légal en France : septembre 2005
Dépôt légal en Belgique : D-2005-0621-91

Imprimé en Espagne
Printed in Spain
Artes Gráficas Toledo, SA

Sommaire

Préface

Quand ce livre a été publié, avec bonheur, pour la première fois, l'auteur ressentait fortement l'importance de sauvegarder et de valoriser, en plus du caractère régional, le caractère national de la cuisine française contre le nivellement du goût et le déclin de l'art culinaire qui caractérisait la société à cette époque. Dans les années qui ont suivi, il s'est dessiné une tendance inverse, une manière différente de comprendre l'alimentation et le concept même de « se nourrir », qui avait mûri après des changements radicaux et une sensibilité renouvelée du public envers la qualité des produits agroalimentaires et leur goût : ainsi s'est développé un critère de jugement de l'alimentation tout à fait neuf, libre de préjugés et de lieux communs.

La première conséquence, et la plus agréable, a été la redécouverte des valeurs qui sont à la base de la cuisine, et en particulier de la cuisine française, qui plonge une grande partie de ses racines dans la tradition rurale, où les rôles de premier plan sont tenus par les produits authentiques de la terre avec leur spécificité, liée à la géographie, au climat, aux coutumes d'un lieu.

La seconde conséquence a été de retrouver des saveurs simples, mais variées, exaltées par la compétence séculaire des mains féminines qui, bien loin du faste de la cuisine de cour, se sont préoccupées pendant des siècles d'obtenir, avec les produits du potager, de quoi « nourrir leur nichée » comme le rappelle affectueusement Ferniot lui-même. Son objectif fondamental a été de conserver ces recettes, lentement élaborées au fil du temps, pour les faire revenir sur la table de tous les jours, loin des tours de force des grands chefs.

Les pages de ce volume se révèlent donc un réservoir de découvertes originales, dans le plus grand respect de l'« histoire » d'un grand pays : du reste, après avoir passé de nombreuses années de village en village dans la province française, demeurée à l'écart des grands circuits touristiques et toutefois prodigue en trésors, l'auteur a su sauvegarder des plats de la cuisine locale, les préservant par là de l'oubli ; il offre ainsi aux lecteurs des recettes recueillies un peu partout, mais toujours testées personnellement et proposées avec une rigueur scrupuleuse et une grande clarté.

Ne vous étonnez donc pas si parmi les ingrédients se trouvent des fromages rares, des saucissons quasi introuvables et des vins de valeur, et ne vous arrêtez pas devant les mille variétés d'un plat et la cuisson parfois longue de certaines préparations : la gastronomie est un art, et qui s'y consacre sait transformer la plus rustique des soupes en un plat mémorable.

L'éditeur

Introduction

Bien des pays ont égalé, voire surpassé, la France dans la plupart des arts : littérature, peinture, architecture, musique.

En cuisine, non.

Il faut en chercher la raison, dans une large mesure, et sans diminuer le talent personnel de tous ceux et de toutes celles qui furent et sont les brillants créateurs et les humbles artisans de la cuisine, dans l'histoire et dans la géographie.

L'art culinaire est né de la nécessité. Se nourrir est un besoin avant de devenir un plaisir. C'est pourquoi, de tous les phénomènes socioculturels, l'alimentation est sans doute celui qui rend le mieux compte de la vie d'une communauté, dans le temps et dans l'espace.

Depuis fort longtemps, la cuisine française a connu une double inspiration et une double pratique : dans le milieu aristocratique, à commencer par la cour – surtout à partir du moment où les Valois reçurent l'influence italienne – et dans le monde rural.

C'est surtout cette dernière source qui intéresse ce livre, car elle fut à l'origine, pour l'essentiel, des cuisines de terroir. Celles-ci furent l'affaire des femmes, alors que la cuisine de cour resta le privilège des hommes, officiers de bouche et maîtres queux de l'Ancien Régime.

Pendant des siècles, tandis que les hommes se laissaient trop souvent aller à leur penchant de violence, les femmes de la campagne, pacifiques, généreuses, inventives, nourrissaient leur nichée avec ce qui leur tombait sous la main. Face aux œuvres de mort, elles protégeaient la vie. L'expérience prouve qu'elles ont dû, fréquemment, suppléer à l'opulence par l'imagination. Aussi découvre-t-on que des régions pauvres peuvent créer une cuisine plus originale et même plus savoureuse que les régions riches.

C'est donc aux femmes que nous devons, pour la plupart, les recettes où entrent les produits de la cueillette et, peut-on dire, du hasard : champignons, herbes et baies sauvages, écrevisses, grenouilles, escargots, et ainsi de suite.

Nos compagnes s'occupaient en outre de la basse-cour, de la traite du bétail et donc de la fabrication du fromage.

Le fromage était œuvre féminine par excellence. Féminine et monastique. Les couvents possédaient des troupeaux. Et des vignes, pour le vin de la messe. Les gens à robe – paysannes et moines – nous ont fait là de fameux cadeaux.

Paradoxalement, la seule région de France qui n'ait guère de tradition de terroir est l'Ile-de-France. On citerait difficilement dix recettes, alors qu'elles foisonnent ailleurs. Avec le miroton, la sauce Bercy, le jambon de Paris et le potage aux poireaux et pommes de terre, le tour est à peu près fait.

Et pourtant, c'est à Paris que, par leur nombre, leur qualité et leur variété, les restaurants illustrent la cuisine française. L'importance du marché dirige vers l'énorme agglomération les meilleurs produits. Tout converge vers Rungis, actuellement le plus grand marché de produits frais du monde, puis repart de Rungis, non seulement vers Paris et sa banlieue, mais vers de plus lointaines contrées : pas moins d'un Français sur cinq est approvisionné par cet énorme centre.

L'esprit inventif des femmes ne suffit pas, je le répète, à expliquer l'extrême diversité des recettes de terroir.

Dans un espace plus petit que la Turquie, à peine plus grand que la Suède, s'offrent à la curiosité et à la gourmandise des plats aussi différents que la choucroute alsacienne, la garbure béarnaise, la bouillabaisse provençale, le bœuf bourguignon, le gratin dauphinois, la pissaladière niçoise, le cassoulet languedocien, la quiche lorraine, la carbonade flamande, les tripes normandes, les crêpes bretonnes, l'aligot auvergnat, et ainsi de suite.

La France est faite d'une mosaïque de provinces, façonnées par l'Histoire, une succession tumultueuse de guerres, de révolutions, d'annexions et d'invasions. Peu de pays où les peuples les plus divers ont ainsi passé et laissé leurs traces.

Parler de France du Nord et de France du Sud, de langue d'oïl et de langue d'oc, de droit écrit et de droit coutumier, de champs clos et de vaine pâture ne rend pas compte d'une réalité plus complexe encore. Aux frontières du territoire français, des communautés ethniques restent présentes, malgré une centralisation étatique, politique et administrative qui fut le fait de tous les régimes français, par nécessité de sauvegarder une unité nationale sans cesse menacée par la force centrifuge.

Cette centralisation n'est pas allée cependant, Dieu merci, jusqu'à unifier les cuisines flamande, alsacienne, savoyarde, niçoise, corse, catalane, basque et bretonne.

Si les éléments de base de la « cuisine de pauvre » sont souvent les mêmes, il n'y a rien de commun dans la façon de traiter, par exemple, les escargots en Roussillon, en Bourgogne et en Saintonge, la morue à Nice, à Rodez et à Fécamp.

Et les abats, bas morceaux d'une haute cuisine ! Tripes à la mode de Caen, de La Ferté-Macé, à la paloise, à la rouergate, à l'angoumoise, à la niçoise, à la manière corse, à la nivernaise ; le gras-double à la lyonnaise, à la dauphinoise, à l'albigeoise, à la basquaise… Et les pieds de cochon de Sainte-Menehould, les andouillettes de Vouvray, de Troyes, d'Arras, les andouilles de Vire et de Guéméné, les boudins blancs d'Albi et de Rethel !

Quant au cochon, c'est le roi. Chaque région, parfois chaque partie de région, a sa façon de préparer le jambon, séché, fumé, cuit, passé à la cendre, salé, poivré, avec ou sans os. Jean Giraudoux, je crois, parlait de cette saucisse qu'on appelle choucroute dans le Nord et cassoulet dans le Midi. C'est peu dire : on ne saurait comparer en rien celles de Toulouse, de Strasbourg, de Montbéliard, de Savoie, de Morteau, de Gascogne, les saucissons du Forez, de Lyon, d'Arles, de Morlaàs, de Bretagne, de Cerdagne.

Tout est variété, presque à l'infini, en France. La soupe de poissons n'a pas la même composition selon qu'elle s'appelle bouillabaisse, bouillinade, ttoro, chaudrée, cotriade, marmite dieppoise ou pauchouse.

La potée, si on la rencontre en toutes les provinces, puisqu'elle constitua longtemps le plat unique des campagnes – potage, viande et légumes –, ne ressemble jamais en un lieu à ce qu'elle est à côté.

Compagne inséparable de la cuisine, la pâtisserie a trouvé en France un terrain de choix. Que ne fait-on pas avec de la farine, du sucre, des œufs, du lait et, parfois, l'appoint d'amandes, de noix, de fruits à noyau ou à pépins, d'eau-de-vie, qui donnent un cachet particulier aux gimblettes d'Albi, au kugelhopf d'Alsace, à la brioche de Riom, au clafoutis limousin, aux croquants de Mauriac, au rigodon bourgui-

Une vue de Semur-en-Auxois, pittoresque petite ville de Bourgogne, aux environs de Dijon. Le centre historique, qui a conservé intact son aspect médiéval, est entouré d'anciennes murailles jalonnées de puissantes tours de guet.

gnon, au casseron angoumois, aux pognes de Romans, au tôt-fait lorrain, aux bugnes lyonnaises, aux douillons normands et au gâteau de Savoie.

Et pour les puristes qui voient le comble de l'art dans une grande économie de moyens, dans la sainte simplicité, allons à l'essentiel avec les fromages, qui n'utilisent, sauf quelques rares exceptions, que le lait et la nature. Winston Churchill demanda au général de Gaulle comment on pouvait gouverner un pays qui possédait autant de fromages. Tant pis pour les politiciens, les gourmets y trouvent leur compte, surtout sachant qu'il y a, en France, sans doute autant de vins que de fromages.

On ne comprendrait pas les traditions multiformes de la cuisine régionale française si l'on n'ajoutait, aux explications historiques, celles qui découlent de la répartition de certains produits.

Il y a une France de l'huile d'olive, une du beurre, une de la graisse d'oie et du saindoux.

Il y a une France de l'oignon, une de l'ail, une de l'échalote.

Il y a une France du vin, une de la bière, une du cidre.

Il y a une France des plaines, une des montagnes, une de la mer.

Tout cela explique, dans un grand remue-ménage culinaire, que de très petites régions, comme le Pays basque, le comté de Nice ou la Flandre, soient aussi riches en saveurs que des provinces vastes comme la Normandie, la Lorraine ou la Gascogne.

Il fallait cependant, pour ce livre qui n'est ni un traité d'ethnographie ni un catalogue de conservatoire, mais un recueil de recettes, sélectionnées et rédigées de telle sorte que chacun puisse les exécuter, faire une présentation simplifiée.

Les cuisines de terroir ont donc été réunies en huit grandes régions :

– le Nord (Flandre, Hainaut, Avesnois, Artois, Boulonnais, Ponthieu, Picardie, Cambrésis) ;

Ci-dessous : l'anse de la baie des Trépassés, dans le Finistère. Comprise entre la pointe du Raz et la pointe du Van, elle est un des sites touristiques les plus suggestifs de la péninsule bretonne grâce à sa longue plage de sable. En face de la baie, l'île de Sein et l'îlot de Tevennec.

Ci-contre : plongée dans les brumes du petit matin, la campagne de Terrasson-La-Villedieu, traversée par la Vézère. Nous sommes au cœur du Périgord noir qui comprend des sites préhistoriques parmi les plus importants d'Europe, dont la grotte de Lascaux.

– l'Est (Champagne, Lorraine, Alsace, Bourgogne, Franche-Comté, Nivernais) ;
– l'Ouest (Berry, Orléanais, Touraine, Anjou, Bretagne, Maine, Normandie) ;
– l'Ouest atlantique (Bordelais, Périgord, Quercy, Angoumois, Aunis, Saintonge, Poitou) ;
– l'Est alpin (Lyonnais, Bresse, Bugey, Savoie, Dauphiné) ;
– le Massif central (Bourbonnais, Auvergne, Velay, Vivarais, Gévaudan, Rouergue, Limousin, Marche) ;
– le Midi méditerranéen (Provence, comté de Nice, Corse, Languedoc méditerranéen, Roussillon) ;
– le Midi pyrénéen (Gascogne, Languedoc toulousain, Béarn, Pays basque, comté de Foix, Albigeois).

Il me reste, pour terminer, à souhaiter aux lecteurs de ce livre de prendre du plaisir à exécuter des recettes qui firent la joie de nos ancêtres. Enfin, je manquerais à la plus élémentaire probité si je ne rendais hommage à tous ceux qui se sont employés à découvrir les racines des traditions culinaires de la France, et en particulier de son territoire : Maurice Edmond Sailland, connu sous le nom de Curnonsky, le prince des gastronomes, Marcel Rouff et Robert Courtine, qui furent pionniers en ce domaine. Puis, experts en gastronomie, passionnés de cuisine, Florence Arzel, Monique Gruénais-Vanverts, Marie Ceccaldi, Irène Karsenty, Jeanne Léveillé, Simone Morand, Doris et Anne Walther, Monique Esquerré-Ancieux, Christiane Schapira, Céline Vence, Jacques Médecin, Joseph Koscher, Christian Délu, Jean-Pierre Poulain, Jean-Luc Rouyer, Roger Lallemand, La Mazille, M. Barberousse, Simin Palay, Henri Philippon, Pierre Gaertner, Louis Le Cunff, Philippe Guéroult, Famille Vincenot, Christian Bernadac, Amicale des cuisiniers auvergnats de Paris, Jean-Marie Cuny, François Decuq, combien d'autres...

Et aussi tous les chefs qui n'ont pas jugé déshonorant de s'inspirer des vieilles recettes du terroir.

J. F.

D940
TARDINGHEN

Nord

Artois
Avesnois
Boulonnais
Cambrésis
Flandre
Hainaut
Picardie
Ponthieu

Morcelée par les convulsions de l'Histoire en Flandre, Hainaut, Avesnois, Artois, Boulonnais, Ponthieu, Picardie et Cambrésis, la région située au nord de Paris, entre la mer et la Belgique, doit à sa géographie les rigueurs d'un climat humide et froid et la brumeuse mélancolie des paysages. Ne s'élèvent guère, au-dessus du plat pays, que les clochers et les beffrois.

Est-ce à cause de cela que, beaucoup plus qu'ailleurs en France, Flamands, Artésiens et Picards ont, avec le goût du travail, celui de la fête ?

Bons vivants, amateurs de divertissements populaires, ils entretiennent leur joie par une cuisine solide, riche, dont le symbole est le hochepot, où entrent en quantité viandes de bœuf et de porc, ainsi que légumes variés. Tous les plats nordiques sont longuement mijotés, et l'on ne s'étonnera pas de la grande faveur dont jouissent les soupes : à la bière, à la betterave, aux grenouilles, à la tripe, aux herbes, à la citrouille, aux poireaux...

La bière ici remplace le vin. Point de vigne à cette latitude et sur ces terrains, mais de l'orge et du houblon. Ainsi l'antique cervoise germanique sert-elle autant à désaltérer les gosiers qu'à enjoliver les ragoûts. Le Nord est aussi la région des légumes, surtout des oignons. On en trouve dans toute la cuisine, dessert mis à part. C'est à l'oignon qu'est parfumé ce territoire. Et aussi à l'huile de friture : comme sa voisine

Pages 12-13 : l'église de Tardinghen, petit village près de Wissant, sur la route qui conduit de Calais à Boulogne-sur-Mer. À l'arrière-plan, le profil du cap Blanc-Nez : de ce promontoire, le panorama s'étend jusqu'à la côte anglaise.

Ci-dessus : de nombreux bateaux de pêche remplissent les quais du port de Boulogne-sur-Mer, ville au bord de la Manche, centre d'un intense trafic naval et du plus important commerce de France lié aux chalutiers.

Ci-contre : un dense réseau de moulins à vent égaye les paysages de la Flandre. Ici, nous sommes à Steenvoorde, proche de la frontière avec la Belgique : parmi les moulins qui ont rendu la ville fameuse, le Steenmeulen, construit en briques rouges en 1864.

À droite : un village accroché à la falaise semble défier la mer de la Côte d'Opale, dans la Picardie septentrionale. Entre Calais et Dunkerque, sur une portion de côte longue de 130 km caractérisée, sur certaines sections, par des dunes et des falaises, se sont élevés des établissements balnéaires et de thalassothérapie.

belge, la Flandre française a fait des pommes de terre frites son plat de prédilection. Ce goût commun, des deux côtés de la frontière, s'étend aux moules, aux succulentes moules présentes en mer du Nord.

Le goût des mets simples, des nourritures rustiques et reconstituantes, peu onéreuses, dans cette région qui connut les premières industries françaises (textile et mines), a fait du hareng – le *king herring* des Anglais – le roi aussi des côtes françaises. Au Moyen Âge, ce poisson a sauvé bien des pauvres gens menacés par la famine. Baigné de vin blanc, agrémenté d'oignons et de genièvre, enrobé d'huile et enrichi de poivre en grains, verni par la fumée du saurissage et grillé sur la braise, simplement frais, avec une sauce moutarde, aujourd'hui encore le hareng garde une place privilégiée dans l'alimentation des Flamands, Artésiens, Picards et, plus au sud, Normands.

C'est que Boulogne occupe la première place dans la pêche française (10 % des poissons pêchés). Arrivent là, avec le hareng, poissons et crustacés les plus recherchés. Mais la cuisine traditionnelle du Nord ignore les homards, les soles et les turbots.

Le hareng reste le roi, avec les poissons d'eau douce, carpes et anguilles notamment.

À la cuisine robuste des régions du Nord ne pouvaient que correspondre des fromages d'une égale puissance. Certains palais délicats les jugeront même agressifs. C'est le cas du maroilles, le plus connu et l'un des plus anciens fromages français.

Mais, si puissant qu'il soit aux narines et au palais, il ne peut rivaliser avec la boulette d'Avesnes ou le gris (qu'on appelle aussi « puant », tout un programme) de Lille.

On pourrait dire aussi que les cuisinières picardes ont toujours « la main à la pâte ». En effet, elles ne se contentent pas de tartes, aux poireaux ou aux pommes, mais elles confectionnent avec talent des pâtés de poisson, de viande, de gibier, de volaille, de fromage ou de fruits. Et c'est à bon droit que le pâté de canard d'Amiens est réputé.

Amateurs qu'ils sont de saveurs aigres-douces, par exemple celle des pruneaux en cuisine, les gens du Nord ne détestent pas non plus les goûts plus violents.

Aussi, pour aider à la bonne digestion de plats et de produits savoureux, mais pesants, il ne faut pas moins que le genièvre de Wambrechies, alcool de grain peu connu hors de cette région, mais qui gagnerait à l'être.

Soupe à la bière

FLANDRE

PRÉPARATION : 30 MINUTES
CUISSON : 35 MINUTES
TRÈS FACILE
PINOT BLANC D'ALSACE AOC

POUR 6 PERSONNES :

1,5 l de bière
70 g de farine
70 g de beurre
2 jaunes d'œufs
1 verre de crème fraîche
1 gros oignon
1 cuillerée à café de sucre
1 pincée de cannelle
sel, poivre

• Dans une casserole, sur feu moyen, faire blondir au beurre l'oignon émincé. Ajouter la farine et tourner pour faire un roux. Verser ensuite sans hâte la bière, sans cesser de tourner. Amener à ébullition, saler, poivrer, ajouter le sucre et la cannelle. Laisser cuire 30 minutes à feu très doux.

• Pendant la cuisson, mélanger les jaunes d'œufs à la crème. Au moment de servir, hors du feu, mélanger à la soupe la liaison de la crème et des jaunes.

• Verser la soupe sur des tranches de pain de campagne grillées.

Soupe des hortillonnages

PICARDIE

PRÉPARATION : 40 MINUTES
CUISSON : 1 HEURE
FACILE
BOURGUEIL AOC ROUGE

POUR 6 PERSONNES :

1 cœur de chou pommé nouveau
6 blancs de gros poireaux
250 g de pommes de terre nouvelles
500 g de petits pois en cosse
75 g de beurre
1 laitue pommée
100 g d'oseille
1 petit bouquet de cerfeuil
sel, poivre

• Laver le cœur du chou, le blanc des poireaux, les pommes de terre pelées et coupées en petits morceaux.

• Couper le chou en petites lanières et les poireaux en rondelles fines. Écosser les petits pois.

• Dans un fait-tout, faire chauffer 30 g de beurre et y faire étuver pendant 10 minutes le chou et les poireaux. Mouiller de 2 l d'eau, jeter pommes de terre et petits pois.

• Amener à ébullition, saler, poivrer généreusement, couvrir, cuire 45 minutes à petit bouillottement.

• Ôter les queues de l'oseille, la laver, la sécher. Laver la laitue, la découper en lanières.

• Dans le reste du beurre, faire étuver l'oseille, la laitue et le cerfeuil haché. Dix minutes avant la fin de la cuisson des légumes, jeter dans le fait-tout la fondue de laitue, oseille et cerfeuil.

• Le potage est versé sur des tranches de pain grillées.

Soupe des hortillonnages

Soupe de grenouilles

PICARDIE

PRÉPARATION : 30 MINUTES
CUISSON : 35 MINUTES
FACILE
MUSCADET SÈVRE-ET-MAINE AOC BLANC

POUR 4 PERSONNES :

24 paires de cuisses de grenouille
3 oignons moyens, dont un piqué d'un clou de girofle
25 cl de vin blanc sec
2 œufs
50 g de beurre
20 cl de crème fraîche
1 bouquet garni (thym, laurier, persil)
2 cuillerées à soupe de ciboulette ciselée
3 cuillerées à soupe de mie de pain rassis
1 gousse d'ail
sel, poivre

• Mettre dans une casserole le beurre et deux des oignons pelés et finement émincés.

• Laisser étuver en remuant souvent, pendant 15 minutes, sans roussir.

• Ajouter les cuisses de grenouille, le vin, 50 cl d'eau, le bouquet garni, l'oignon piqué, la gousse d'ail pelée, sel et poivre. Laisser mijoter, à frémissement, 15 minutes de nouveau.

• Retirer de la casserole le bouquet, l'oignon piqué et l'ail, dont on se débarrasse. Retirer les cuisses de grenouille, les désosser. Passer au mixer la mie de pain, le tiers de la chair des grenouilles et cuire à feu doux dans le bouillon.

• Pendant ce temps, mélanger les jaunes d'œufs avec la crème et 3 cuillerées à soupe de bouillon passé. Verser doucement dans la casserole en remuant avec une cuiller en bois. Ne pas laisser monter à ébullition.

• Mettre dans une soupière ce qui reste de cuisses de grenouille désossées, la ciboulette, et verser dessus le bouillon très chaud.

• Servir sur des tranches de pain grillées.

Soupe de grenouilles

entrées

Flamiche aux poireaux

PICARDIE

Préparation : 35 minutes + repos de la pâte
Cuisson : 30 minutes
Facile
COTEAUX CHAMPENOIS AOC ROUGE

Pour 6 personnes :
350 g de farine
200 g de beurre
1 kg de gros poireaux
1/2 l de lait
1 œuf
sel, poivre, 1 pincée de muscade

• Confectionner une pâte brisée avec 300 g de farine, 150 g de beurre, une pincée de sel, un peu d'eau. Laisser la pâte reposer 15 minutes, en boule.

• Prendre la partie blanche des poireaux, la laver, la sécher, la couper en rondelles de 3 mm d'épaisseur. Dans une casserole, mettre 50 g de beurre et, à feu doux et à couvert, laisser étuver les poireaux en les remuant de temps en temps avec une cuiller en bois pour les empêcher d'attacher. Ils doivent devenir transparents et très souples, mais non colorés.

• Dans la casserole où cuisent les poireaux, faire tomber les 50 g de farine restants et mélanger à feu doux. Quand l'amalgame est fait, verser lentement le lait (en garder 2 cuillerées) tout en tournant et continuer 3 ou 4 minutes après que l'ébullition a commencé.

• Saler, poivrer, ajouter la pincée de muscade, laisser tiédir.
Abaisser au rouleau les deux tiers de la boule de pâte, en un cercle de 3 mm d'épaisseur, et en garnir le fond et les bords d'une tourtière assez haute, en laissant dépasser un petit ruban de pâte tout autour.

• Remplir la tourtière ainsi préparée de poireaux tièdes. Abaisser le dernier tiers de la boule de pâte en un cercle pour en faire un couvercle, qu'on pose sur les poireaux. Relever le rebord qu'on a laissé dépasser de la tourtière et le souder au couvercle en pinçant avec les doigts humectés d'eau.

• Piquer la surface de quelques coups de couteau, badigeonner avec un jaune d'œuf délayé dans le lait restant.

• Enfourner à four chaud 15 minutes, puis à four moyen pendant 15 autres minutes.

Ficelles picardes

PICARDIE

Préparation (à commencer 1 heure avant) : 1 heure
Cuisson : 10 minutes
Facile
ANJOU AOC ROSÉ

Pour 6 personnes :
300 g de farine
3 œufs
1 l de lait entier
2 cuillerées à soupe d'huile d'arachide
100 g de beurre
250 g de champignons de Paris
4 cuillerées à soupe de gruyère râpé
6 tranches fines de jambon cuit
6 cuillerées à soupe de crème fraîche
75 g de lard gras frais
1 pincée de muscade
sel, poivre

• Une heure avant de préparer les ficelles, faire une pâte à crêpes. Pour cela, mettre dans une terrine la farine et une pincée de sel. Pratiquer une fontaine au centre, y verser l'huile et y casser les œufs, délayer le tout délicatement. Verser 1/2 l de lait et amalgamer peu à peu le mélange à toute la farine.

• Battre la pâte afin d'éviter la formation de grumeaux et la laisser reposer. Nettoyer, laver, sécher et émincer en petits dés les champignons. Les jeter dans une casserole avec 20 g de beurre, à feu doux, pendant 15 minutes, pour qu'ils rendent leur eau.

• Pendant que les champignons cuisent, faire une béchamel avec le beurre, la farine et le lait restants et l'assaisonner de sel, poivre et muscade. Faire épaissir la sauce en tournant sur feu doux pendant quelques minutes. Incorporer les champignons à la béchamel et continuer à tourner.

• Puis, hors du feu, mélanger à la sauce la moitié du gruyère râpé. Conserver au chaud.

Tarte aux oignons

PICARDIE

Préparation : 30 minutes + repos de la pâte
Cuisson : 20 minutes
Facile
ROSÉ DES RICEYS AOC

Pour 6 personnes :
200 g de farine
150 g de beurre
3 œufs
200 g de crème fraîche
1 cuillerée d'huile
1 kg d'oignons
1/2 verre d'eau
sel, poivre

• Faire une pâte brisée avec la farine, 100 g de beurre, 1/2 verre d'eau, une pincée de sel.

• La malaxer en boule et la laisser reposer 30 minutes.

• Peler et émincer les oignons. Les faire cuire à la poêle dans un mélange de 25 g de beurre et d'huile, mais ne pas les laisser prendre couleur. Saler, poivrer.

• Beurrer un moule à tarte, abaisser la pâte et en foncer le moule, puis garnir avec les oignons.

• Au fouet, mélanger la crème et les œufs, saler et poivrer le mélange, verser sur les oignons. Faire cuire à four chaud 20 minutes.

• Faire des crêpes en se servant du lard pour graisser la poêle. Les réserver au fur et à mesure de leur cuisson.
Utiliser une grande poêle, afin que les crêpes soient fines et larges.

• Couper le jambon en lanières larges de 2 cm. Sur chaque crêpe étalée, étendre du jambon et de la sauce aux champignons. Rouler la « ficelle » ainsi préparée et la déposer dans un plat à gratin bien beurré. Ranger les ficelles côte à côte.

• Faire chauffer la crème à feu doux, la saler et la poivrer, la répandre sur les ficelles avec le reste du fromage râpé.

• À four très chaud, enfourner le plat 10 minutes.

Goyère

HAINAUT ET FLANDRE

PRÉPARATION : 30 MINUTES
REPOS DE LA PÂTE : 1 HEURE
CUISSON : 30 MINUTES
FACILE
RIESLING D'ALSACE AOC

POUR 6 PERSONNES :

1 fromage de Maroilles
250 g de farine
1 tasse de lait
100 g de beurre
1 œuf
3 cuillerées à soupe de crème fraîche
8 g de levure de boulanger
sel, poivre

• Préparer la pâte 2 heures à l'avance. Délayer la levure dans le lait tiède, faire fondre le beurre, le laisser refroidir. Mettre la farine dans une terrine, creuser un trou au centre, y verser la levure délayée dans le lait et le beurre fondu, bien mélanger ces éléments à la farine, saler légèrement et incorporer l'œuf en fin d'opération.

• Pétrir cette pâte à la main pendant 5 bonnes minutes, puis l'étaler au rouleau et en garnir une tourtière qu'on aura beurrée et légèrement farinée.

• Laisser 1 heure la tourtière dans un endroit tiède pour que la pâte lève.

• Peler le fromage de Maroilles, le couper en lamelles et disposer celles-ci sur la pâte, dans la tourtière. Recouvrir de crème poivrée généreusement.

• Placer 30 minutes dans un four chaud. À la sortie du four, disperser de petits copeaux de beurre frais.

Harengs à la boulonnaise

poissons

Harengs à la boulonnaise

BOULONNAIS

PRÉPARATION : 20 MINUTES
CUISSON : 15 MINUTES
FACILE
SAUMUR AOC BLANC

POUR 4 PERSONNES :

4 harengs frais d'environ 250 g chacun, si possible avec leur laitance ou avec leurs œufs
2 échalotes
4 champignons de Paris, de taille moyenne
1 petit bouquet de persil
50 g de beurre
1 cuillerée à soupe d'huile d'arachide
sel, poivre

• Écailler les harengs, leur couper tête et queue, les fendre dorsalement, les ouvrir, ôter l'arête. Récupérer la laitance ou les œufs. Laver et essuyer les poissons.

• Mixer échalotes pelées et champignons nettoyés, ainsi que le persil, la laitance ou les œufs, le beurre. Saler et poivrer ce hachis. Placer celui-ci à l'intérieur des harengs et envelopper chacun d'eux, avec sel, poivre et un filet d'huile, dans une papillote de papier aluminium.
Cuire à four très chaud 15 minutes.

Anguilles au vert

FLANDRE

PRÉPARATION : 30 MINUTES
CUISSON : 20 MINUTES
FACILE
REUILLY AOC BLANC

POUR 4 PERSONNES :

1,5 kg de petites anguilles dépouillées
1 verre de farine
200 g d'oseille
150 g d'épinards
30 g de persil
30 g de cerfeuil

Caudière de Berck

BOULONNAIS

PRÉPARATION : 45 MINUTES
CUISSON : 30 MINUTES
FACILE
GRAVES AOC BLANC

POUR 4 PERSONNES :

1,5 kg de poissons (tels que turbot, sole, grondin, saint-pierre, congre) écaillés, dépouillés et vidés
4 oignons moyens
3 gousses d'ail
1 bouquet garni (thym, laurier, persil)
3 ou 4 branches de persil
1 kg de pommes de terre
2 l de moules
4 œufs
20 cl de crème fraîche, sel, poivre

• Peler et émincer les oignons, les disposer en couche dans une sauteuse ou une casserole, avec le persil ciselé, l'ail pelé et haché, le bouquet garni, les pommes de terre pelées, lavées et coupées en quartiers. Mouiller avec 3 l d'eau. Saler, poivrer et porter à ébullition. Laisser bouillir une dizaine de minutes.

• Découper les poissons en tronçons, les poser sur les pommes de terre. Le liquide doit les baigner ; ajouter, au besoin, un peu d'eau bouillante. Laisser cuire 15 minutes à petits bouillons.

• Laver les moules, les gratter, les mettre dans une casserole sur feu vif. Couvrir. Lorsque la vapeur sort de la casserole, découvrir, remuer avec une spatule ou une cuiller en bois. Vider les moules ouvertes, mettre leur chair dans une soupière. Y ajouter poissons et pommes de terre grâce à une écumoire. Éliminer le bouquet garni.

• Dans un bol ou une terrine, délayer les jaunes d'œufs et la crème en y mêlant petit à petit 4 cuillerées d'eau de cuisson des poissons. Verser l'eau tamisée des moules dans la sauteuse ou la casserole.

• Lier soigneusement avec le mélange crème-jaunes d'œufs versé lentement, sans jamais cesser de tourner et sans laisser bouillir. Verser dans la soupière.

• On peut, après cuisson, ôter les arêtes des poissons cuits, mais il faut veiller à ce qu'ils ne tombent pas en charpie.

Caudière de Berck

Harengs au gratin

BOULONNAIS

PRÉPARATION : 10 MINUTES
CUISSON : 40 MINUTES
TRÈS FACILE
🍷 MONTLOUIS AOC BLANC

POUR 6 PERSONNES :

6 harengs frais dont on a levé les filets
2 oignons moyens
1 petit bouquet de persil
2 feuilles de laurier, 1 branche de thym
2 cuillerées à soupe d'huile d'arachide
1/2 verre de vin rouge
1/4 de verre de vinaigre de vin
sel, poivre

• Si les harengs ont de la laitance, la réserver. Peler et émincer en rondelles les oignons. Huiler un plat allant au four, au fond comme sur les parois. Étaler au fond du plat les oignons et le persil haché. Étaler les filets de façon que les bords se chevauchent un peu.

• Poivrer, saler légèrement, placer au-dessus le laurier et le thym. Passer une dizaine de minutes le plat à four doux.

• Sortir le plat du four, verser le reste d'huile sur les harengs, puis, lentement, le vin et le vinaigre. Glisser les laitances, si l'on en dispose, entre les filets. Remettre le plat à four modéré une trentaine de minutes. Servir.

> * *Comme Bruxelles, Lille apprécie les frites. Les rues en sont parfumées. Dans un livre intitulé* Les Provinciaux, *le journaliste Henri Deligny écrit : « Toulouse sent la violette ; Brest, la crêpe ; Strasbourg, la choucroute ; Bordeaux, la futaille. Lille, c'est la frite [...] La frite lilloise est républicaine, socialiste, plébéienne. Quiconque débarque en gare, même s'il croit savoir que la traction électrique remplace de nos jours la vapeur, découvrira qu'ici les locomotives marchent à la frite... »*

Viandes

Caqhuse

PICARDIE

PRÉPARATION : 10 MINUTES
CUISSON : 1 H 30
TRÈS FACILE
🍷 MORGON AOC ROUGE

POUR 6 PERSONNES :

1,2 kg de cuisse de porc (rouelle)
750 g d'oignons
50 g de beurre
1 cuillerée à soupe de vinaigre
sel, poivre

• Placer le morceau de jambon frais dans un plat allant au four.

• Saler et poivrer. Peler et émincer les oignons ; les placer autour de la viande, ainsi que le beurre en petits morceaux.

• Enfourner 1 h 30 (four modéré). À la fin de la cuisson, verser le vinaigre dans le plat et le mélanger au jus de cuisson. Laisser refroidir.

Coq à la bière

FLANDRE ET ARTOIS

PRÉPARATION : 15 MINUTES
CUISSON : 2 H 40
FACILE
🍷 BIÈRE

POUR 6 PERSONNES :

1 coq de 3,5 kg, coupé en morceaux
2 bouteilles de 66 cl de bière blonde
400 g de champignons de Paris

Caqhuse

4 échalotes
20 cl de crème fraîche
100 g de beurre
3 cuillerées à soupe d'huile d'arachide
1 bouquet garni (thym, laurier, persil)
sel, poivre

• Chauffer dans une cocotte l'huile et une noisette de beurre. Colorer de tous côtés les morceaux de coq et les réserver.

• Jeter la graisse de cuisson. Placer deux noix de beurre dans la cocotte et faire revenir 5 minutes les échalotes, qui auront été hachées finement. Poser dessus les morceaux de coq, verser la bière, ajouter le bouquet garni, saler et poivrer.

• Laisser cuire à feu doux, et à couvert, 2 h 30. Après 2 heures de cuisson, émincer les champignons et les jeter dans la cocotte. À la fin de la cuisson, réserver les morceaux de coq et les tenir au chaud.

• Faire réduire le liquide de cuisson jusqu'à ce qu'il soit onctueux.

• Ajouter alors la crème et laisser bouillir 3 minutes. Incorporer le beurre en battant au fouet. Rectifier l'assaisonnement et verser la sauce sur la volaille. On peut parsemer du persil haché sur la préparation.

Coq à la bière

Hochepot

FLANDRE ET HAINAUT

Préparation : 30 minutes
Cuisson : 3 heures
Facile
Fronsac AOC rouge

Pour 6 personnes :
600 g de plates côtes de bœuf
600 g de pied de porc
150 g de queue de porc demi-sel
600 g d'épaule de mouton
250 g de poitrine de porc demi-sel
1 saucisson à cuire (facultatif)
1 chou blanc
500 g de carottes
1 branche de céleri
1 oignon piqué de clous de girofle
300 g de poireaux
1 bouquet garni
6 pommes de terre
sel, poivre

• Placer dans une casserole d'eau froide, pour les blanchir, poitrine et queue de porc.

• Porter à ébullition, laisser frémir l'eau 10 minutes. Passer les viandes à l'eau froide.

• Dans un fait-tout, placer les viandes de porc, de bœuf et de mouton. Couvrir d'eau, poivrer, saler et porter à ébullition.

• Écumer. Cuire 2 heures à feu doux.

• Pendant la cuisson, laver le chou, le couper en quatre, puis le faire blanchir 5 minutes à l'eau bouillante salée.

• Égoutter, passer à l'eau froide, émincer le chou. Éplucher et laver carottes et pommes de terre. Laver les poireaux, en garder le blanc. Laver le céleri. Peler et piquer l'oignon.

• Au bout des 2 heures de cuisson des viandes, ajouter tous les légumes et le bouquet garni dans le fait-tout et laisser cuire encore 1 heure à léger bouillottement ; 45 minutes avant la fin, ajouter (éventuellement) le saucisson.

• Servir le bouillon avec quelques légumes, puis la viande.

Waterzoï de poularde

FLANDRE

À commencer la veille
Préparation : 20 minutes
Cuisson : 1 h 20
Difficile
🍷 Mâcon, mâcon supérieur AOC rouge

Pour 8 personnes :

1 poularde de 1,8 kg
2 pieds de céleri
3 gros poireaux
2 oignons, dont un piqué de 2 clous de girofle
6 branches de persil, avec leurs racines de préférence
100 g de beurre
1 dl de vin blanc sec
1/2 l de bouillon de jarret de veau
4 jaunes d'œufs
1 verre de crème fraîche
sel, poivre

Pour le bouillon :

1 jarret de veau
2 carottes
2 navets
2 poireaux
1 oignon piqué d'un clou de girofle

• La veille, faire cuire les ingrédients du bouillon et garder l'eau de cuisson. Découper la poularde en morceaux. Ôter les parties ligneuses des côtes de céleri. Nettoyer, laver les blancs des poireaux.

• Couper céleri, poireaux et un oignon en julienne. Faire un bottillon des branches de persil, racines grattées et lavées.
Dans une sauteuse, faire fondre du beurre, y disposer la julienne et, au milieu, le persil. Éparpiller quelques noisettes de beurre, verser le vin blanc.

• Couvrir la sauteuse et laisser cuire à feu doux 20 minutes. Placer les morceaux de poularde dans la julienne et recouvrir de bouillon.

• Rectifier l'assaisonnement. Se débarrasser du bottillon de persil et de l'oignon piqué. Faire bouillir, baisser la flamme, couvrir, laisser cuire à très léger frémissement.

• Après 1 heure, fouetter ou passer au mixer la crème, les jaunes d'œufs, le persil, 1 noix de beurre amolli.

• Placer les morceaux de poularde, dont on vérifie la cuisson en constatant que la chair se détache bien des os, dans une soupière. Conserver au chaud.

• Retirer la sauteuse du feu, y incorporer lentement le mélange crème-œufs-persil-beurre. Rectifier l'assaisonnement. Réchauffer 1 minute à feu doux sans laisser bouillir, verser sur les morceaux de poularde.

Lapin aux pruneaux

ARTOIS, FLANDRE, HAINAUT

À commencer la veille
Préparation : 30 minutes
Cuisson : 1 h 20
Difficile
🍷 Chinon AOC rouge

Pour 6 personnes :

1 lapin de 1,5 kg
5 oignons moyens
2 carottes
2 bouteilles de vin rouge
1 bol de vinaigre de vin
1 kg de pruneaux
3 cuillerées à soupe d'huile d'arachide
150 g de poitrine de porc fraîche
12 petits oignons
75 g de beurre
2 cuillerées à soupe de farine
2 gousses d'ail
1 petit bouquet de persil, 2 branches de thym, 1 feuille de laurier
3 cuillerées à soupe de gelée de groseille
sel, poivre en grains

• La veille, dépouiller et vider le lapin. Placer le foie dans un bol avec un demi-bol de vinaigre. Couper le lapin en morceaux, peler et découper en rondelles carottes et oignons moyens. Mettre le tout dans une terrine avec le reste du vinaigre, les grains de poivre, la moitié du vin, le laurier, le thym, le persil. Brasser et laisser mariner jusqu'au lendemain. La veille également, placer les pruneaux dans le reste du vin pour qu'ils gonflent. Égoutter le lapin, sécher les morceaux avec du papier absorbant, sans frotter.

• Dans une cocotte, faire fondre le beurre et l'huile, faire dorer à feu doux les morceaux de lapin en les retournant, puis les retirer et les réserver.
Couper en lardons la poitrine de porc débarrassée de sa couenne et des cartilages, et les faire dorer dans la cocotte à la place du lapin. Réserver les lardons et les remplacer par les petits oignons épluchés et entiers.

• Quand ils sont colorés, remettre avec eux, en cocotte, lardons et morceaux de lapin. Saupoudrer de farine et remuer quelques minutes pour colorer.
Égoutter les pruneaux, verser dans la cocotte le vin dans lequel ils ont trempé, ajouter le persil, le thym, le laurier, l'ail épluché. Passer le jus et le verser dans la cocotte. Laisser prendre l'ébullition.

• Baisser la flamme et laisser mijoter, à couvert, pendant 1 heure. Après 30 minutes, ajouter les pruneaux, qui cuiront avec la préparation pendant les 30 autres minutes.

• Cinq minutes avant la fin de la cuisson, ajouter le foie pilé. Avec une écumoire, ôter le contenu de la cocotte et se débarrasser du persil, du thym, du laurier et de l'ail.

• Disposer dans un plat creux et mélanger rapidement la gelée de groseille à la sauce restée en cocotte. Napper.

** La tarte aux légumes (poireaux, oignons, citrouille) qu'on appelle flamiche est l'un des plats les plus populaires de la région du Nord. Elle n'eut cependant pas le bonheur de plaire à Alphonse Karr, écrivain et humoriste célèbre du XIXe siècle : « En Picardie, disait-il, on m'a servi de la tarte aux poireaux. Ce serait très mauvais si on pouvait en manger. »*

Lapin aux pruneaux

Potjevleisch

Potjevleisch

FLANDRE

À PRÉPARER LA VEILLE
PRÉPARATION : 40 MINUTES
CUISSON : 3 HEURES
DIFFICILE
BOURGUEIL AOC ROUGE

POUR 8 PERSONNES :

1 grosse poule (entre 2 et 3 kg)
1 beau lapin (environ 2 kg)
300 g d'épaule de veau
200 g de poitrine de porc fraîche
200 g d'échalotes
1 bouteille de vin blanc sec
1 gros bouquet de persil
2 branches de thym
1 feuille de laurier
1 couenne de porc fraîche de la taille de la terrine
sel, poivre

• Prélever les ailes et les cuisses de la poule, ainsi que les pattes avant et arrière du lapin (conserver le râble pour d'autres usages). Ne pas ôter les os des viandes. Couper le veau en morceaux d'environ 5 cm de côté et la poitrine en lardons, après avoir ôté sa couenne et ses cartilages. Peler et hacher les échalotes, ciseler le persil.

• Dans une terrine en terre, tasser les morceaux de viande, en les alternant, glisser les lardons dans les interstices, parsemer, entre les couches, le hachis d'échalotes et persil. Saler, poivrer. Verser le vin, qui doit légèrement couvrir les viandes. Placer au-dessus le thym, le laurier, puis la couenne, côté gras contre les viandes.

• Fermer hermétiquement la terrine, au besoin en lutant le couvercle. Placer celle-ci dans un plat contenant de l'eau, mettre le tout à four doux pendant 3 heures. On doit entendre, dans la terrine, un léger bouillottement. Laisser tiédir, ôter la couenne, le thym, le laurier. Désosser alors seulement les morceaux de poule et de lapin.

• Remettre le tout en terrine, tasser, recouvrir de la couenne. Laisser refroidir, puis placer au réfrigérateur.

Rognons au genièvre

FLANDRE ET ARTOIS

PRÉPARATION : 20 MINUTES
CUISSON : 25 MINUTES
FACILE
SAUMUR-CHAMPIGNY AOC ROUGE

POUR 4 PERSONNES :

4 rognons de veau, dégraissés, coupés en deux et bien nettoyés
50 g de beurre
750 g de pommes de terre à chair ferme
3 cuillerées à soupe d'huile
1 verre d'alcool de genièvre
1/2 verre de vin blanc sec
sel, poivre

• Peler les pommes de terre, les couper en rondelles minces après les avoir lavées, les sécher dans un torchon.

• Faire chauffer l'huile dans la poêle et y faire dorer les rondelles de pommes de terre des deux côtés. Saler, poivrer, laisser cuire à feu doux, sur les deux faces, pendant 20 minutes en tout, dans la poêle couverte.

• Pendant ce temps, faire chauffer le beurre dans une autre poêle ; quand il est très chaud, y saisir les rognons, 2 ou 3 minutes sur chaque face. Baisser la flamme, saler, poivrer, couvrir et laisser cuire à très petit feu une vingtaine de minutes.

• Retirer les rognons, les émincer. Ils doivent être rosés à l'intérieur. Mélanger le jus recueilli à celui de la cuisson.

• Sur le plat de service, disposer les pommes de terre et, dessus, les rognons tenus au chaud. Dans la poêle de cuisson des rognons, verser le genièvre. Déglacer à feu vif. Ajouter le vin. Remuer 2 minutes à feu réduit. Napper ou servir à part.

Carbonnade

FLANDRE

PRÉPARATION : 40 MINUTES
CUISSON : 3 HEURES
FACILE
CHINON AOC ROUGE

POUR 6 PERSONNES :

1,2 kg de bœuf à braiser (tranche, hampe, basses côtes, paleron) maigre, coupé en tranches de 5 cm de côté et 1 cm d'épaisseur
350 g d'oignons
250 g de poitrine de porc fumée
1 cuillerée à soupe de cassonade
50 cl de bière
1 cuillerée à soupe de vinaigre de vin
1 cuillerée à soupe de moutarde forte
1 bouquet garni (thym, laurier, persil)
150 g de pain rassis
50 g de beurre
sel, poivre

• Peler et hacher les oignons. Couper en dés la poitrine fumée, débarrassée de la couenne et des cartilages. Dans une cocotte, faire chauffer le beurre et colorer les tranches de viande à feu vif, en les retournant. Réserver. Faire de même avec les lardons fumés. Remplacer ensuite les lardons, dans la même cocotte, par les oignons émincés. Les colorer en remuant avec une cuiller de bois. Quand ils sont dorés, les saupoudrer de cassonade et baisser le feu, pour que les oignons caramélisent. Ôter du feu, mélanger le vinaigre. Laisser cuire 3 minutes.

• Remettre les tranches de viande dans la cocotte, en alternant avec des couches d'oignons, et placer le bouquet garni au milieu de la préparation. Saler, poivrer. Tartiner de la moutarde sur les tranches de pain rassis, qu'on placera par-dessus.

• Verser la bière, qui doit arriver à hauteur. Faire cuire à four doux la cocotte couverte pendant 3 heures.

• Ce plat peut être accompagné de pommes de terre frites.

Carbonnade

Endives à la flamande

FLANDRE

PRÉPARATION : 20 MINUTES
CUISSON : 30 MINUTES
TRÈS FACILE
VOUVRAY AOC BLANC

POUR 4 PERSONNES :

1 kg d'endives
(que les Belges appellent chicons)
80 g de beurre
1 cuillerée à soupe de sucre
1 citron
sel, poivre

• Supprimer les feuilles extérieures abîmées des endives et inciser profondément le trognon en croix, pour qu'il s'amollisse en cuisant. Si le trognon est très dur, l'enlever par une incision conique.

• Laver et sécher les endives. Les plonger dans 2 l d'eau salée bouillante. Les blanchir ainsi 5 minutes, les égoutter, les sécher dans du papier absorbant.

• À feu doux, en cocotte, chauffer la moitié du beurre et le retirer du feu dès qu'il est mousseux.

• Ranger les endives dans la cocotte sur une seule couche, saler et poivrer, saupoudrer de sucre et arroser du jus du citron.

• Étendre sur les endives du papier sulfurisé bien beurré et couvrir hermétiquement. Placer la cocotte dans un four à chaleur douce et laisser cuire 30 minutes.

• Les endives peuvent être servies ainsi, ou passées à la poêle pour leur donner une couleur dorée, ou encore être recouvertes d'une béchamel avec fromage râpé et chapelure avant de gratiner au four.

Endives à la flamande

Asperges à la flamande

Asperges à la flamande

FLANDRE

PRÉPARATION : 30 MINUTES
CUISSON : 45 MINUTES
TRÈS FACILE
🍷 QUINCY AOC BLANC

POUR 6 PERSONNES :

1,5 kg d'asperges blanches
6 œufs
1 gros bouquet de persil
250 g de beurre très frais
sel, poivre

• Peler les asperges et ôter le bout terreux, les laver et les lier en petits bottillons de cinq ou six. Toutes les asperges doivent avoir la même longueur.

• Les jeter dans 3 l d'eau salée et laisser cuire 45 minutes à petits bouillons. Égoutter ensuite les bottillons sur du papier absorbant ou sur un linge propre. Délier les bottillons et ranger les asperges sur un linge blanc replié, dans le plat de service. Dans les 12 dernières minutes de la cuisson des asperges, durcir les œufs 8 à 10 minutes. Les couper en quatre. Faire fondre le beurre au bain-marie. Hacher fin le persil.

• Chaque convive place sur son assiette un œuf coupé en quatre et du persil. Il écrase le tout dans du beurre fondu chaud, ajoute à son gré sel et poivre et trempe ses asperges dans cette préparation.

Gâteau flamand

FLANDRE

Préparation : 10 minutes
Cuisson : 45 minutes
Facile
🍷 Rivesaltes AOC blanc - vin doux naturel

Pour 6 personnes :

300 g de farine
200 g de sucre
150 g d'huile d'arachide
1 sachet de levure en poudre
3 œufs
1 verre de bière
20 g de beurre
1 zeste d'orange
cannelle en poudre
sel

• Mélanger dans une terrine, au fouet, les œufs, le sucre, le sel, l'huile, la bière, le zeste, la cannelle. Ajouter au mélange la levure et la farine, qu'on fait tomber en pluie. Battre de nouveau jusqu'à ce que la préparation soit bien homogène. Beurrer un moule à parois lisses et assez hautes, d'un diamètre de 25 cm, puis en fariner légèrement le fond.

• Verser la pâte et mettre pendant 45 minutes à four moyen. Démouler, laisser refroidir.

• Le gâteau peut être coupé en deux dans son épaisseur et fourré de marmelade.

Tarte à la rhubarbe

ARTOIS ET PICARDIE

Préparation : 20 minutes
Cuisson : 45 minutes
Facile
🍷 Coteaux-du-layon AOC blanc

Pour 4 personnes :

300 g de pâte brisée
1 kg de rhubarbe
20 g de beurre
1 œuf
200 g de sucre cristallisé

• Abaisser la pâte brisée au rouleau à 3 mm d'épaisseur pour en garnir une tourtière beurrée. Piquer légèrement la pâte avec une fourchette en cinq ou six endroits. Peler la rhubarbe, ôter les feuilles, le cas échéant. Veiller à ce que la peau qui recouvre les tiges soit bien enlevée. Couper la rhubarbe ainsi préparée en morceaux de 2 cm.

• Sur la pâte, disperser 100 g de sucre, placer les tronçons de rhubarbe, étendre l'œuf battu, recouvrir avec le reste du sucre.

• Enfourner à four moyen 45 minutes. La tarte se mange chaude ou froide.

Tarte
à la rhubarbe

Est

Alsace

Bourgogne

Champagne

Franche-Comté

Lorraine

Nivernais

S'il est une région de France qu'on peut, gastronomiquement, qualifier de complète, c'est bien celle qui s'étend à l'est de Paris et couvre les vieilles provinces de Champagne, de Lorraine, d'Alsace, de Bourgogne, de Franche-Comté et du Nivernais.

Complète, cette vaste région-là, l'est d'abord par l'excellence et la grande variété de ses vins.

Environ trente-cinq mille hectares, voilà le territoire de la Champagne viticole, dont les frontières sont surveillées de près : les autorités ne délivrent les autorisations de planter qu'avec une extrême parcimonie, et seulement à qui peut prouver que, jadis, le terrain était consacré à la vigne.

Ce vin prestigieux doit plus encore au travail de l'homme qu'au don de la nature : il est le produit d'assemblages dans lesquels entrent, pour les meilleures marques, de trente à quarante vins, crus et années.

En 2004, la Champagne a produit plus de trois cents millions de bouteilles, dont les Français consomment environ 60 %.

De la Bourgogne, Érasme disait : « Elle peut bien s'appeler mère des hommes, puisqu'elle porte un pareil lait ! » D'Auxerre à Chagny, quels vins ! Et pourtant, les deux « côtes » connues du monde entier, celle de

Nuits et celle de Beaune, avec les noms prestigieux de chambertin, clos-de-vougeot, romanée conti, corton, pommard, meursault, montrachet, ne s'étendent pas sur plus de quatre-vingts kilomètres, et quelques centaines de mètres de largeur.

Et Talleyrand pouvait écrire : « Faites boire à un grand de la terre une bouteille de vieux bourgogne : vous aurait-il rendu vingt signalés services, soyez persuadé qu'il reste encore votre obligé. »

Le vignoble alsacien – avec ses superbes cépages de riesling, de gewurztraminer, de muscat, de pinot, et ses techniques de « vendanges tardives » – fournit une bouteille sur trois des vins blancs bus en France. La qualité des bons crus est l'œuvre des producteurs : grâce à une sérieuse sélection après la dernière guerre, les vins d'Alsace (qui, contrairement aux autres, en France, sont désignés sous l'étiquette du cépage) atteignent aujourd'hui une exceptionnelle qualité.

L'Alsace peut se vanter aussi de posséder la confrérie vineuse la plus ancienne de France : celle de Saint-Étienne d'Ammerschwihr, qui date du XVe siècle.

Quant au vignoble de Franche-Comté, il est le seul au monde à produire cinq types de vins : blancs, rosés, rouges, jaunes (le plus prestigieux étant le château-châlon, qui doit rester six ans au moins en fût) et « de paille » : ces derniers, tout sucre et tout alcool, viennent de raisins conservés sur des claies jusqu'au cœur de l'hiver.

Curieusement, comme s'il s'agissait d'une répartition naturelle des tâches, chacune des provinces s'est en quelque sorte spécialisée.

La Champagne, avec son prolongement ardennais, excelle dans le traitement des abats. Célèbres sont les andouillettes de Troyes, le boudin blanc de Rethel et surtout les pieds de cochon de Sainte-Menehould.

La charcuterie, c'est au premier chef l'affaire de l'Alsace. Elle a dans la choucroute, plat typique de cette province, son expression la plus classique, mais non la moins savoureuse. Chaque ville, chaque village, on peut dire chaque foyer a sa façon de cuire la choucroute,

Pages 34-35 : enfermée dans ses murailles défensives et entourée de vignobles parmi les plus fameux d'Alsace, l'église de Hunawihr, fief des Wurtemberg jusqu'en 1789, se dresse en position panoramique.

À gauche : l'église du couvent de Brou, à Bourg-en-Bresse, en Bourgogne. Le complexe, commencé en 1506, est tenu pour un joyau de l'art gothique et il fait l'orgueil de la ville, célèbre également pour la qualité de ses poulets, appréciés par les gourmets.

En haut : une vue panoramique de l'abbaye de Cluny, localité à l'ouest de la Saône, dans le sud de la Bourgogne. Le couvent des Bénédictins, élevé en 910, contribua au grand rayonnement du lieu au Moyen Âge et à la diffusion de l'art roman en Europe.

Ci-dessus : les toits d'ardoise de l'hôtel-Dieu, magnifique exemple de gothique flamboyant, à Beaune. La localité est le centre de la zone vinicole de la Côte-d'Or et l'ancien siège des ducs de Bourgogne.

avec divers ingrédients venus du porc : lard, côtelettes, palette, saucisses, boulettes de foie, etc.

Aux charcuteries il faut ajouter, pour l'Alsace, entre bien des produits succulents, le populaire bäckeoffe, qui est un ragoût de plusieurs viandes, d'oignons et de pommes de terre, et l'aristocratique foie gras d'oie.

C'est en Alsace en effet que, né en Normandie, le cuisinier du maréchal de Contades, commandant militaire de la province de 1762 à 1788, inventa le pâté de foie gras.

La Lorraine, elle, brille moins par sa cuisine que par sa pâtisserie et sa confiserie. Là, un roi inventa le baba au rhum, un peintre introduisit la pâte feuilletée, deux religieuses créèrent le macaron, un pâtissier utilisa la bergamote.

Et puis, ce sont les confitures de groseilles de Bar-le-Duc, épépinées à la pointe d'aiguille ; les cailloux en pâte d'amandes d'Épinal ; les gâteaux aux amandes de Longwy ; les brioches de Lunéville ; les mirabelles confites et les quetsches fourrées de Metz ; les cerises au kirsch de Nancy ; les sucres d'orge de Plombières ; les croquets de Saint-Mihiel ; les dragées de Verdun ; les grains d'anis de Flavigny... Avec, tout de même, en cuisine, le porcelet en gelée et la quiche, célèbre flan aux lardons.

Quant aux poissons – de rivière, car la mer est loin, et elle l'était bien davantage encore quand les moyens de transport étaient lents –, on les trouve de préférence en Franche-Comté, province où abondent les cours d'eau et où la nature se fait prodigue en pluie.

C'est également à ce caractère humide de leur province que les Comtois doivent les abondants champignons qui poussent dans leurs forêts.

La petite ville de Verdun-sur-le-Doubs s'est fait une spécialité de la vieille recette comtoise de la pauchouse (ou pochouse), qui est une soupe de poissons de rivière.

Comme partout en France, enfin, les fromages sont nombreux, de Paris aux frontières de l'Est. Ce sont les bries de Meaux et de Melun, le coulommiers, le chaource et le langres, pour la Champagne ; l'époisses et le soumaintrain pour la Bourgogne ; le munster pour l'Alsace ; le géromé pour la Lorraine ; le comté, le bleu de Gex et de Septmoncel, le morbier et la cancoillotte, pour la Franche-Comté ; les fromages de chèvre du Nivernais : chevrotin, pouilly et gien.

Toutes ces provinces produisent également d'excellents alcools : marc de Bourgogne, marc de Champagne, marc d'Alsace et de Franche-Comté ; eaux-de-vie de fruits (poire, framboise, mirabelle, quetsche et kirsch) d'Alsace et de Lorraine.

La richesse en produits de la vigne explique la faveur dont jouit, à travers ces provinces, la cuisine au vin.

Ainsi, le poulet, pour ne parler que de lui, s'accommode au vin jaune en Franche-Comté, au riesling en Alsace, au vin rouge corsé en Bourgogne et au champagne... en Champagne.

Le voyageur ne sera pas surpris, ayant inventorié les trésors que la nature prodigue en ces contrées, de constater qu'avec l'extrême variété des recettes elles ne pouvaient qu'être également riches en grands cuisiniers.

À gauche : la citadelle de Besançon, ouvrage de fortifications qui abrite aujourd'hui quelques musées importants consacrés en partie à l'histoire et à la géographie de la Franche-Comté dont elle est le chef-lieu.

Ci-contre : dans un cadre naturel enchanteur, la cascade de Tufs est la principale attraction du cirque des Baumes, à Baume-les-Messieurs, dans le Jura français. La zone, fameuse pour la production de vin et l'élevage, correspond à l'ancienne Franche-Comté.

Ci-dessus : l'étang de Lindre, l'un des plus vastes espaces naturels humides du bassin de la Moselle. La réserve s'étend au cœur du Parc naturel régional de Lorraine : dans ces eaux, chaque année, on pêche environ 100 tonnes de poisson de qualité.

Consommé aux quenelles de moelle

ALSACE

PRÉPARATION : 10 MINUTES
CUISSON : 10 MINUTES
FACILE
PINOT BLANC D'ALSACE AOC

POUR 6 PERSONNES :

ce potage est servi en utilisant les ingrédients du bœuf bouilli ; celui-ci est très classiquement obtenu en faisant cuire pendant 3 heures 2 kg de plates côtes de bœuf avec des légumes (navets, carottes, poireaux, céleri, oignons) et des os à moelle

Pour les quenelles :

300 g de moelle de bœuf (celle des os du bouilli)
50 g de chapelure
30 g de semoule
3 jaunes d'œufs
1 pointe de muscade, sel, poivre

• Prélever la moelle des os du bouilli. La passer au tamis au-dessus d'une terrine ou d'un bol. Incorporer chapelure, semoule et jaunes d'œufs. Saler, poivrer, muscader très légèrement.

• Faire une pâte homogène, puis la diviser en parcelles et former des boulettes grosses comme des noisettes.

• Faire pocher ces boulettes pendant 10 minutes dans le bouillon. Servir les quenelles très chaudes, dans le bouillon passé au chinois.

Consommé aux quenelles de moelle

Potage aux grenouilles

ALSACE

PRÉPARATION : 30 MINUTES
CUISSON : 45 MINUTES
FACILE
RIESLING D'ALSACE AOC

POUR 6 PERSONNES :

12 paires de cuisses de grenouille
3 jaunes d'œufs
100 g de beurre
4 échalotes
1 botte de cresson
1 branche de persil
15 cl de crème fraîche
60 g de crème de riz
1 l de bouillon (ou de fumet de poisson)
25 cl de riesling
1 pincée de muscade
sel, poivre

• Dans 40 g de beurre, colorer en sauteuse ou en casserole les échalotes et le persil hachés. Ajouter les cuisses de grenouille. Laisser cuire à feu doux 5 minutes. Mouiller avec le vin blanc et le bouillon. Saler, poivrer, muscader, laisser mijoter à découvert 25 minutes.

• Retirer les cuisses de grenouille, les décortiquer, ôter les os, couper la viande en morceaux, réserver au chaud. Faire fondre le reste du beurre dans une casserole, y faire tomber le cresson lavé, équeuté et coupé, mouiller d'un verre d'eau.

• Ajouter la crème de riz délayée soigneusement dans un verre d'eau ou de lait. Laisser cuire encore 15 minutes.

• Passer le potage au tamis, y incorporer peu à peu le cresson, la chair des grenouilles.

• Lier avec les jaunes d'œufs battus dans la crème, saler et poivrer.
Servir très chaud.

Soupe à la bière

ALSACE

Préparation : 5 minutes
Cuisson : 25 minutes
Facile
Pinot blanc d'Alsace AOC

Pour 4 personnes :
1,5 l de bière blonde légère
75 g de beurre
50 g de farine
6 tranches de pain frites au beurre
15 g de sucre en poudre
2 dl de crème double
1 pincée de cannelle en poudre
sel, poivre

• Préparer un roux blond en mélangeant la farine au beurre chaud. Verser lentement la bière, avec sel et poivre, puis le sucre et la cannelle.

• Porter à ébullition en tournant afin d'obtenir un liquide homogène. Laisser frissonner pendant 20 minutes.

• Ajouter la crème. Disposer dans la soupière les tranches de pain qu'on aura fait dorer pendant ce temps. Verser dessus la soupe brûlante.

Soupe aux abats d'oie

ALSACE

PRÉPARATION : 20 MINUTES
CUISSON : 2 HEURES
FACILE
TOKAY PINOT GRIS D'ALSACE AOC

POUR 6 PERSONNES :

2 cous d'oie
4 ailerons
2 gésiers
3 carottes
3 poireaux
1 branche de céleri
2 oignons piqués d'un clou de girofle
1 bouquet garni
50 g de beurre
150 g de riz
1 cuillerée à soupe de persil haché
1 pointe de muscade
sel, poivre

• Bien nettoyer et flamber les abats. Les blanchir à l'eau bouillante.

• Couper en petits dés les carottes, le céleri et le blanc des poireaux.

• Les faire revenir 5 minutes au beurre sans les faire roussir, puis ajouter les abats et le bouquet garni ainsi que les oignons piqués.

• Verser 2 l d'eau. Saler, poivrer.

• Laisser cuire à bouillottement 1 h 30. Dégraisser le potage si nécessaire. Jeter dans le bouillon le riz bien lavé et laisser cuire encore 30 minutes, en remuant de temps en temps.

• Détacher la viande des os, la couper en petits morceaux et ajouter ceux-ci au potage.

• Retirer le bouquet et les oignons piqués.

• Rectifier l'assaisonnement. Parsemer de persil haché et d'une pointe de muscade.

Leverknepfle

ALSACE

PRÉPARATION : 15 MINUTES
CUISSON : 5 MINUTES
TOKAY PINOT GRIS D'ALSACE AOC

POUR 6 PERSONNES :

500 g de foie de porc
200 g de poitrine de porc fraîche
250 g de chapelure
3 œufs
1 oignon
1 bouquet de persil

• Hacher le foie et la poitrine de porc. Hacher oignon et persil.

• Mélanger le tout aux œufs et à la chapelure.

• Former avec cette préparation de petites quenelles et les plonger, avec une cuiller, dans une casserole d'eau bouillante salée.

• Les quenelles sont cuites quand elles remontent à la surface. Les retirer, les ranger dans un plat. Les quenelles de foie accompagnent en général la choucroute.

Tourte de la vallée de Munster

ALSACE

À COMMENCER LA VEILLE
PRÉPARATION : 20 MINUTES
CUISSON : 1 HEURE
DIFFICILE
SYLVANER D'ALSACE AOC

POUR 8 PERSONNES :

400 g de pâte brisée
300 g de pâte feuilletée
300 g de filet de porc frais
300 g de noix de veau
2 oignons
1 gros bouquet de persil
2 petits pains
2 dl de lait
2 verres de sylvaner ou de riesling
1 œuf
20 g de beurre
sel, poivre

• Faire tremper les petits pains dans le lait. Hacher ou mixer les viandes et les petits pains égouttés.

• Ajouter à cette farce le persil ciselé, les oignons émincés et passés au beurre 5 minutes, le vin. Saler et poivrer. Laisser reposer une nuit.

• Foncer un moule à tarte beurré avec la pâte brisée. Remplir avec la farce. Abaisser la pâte feuilletée à une épaisseur de 2 mm, recouvrir la

Flammekueche

ALSACE

PRÉPARATION : 15 MINUTES
CUISSON : 15 MINUTES
FACILE
RIESLING D'ALSACE AOC

POUR 4 PERSONNES :

300 g de pâte à pain
(achetée chez le boulanger)
un peu de beurre
200 g de fromage blanc
2 dl de crème épaisse
20 g de farine
2 cuillerées à café de sel
4 cuillerées à soupe d'huile de colza
150 g de poitrine de porc fumée
150 g d'oignons

• Garnir de la pâte abaissée finement un moule à tarte beurré. Mélanger avec soin le fromage blanc, la crème, la farine, le sel, l'huile de colza. Avec une spatule de bois, étaler cette crème sur la pâte.

• Hacher finement les oignons. Découper en lardons la poitrine débarrassée de sa couenne et de ses cartilages.

• Parsemer des oignons et des lardons la préparation, en mélangeant bien à la crème. Cuire 15 minutes dans un four très chaud et préchauffé au maximum.

tourte, souder les bords avec les doigts mouillés d'eau.

• Ménager une cheminée au milieu et badigeonner le dessus de la tourte au jaune d'œuf.

• Enfourner 1 heure à four moyen.

Ziewelkueche

ALSACE

PRÉPARATION : 30 MINUTES
CUISSON : 30 MINUTES
FACILE
SYLVANER D'ALSACE AOC

POUR 6 PERSONNES :
250 g de pâte brisée
150 g de poitrine de porc fumée
500 g d'oignons
3 œufs
60 g de beurre
15 cl de crème fraîche
25 cl de lait
60 g de farine
1 pincée de muscade
sel, poivre

• Abaisser la pâte à une épaisseur de 3 mm. Foncer un moule à tarte.

• Dans une casserole, faire fondre le beurre et faire suer les oignons émincés. Les saupoudrer de farine, remuer à la cuiller de bois, laisser cuire doucement 5 minutes, puis verser le lait et fouetter. Laisser refroidir.

• Mélanger les jaunes d'œufs et la crème, saler, poivrer, muscader légèrement, incorporer à la préparation.

• Battre les blancs en neige très ferme. Mélanger avec soin le tout et en recouvrir la pâte.

• Faire blanchir la poitrine de porc débarrassée de sa couenne et de ses cartilages, et découpée en lardons.
Disposer ceux-ci sur la tarte.

• Enfourner à forte chaleur 30 minutes.

Cou d'oie farci au foie gras

ALSACE

PRÉPARATION : 30 MINUTES
CUISSON : 45 MINUTES
DIFFICILE
🍷 TOKAY PINOT GRIS D'ALSACE AOC

POUR 6 PERSONNES :
2 cous d'oie
50 g de foie gras d'oie frais
300 g d'échine de porc fraîche
300 g d'épaule de veau
1 truffe moyenne, fraîche ou en boîte
1 l de bouillon de volaille
1 petit verre de cognac
1 pincée de muscade
1 pincée de quatre-épices
sel, poivre

• Hacher fin les viandes de porc et de veau. Ajouter le foie gras coupé en petits cubes, la truffe coupée en petits morceaux, avec son jus si elle est en conserve, le cognac et les épices. Mélanger avec soin pour en faire une farce homogène.

• Enlever, sans l'abîmer, la peau du cou des oies. Coudre soigneusement la plus petite des deux ouvertures, remplir le cou de la farce et recoudre ensuite l'autre extrémité.

• Dans le bouillon frémissant, plonger les cous 45 minutes. Servir froid ou tiède, avec une salade.

Cou d'oie farci
au foie gras

Salade de cervelas

ALSACE

PRÉPARATION : 15 MINUTES
TRÈS FACILE
🍷 PINOT BLANC D'ALSACE AOC

POUR 6 PERSONNES :
6 cervelas
1 oignon
2 tomates
6 feuilles de laitue
2 cuillerées à soupe de persil ciselé
3 œufs durs
vinaigre
huile d'arachide
moutarde forte
sel, poivre

• Enlever la peau des cervelas, les couper en deux dans le sens de la longueur et pratiquer quelques incisions parallèles sur le côté bombé. Les disposer sur un plat de service, sur le côté plat. Garnir le tour du plat avec les feuilles de laitue.

• Placer les œufs durs, coupés en deux, sur la salade. Laver les tomates, les couper en quartiers, expulser les graines, les disposer entre les œufs.

• Parsemer l'oignon haché sur les cervelas, les tomates et les œufs. Préparer une vinaigrette à convenance, napper.

• Compléter en parsemant le plat de persil ciselé.

Quiche au lard

LORRAINE

PRÉPARATION : 25 MINUTES
CUISSON : 45 MINUTES
FACILE
🍷 CÔTES-DE-TOUL AOC BLANC

POUR 6 PERSONNES :
250 g de pâte brisée
40 cl de crème fraîche
150 g de poitrine de porc fumée
6 œufs
100 g de gruyère coupé en fines lamelles
25 g de beurre
1 pointe de muscade
sel, poivre

Quiche au lard

• Abaisser la pâte au rouleau à 3 mm d'épaisseur. En foncer un moule à tarte beurré. Piquer la pâte plusieurs fois avec les pointes d'une fourchette.

• Faire blanchir la poitrine, puis la couper en petits lardons, après l'avoir débarrassée de sa couenne et de ses cartilages. Faire revenir les lardons à feu doux sans les laisser rissoler.

• Égoutter et disposer sur la pâte, ainsi que le gruyère en lamelles.

• Dans une terrine, battre au fouet les jaunes d'œufs et la crème, saler avec prudence (les lardons sont salés), poivrer, muscader, verser le mélange sur les lardons et le gruyère, sans remplir le moule : la préparation va gonfler.

• Enfourner à four chaud 20 minutes, puis 25 minutes à four moyen.

Pâté de foie gras en croûte

ALSACE

À COMMENCER L'AVANT-VEILLE
PRÉPARATION : 40 MINUTES
CUISSON : 45 MINUTES
DIFFICILE
TOKAY PINOT GRIS D'ALSACE AOC

POUR 8 PERSONNES :

2 foies d'oie crus de 500 g chacun
100 g de truffes, fraîches ou en boîte
250 g de filet de porc
250 g de filet de veau
25 g de sel mélangé au quatre-épices
1 petit verre de cognac
1 petit verre de kirsch
600 g de pâte brisée
1 œuf
50 g de beurre
200 g de gelée de volaille parfumée au madère
sel, poivre

• Ôter tous les filaments sanguins et les membranes des foies, sans déchirer les lobes (en fendant ceux-ci dans le sens de la longueur).

• Frotter délicatement les foies avec le sel parfumé au quatre-épices, puis les faire mariner une nuit avec le cognac et le kirsch. Hacher le porc et le veau, et bien les mélanger pour en faire une farce très fine. Saler, poivrer, incorporer le beurre.

• Dans un moule à pâté, étaler les trois quarts de la pâte brisée, recouvrir de la moitié de la farce de viande. Clouter les foies avec les truffes coupées en morceaux. Placer ces foies sur la farce et les recouvrir ensuite de l'autre moitié de la farce de viande.

• Recouvrir d'un couvercle de pâte brisée, soudée aux bords avec le doigt trempé dans un peu d'eau. Ménager deux cheminées et badigeonner le couvercle de pâte avec le jaune d'œuf.

• Enfourner pendant 45 minutes à four moyen. Pour contrôler la cuisson, enfoncer une aiguille à brider dans le pâté, qui est cuit si l'aiguille est tiède quand on la sort.

• Laisser le pâté refroidir et, quand il est presque froid, verser avec un entonnoir, par les cheminées, la gelée parfumée au madère.

• Laisser reposer une nuit.

Tourte alsacienne

ALSACE

À COMMENCER LA VEILLE
PRÉPARATION : 30 MINUTES
CUISSON : 40 MINUTES
FACILE
🍷 SYLVANER D'ALSACE AOC

POUR 6 PERSONNES :

500 g de pâte feuilletée
700 g de filet mignon de porc
500 g de filet mignon de veau
2 verres de riesling ou de sylvaner
1 bouquet garni (thym, laurier, persil)
1 gousse d'ail
3 œufs plus 1 jaune
25 cl de crème fraîche
sel, poivre

• La veille, couper la viande en lanières de 2 cm environ de largeur, les mettre dans une terrine avec le vin, la gousse d'ail pelée, le bouquet garni, sel et poivre. Laisser mariner 24 heures.

• Préchauffer le four à chaleur moyenne.

• Égoutter et essuyer la viande dans un linge ou du papier absorbant. Réserver la marinade.

• Abaisser 300 g de pâte feuilletée, en garnir le moule à tourte en la laissant déborder de 3 cm. Piquer la pâte avec les pointes d'une fourchette, quatre ou cinq fois. Disposer au fond les lanières de viande.

• Dans une jatte, battre les trois œufs et la crème avec un fouet. Saler, poivrer, verser la préparation sur les viandes.

• Abaisser le reste de la pâte, la poser au-dessus de la préparation, rabattre les bords de la première abaisse sur le couvercle de pâte et souder en pinçant avec les doigts.

• Badigeonner le dessus de la tourte avec le jaune d'œuf délayé dans une cuillerée à soupe d'eau.

• Enfourner à four chaud 40 minutes.

• Servir très chaud.

Escargots à la bourguignonne

BOURGOGNE

PRÉPARATION : 40 MINUTES POUR DES ESCARGOTS EN BOÎTE OU 7 H 30 POUR DES ESCARGOTS VIVANTS.
CUISSON : 10 MINUTES
🍷 POUILLY FUMÉ AOC BLANC
FACILE, SI LES ESCARGOTS SONT ACHETÉS EN BOÎTE.
DIFFICILE, S'IL FAUT LES PRÉPARER VIVANTS. DANS CE DERNIER CAS, PRÉVOIR, POUR 3 DOUZAINES D'ESCARGOTS :

2 poignées de gros sel
1 verre de vinaigre

Pour le court-bouillon :
1 l de vin blanc de Bourgogne (aligoté)
2,5 l d'eau
6 échalotes
6 gousses d'ail
1 carotte découpée en rondelles
1 oignon piqué de 2 clous de girofle
1 bouquet garni (thym, laurier, persil)
Pour la farce :
300 g de beurre
20 de persil
10 g d'ail
15 g d'échalotes
sel, poivre

• Si les escargots sont vivants, laver soigneusement les coquilles, jusqu'à ce que l'eau de lavage soit bien claire. Égoutter les escargots et les mettre dans une bassine avec quelques poignées de gros sel et un verre de vinaigre, pour les faire dégorger.

• Remuer de temps en temps avec une cuiller de bois. Les escargots rendent leur bave. Ce travail dure 3 ou 4 heures (couvrir la bassine pour éviter que les escargots ne s'en échappent). Laver ensuite les escargots jusqu'à ce que toute impureté ait disparu. Les égoutter et les sécher.

• Dans un fait-tout rempli d'eau, placer les escargots, faire prendre ébullition, laisser bouillir 3 minutes, écumer. Retirer les escargots et les passer à l'eau fraîche.

• Préparer le court-bouillon avec les éléments indiqués en réservant une échalote et une gousse d'ail.

• Y déposer les escargots à froid, faire prendre ébullition, écumer, laisser frémir 3 h 30. Retirer les escargots du récipient et, à l'aide d'une longue aiguille, les ôter de leur coquille ; supprimer leur partie noire.

• Dans une poêle, émincer une échalote et hacher une gousse d'ail, les faire blondir dans une cuillerée à soupe de beurre et y jeter les escargots ôtés de leur coquille (ou sortis de la boîte s'ils ont été achetés en conserve). Saler, poivrer et faire revenir 3 minutes. Réserver.

• Préparer la farce. Hacher très finement le persil, l'ail et les échalotes. Mélanger, saler, poivrer, puis incorporer ce hachis au reste du beurre légèrement amolli avec une fourchette jusqu'à ce que ce mélange soit homogène.

• Placer 5 minutes au réfrigérateur pour rendre consistance au beurre. Au fond de chaque coquille bien sèche, placer une noisette de farce, puis l'escargot, et boucher hermétiquement la coquille avec de la farce, bien tassée.

• Disposer les escargots farcis dans un plat à alvéoles, ouverture au-dessus. Faire cuire 10 minutes au four brûlant et servir.

• Si l'on ne dispose pas de coquilles pour les escargots achetés en boîte, les placer par douzaine dans une cassolette, y ajouter la farce et passer au four brûlant 10 minutes.

Farce champenoise

CHAMPAGNE

PRÉPARATION : 30 MINUTES
FACILE
🍷 CHAMPAGNE AOC

Pour 6 personnes :

500 g de chair à saucisse
1 oignon
1 échalote
1 gousse d'ail
1 petit bouquet de persil
1 foie de volaille
50 g de beurre
1 dl de vin nature de Champagne
sel, poivre

• Hacher très fin l'échalote, l'oignon et l'ail. Dans une casserole, les faire étuver bien doucement au beurre jusqu'à ce que le mélange soit doré, mais non brûlé.

• Mouiller enfin avec le champagne et faire réduire de moitié.

• Hacher le foie de volaille et le persil, mélanger à la chair à saucisse, puis à la réduction au vin de Champagne. Saler, poivrer. Bien piler au mortier pour que la farce soit très homogène.

• Cette farce peut être utilisée en paupiettes, ou dans une épaule de mouton désossée.

Œufs en meurette

Œufs en meurette

BOURGOGNE

PRÉPARATION : 10 MINUTES
CUISSON : 35 MINUTES
FACILE
🍷 BOURGOGNE AOC ROUGE

Pour 4 personnes :

8 œufs
50 cl de vin rouge de Bourgogne ou de Beaujolais
1 gros oignon
1 gousse d'ail
1 bouquet garni (thym, laurier, persil)
1 clou de girofle
1 morceau de sucre
2 cuillerées à soupe de farine
4 grandes tranches de pain de campagne
2 branches de persil
80 g de beurre
sel, poivre

• Mettre dans une casserole le vin, le sucre et le bouquet garni. Saler, poivrer, amener à ébullition. Faire flamber un bref instant en approchant une flamme, puis laisser bouillir 10 minutes.

• Peler et émincer l'oignon, écraser la gousse d'ail avec la pointe d'un couteau. Faire dorer oignon émincé et ail écrasé, 5 minutes, dans une sauteuse, avec une noix de beurre. Verser le contenu de la casserole où bout le vin, ajouter le clou de girofle. À petits bouillons, laisser cuire 15 minutes, puis ôter le bouquet et le clou de girofle.

• Faire dorer des deux côtés, dans du beurre, à la poêle, les tranches de pain. Les réserver au chaud sur un plat de service. Deux par deux, faire pocher les œufs, 2 minutes, dans le vin frémissant. Les retirer avec une écumoire, égaliser les bords et les poser sur le pain.

• Pendant que cuisait le vin, on a mélangé dans un bol le reste du beurre et la farine. Filtrer le vin, le remettre dans la casserole, à feu doux, et mélanger la liaison beurre-farine avec la cuiller de bois. Laisser épaissir la sauce, rectifier l'assaisonnement et napper les œufs tenus au chaud. Parsemer de persil haché.

Jambon persillé

BOURGOGNE

DESSALAGE DU JAMBON : 12 HEURES
PRÉPARATION : 1 HEURE
CUISSON : 4 HEURES
DIFFICILE
BOURGOGNE ALIGOTÉ AOC BLANC

POUR 15 PERSONNES :

1 jambon cru salé de 4 kg (ou de l'épaule)
2 pieds de veau blanchis
1 kg de jarret de veau
100 g de carottes
1 oignon piqué d'un clou de girofle
1 gros bouquet garni (thym, laurier, persil, estragon)
1 bouteille de vin blanc de Bourgogne (aligoté)
1 cuillerée à soupe de poivre en grains
3 gousses d'ail
100 g d'échalotes
1 bouquet de persil d'une dizaine de branches

• Dessaler le jambon sous l'eau courante, pendant au moins 12 heures. Le mettre dans une grande marmite, couvert d'eau froide, sur feu doux. Porter ainsi à ébullition et laisser l'eau à frémissement pendant 30 minutes. Si les pieds de veau n'ont pas été blanchis, les mettre dans le récipient en même temps que le jambon. Égoutter après 30 minutes. Ôter la couenne du jambon et le désosser.

• Remettre les morceaux dans la marmite lavée, ajouter la couenne et les os. Couvrir d'eau bouillante. Mettre alors les pieds de veau, le bouquet garni, le jarret de veau, les carottes en rondelles, le poivre en grains, l'oignon piqué, le vin. Laisser cuire à petits bouillons jusqu'à ce que le jambon s'écrase lorsqu'on le presse avec la spatule. À mi-cuisson, rectifier l'assaisonnement (attention au sel).

• Retirer le jambon, le couper en cubes de 4 ou 5 cm ou, si l'on préfère, le déchiqueter à la fourchette. Désosser et couper les chairs des pieds et du jarret de veau.

• Hacher fin l'ail, le persil et les échalotes. Passer le liquide de cuisson au chinois. Laisser tiédir et dégraisser à la cuiller.

• Dans une terrine, après en avoir mouillé les parois avec une louche ou deux de liquide de cuisson refroidi, afin de former une légère pellicule, placer en couche les dés de pied et de jarret de veau, sur le fond et sur les parois, en les collant grâce au jus de cuisson.

• Ranger ensuite, en couches successives, le jambon et le hachis d'ail, d'échalotes et de persil. Terminer l'opération par une couche de dés de pied et jarret.

• Verser dans la terrine, sur les viandes, le jus de cuisson tiédi. S'il s'est pris en gelée, le faire tiédir de nouveau. Couvrir. Mettre au réfrigérateur.

• Servir après avoir démoulé, en le coupant en tranches.

Jambon persillé

Gougères

BOURGOGNE

PRÉPARATION : 20 MINUTES
CUISSON : 30 MINUTES
FACILE
🍷 SAUVIGNON DE SAINT-BRIS AOC BLANC

POUR 4 PERSONNES :

100 g de farine
60 g de beurre
80 g de fromage de Comté
2,5 dl d'eau
4 œufs
sel, poivre
1 pincée de muscade

• Dans une casserole, mettre l'eau, le beurre en parcelles, le sel, le poivre et une pincée de muscade.

• Porter à ébullition lentement, pour que le beurre fonde bien. Retirer du feu et jeter la farine en une seule fois dans la casserole.

• Mélanger vivement avec une spatule ou une cuiller de bois, puis mettre la casserole sur feu doux, 1 ou 2 minutes, afin de dessécher la pâte, qui doit se détacher des parois.

• Retirer du feu et incorporer les œufs, un à un, en remuant toujours.

• Ajouter à cette pâte devenue ferme le fromage coupé en petits dés et bien travailler pour amalgamer.

• Sur une plaque beurrée, disposer des cuillerées de pâte, sans trop les rapprocher pour leur permettre de gonfler.

• Si l'on désire des gougères brillantes, badigeonner les petits tas de pâte avec du jaune d'œuf.

• Enfourner à bonne chaleur, un peu supérieure à la moyenne, 30 minutes.

poissons

Écrevisses à la chablisienne

BOURGOGNE

PRÉPARATION : 30 MINUTES
CUISSON : 10 MINUTES
FACILE
🍷 MEURSAULT AOC BLANC

POUR 6 PERSONNES :

36 écrevisses (les « pattes rouges » sont les meilleures)
Pour le court-bouillon :
1 1/2 bouteille de chablis
2 carottes
2 oignons
2 échalotes
1 bouquet garni (thym, laurier, estragon)
1 petit verre de marc de Bourgogne
1 cuillerée à soupe de persil haché
sel, poivre
Pour la sauce :
30 g de farine
30 g de beurre
2 cuillerées à soupe de crème fraîche
1 cuillerée à café de concentré de tomates

• Peler et émincer carottes, oignons et échalotes ; les faire étuver 5 minutes dans un peu de beurre, à couvert et à feu très doux.

• Verser ensuite le vin, le bouquet et faire bouillir. Saler, poivrer.

• Réduire cette préparation du tiers. Pendant ce temps, arracher la nageoire centrale de la queue des écrevisses pour les châtrer. Les jeter vivantes dans le court-bouillon en remuant vivement le récipient qui les contient.

• Cuire jusqu'à ce que les écrevisses aient pris une couleur rouge cardinalice. Flamber alors rapidement avec le petit verre de marc. Retirer les écrevisses, les tenir au chaud. Passer le court-bouillon au chinois, le faire de nouveau cuire pour qu'il réduise de moitié.

• Mélanger le beurre et la farine en boule, les tourner dans le court-bouillon pour le lier.

• Ajouter pour terminer la crème et le concentré de tomates. Parsemer de persil haché. On sert la sauce sur les écrevisses ou dans une saucière.

Matelote au riesling

ALSACE

PRÉPARATION : 45 MINUTES
CUISSON : 30 MINUTES
FACILE
🍷 RIESLING D'ALSACE AOC

POUR 6 PERSONNES :

500 g de brochet
500 g de tanche ou de perche
500 g de carpe ou de truite
500 g d'anguille
3 gousses d'ail
100 g de beurre
25 cl de crème fraîche
1 carotte
1 poireau
1 oignon
50 g d'échalotes
50 cl de riesling
30 g de farine
4 œufs
1 bouquet d'herbes (estragon, laurier, thym, persil)
un soupçon de muscade
sel, poivre

• Vider, écailler les poissons, dépouiller l'anguille. Laver et tronçonner le tout en morceaux de 5 cm environ.

• Conserver têtes et queues, les placer dans une casserole, sur feu moyen, avec l'oignon pelé et émincé, les gousses d'ail écrasées, la carotte et le poireau épluchés, lavés, coupés en rondelles, le bouquet d'herbes, sel, poivre et muscade.

• Verser 2 l d'eau. Laisser cuire à petit bouillottement pendant 30 minutes pour obtenir un fumet.

• Mettre 50 g de beurre dans une sauteuse, faire revenir les échalotes pelées et hachées ainsi que les morceaux de poisson, pendant 2 minutes. Mouiller avec le vin et le fumet (celui-ci aura été passé au chinois) jusqu'à hauteur du poisson. Laisser frémir pendant 10 minutes.

Brochet au riesling

ALSACE

PRÉPARATION : 20 MINUTES
CUISSON : 30 MINUTES
TRÈS FACILE
🍷 RIESLING D'ALSACE AOC

POUR 6 PERSONNES :

1 brochet de 2,5 kg ou 2 brochets de taille moyenne
200 g de beurre
5 échalotes
25 cl de riesling
50 cl de crème fraîche
1 bouquet de persil
1 branche de thym
le jus d'un citron
sel, poivre

• Écailler et vider le poisson. Le placer dans un plat beurré avec les échalotes et le persil hachés, le thym effeuillé.

• Saler, poivrer. Verser le vin blanc dans le plat, enfourner à bonne chaleur 30 minutes. Arroser le poisson de temps en temps.

• Déposer le brochet sur un plat de service, au chaud. Passer la sauce au chinois dans une casserole, rectifier l'assaisonnement, ajouter le reste du beurre, tourner, puis verser la crème et le jus de citron. Tourner.

• Napper le poisson. On peut accompagner le brochet de pommes de terre cuites à la vapeur et passées dans le beurre.

• Dans une casserole, mélanger en chauffant modérément 30 g de beurre et la farine, puis mouiller avec 75 cl du jus de cuisson du poisson. Compléter le mélange, laisser cuire 15 minutes tout en remuant.

• Dans une autre casserole, mélanger la crème et les jaunes d'œufs, mouiller avec le mélange beurre-farine-jus de cuisson, placer sur feu modéré. Tourner toujours.
Rectifier l'assaisonnement.

• Retirer du feu et incorporer doucement le reste du beurre. Poser les tronçons de poisson sur le plat de service, napper avec la sauce.
Ce plat peut être accompagné de croûtons frits au beurre.

Pauchouse

FRANCHE-COMTÉ

PRÉPARATION : 30 MINUTES
CUISSON : 35 MINUTES
FACILE
🍷 PETIT CHABLIS AOC BLANC

POUR 6 PERSONNES :

3 kg de poissons de rivière (brochet, carpe, sandre, anguille, tanche et perche)
75 g de beurre
25 g de farine
4 échalotes
3 têtes d'ail
1 oignon
1 branche de thym
1 l de vin blanc de Bourgogne (aligoté ou chablis)
1 petit verre de marc de Bourgogne
quelques tranches de pain de campagne
gros sel
poivre en grains concassé

• Nettoyer et vider les poissons (l'idéal est de les avoir vivants, pêchés récemment). Les couper en tronçons.

• Écraser les gousses d'ail pelées, les mettre au fond d'une sauteuse avec l'oignon haché et les échalotes émincées.

• Ajouter une cuillerée à soupe de gros sel, une dizaine de grains de poivre concassé, la branche de thym. Déposer les poissons sur cette couche d'aromates.

• Verser le vin blanc. Couvrir. Porter à ébullition.

• Découvrir alors et flamber avec le marc.

• Dans un bol, mélanger le beurre et la farine, et lier la sauce avec ce beurre manié. Laisser mijoter 20 minutes.

• Pendant ce temps, faire dorer au four ou frire au beurre des tranches de pain de campagne frottées d'ail.

• Disposer les poissons dans le plat de service.

• Napper avec la sauce passée au chinois.

• Disposer les croûtons autour.

Brochet rôti au chablis

BOURGOGNE

PRÉPARATION : 40 MINUTES
CUISSON : 30 MINUTES
FACILE.
🍷 CHABLIS AOC BLANC

POUR 6 PERSONNES :

1 brochet de 1 kg
4 échalotes
3 tomates
1 bouteille de chablis
50 g de beurre
sel, poivre
Pour le fumet de poisson :
1 verre de la bouteille de chablis
1 carotte
1 oignon

• Pour le fumet, on utilisera la tête du brochet, qu'on mettra dans une casserole avec l'oignon et la carotte émincés, un verre de chablis ; laisser mijoter 30 minutes et passer au chinois.

• Dans un plat allant au four, beurré, disposer les échalotes pelées et émincées.

• Ajouter les tomates épépinées et coupées en tranches. Verser 2 verres de chablis et le fumet de poisson.

• Dans le plat où se trouvent échalotes, tomates et fumet, coucher le brochet écaillé, vidé et essuyé. Saler, poivrer, faire quelques incisions sur le dos du poisson et enfourner à four chaud. Arroser souvent pour que la peau dore sans brunir.

• Après 30 minutes, retirer du four et dresser le poisson sur le plat de service. Passer la sauce et la monter avec le beurre restant. Napper le brochet.

** Le duc de Bourgogne Philippe le Bon, passant dans ses vignes, interpella une jeune paysanne : « Comment se présente la récolte ?*
– Messire, si tous les raisins qui sont là restent jusqu'à la vendange, elle sera belle.
– As-tu déjà goûté mon vin ?
– Oui, Messire, chaque fois que j'en ai eu l'occasion, je n'y ai pas manqué.
– L'aimes-tu ?
– Oui, Messire. Mais je préfère encore quand mon mari en a bu. »

Saumon au champagne

CHAMPAGNE

PRÉPARATION : 30 MINUTES
CUISSON : 20 MINUTES
FACILE
🍷 CHAMPAGNE AOC (BLANC DE BLANCS)

POUR 6 PERSONNES :

6 tranches de saumon de 200 g chacune
6 échalotes
15 champignons de Paris de taille moyenne
400 g de crème fraîche
200 g de beurre
1 bouteille de vin brut de Champagne (non pétillant)
sel, poivre

• Placer les tranches de saumon, sur un lit d'échalotes hachées et de queues de champignon nettoyées et émincées, dans un plat beurré allant au four.

• Ranger autour des tranches les têtes des champignons entières, également nettoyées et essuyées. Verser sur cette préparation, après avoir salé et poivré, le vin de Champagne.

• Cuire à four moyen 15 minutes.

• Sortir le plat du four, retirer le saumon, ôter sa peau. Retirer également les têtes des champignons. Réserver au chaud.

Saumon au champagne

• Passer le jus de cuisson dans une casserole et le faire réduire à feu vif des deux tiers. Y incorporer 150 g de beurre par petits morceaux et, à feu doux, monter la sauce en remuant avec une cuiller en bois. Ajouter la crème fraîche, continuer à tourner jusqu'à ce que la sauce soit bien onctueuse. Dresser les tranches de saumon sur un plat, ranger autour les têtes des champignons et napper le tout de la sauce.

Matelote de brochet à la touloise

LORRAINE

PRÉPARATION : 20 MINUTES
CUISSON : 30 MINUTES
FACILE
CÔTES-DE-TOUL AOC BLANC

POUR 4 PERSONNES :

2 brochets de 500 g chacun
150 g de beurre
1 petit verre d'alcool de mirabelle
1 bouteille de vin gris de Toul
2 échalotes (grises de préférence)
2 cuillerées à soupe de farine
2 dl de crème fraîche
1 bouquet garni
8 petits croûtons de pain frits au beurre
sel, poivre

• Écailler, vider et couper en tronçons les brochets. Dans 50 g de beurre, faire revenir en sauteuse les morceaux de poisson.

• Après 5 ou 6 minutes, quand le brochet a pris couleur, ajouter l'alcool de mirabelle et faire flamber en approchant la flamme d'une allumette.

• Dans la sauteuse, jeter les échalotes finement hachées. Laisser 5 minutes, puis verser le vin et plonger le bouquet garni. Saler, poivrer. Laisser mijoter à découvert.

• Dans une casserole, faire fondre le beurre restant, le mélanger à la farine, tourner à la cuiller de bois, sans laisser brunir. Quand le mélange est bien lisse, verser dessus une louche de jus de cuisson passé au chinois.

• Sortir les tronçons de brochet de la sauteuse, les réserver au chaud. Passer le reste du jus de cuisson, y ajouter le mélange beurre-farine et faire cuire 15 minutes en tournant à la cuiller de bois, à petit feu, jusqu'à complète liaison.

• Au moment de servir, retirer du feu, mélanger la crème fraîche et napper les morceaux de brochet, entourés des croûtons qu'on aura fait frire au beurre.

Viandes

Queue de bœuf à la bourguignonne

BOURGOGNE

À COMMENCER LA VEILLE
PRÉPARATION : 30 MINUTES
CUISSON : 2 HEURES
FACILE
MONTHELIE AOC ROUGE

POUR 6 PERSONNES :

1 queue de bœuf coupée en tronçons
2 oignons
2 carottes
3 gousses d'ail
1 bouquet garni (thym, laurier, persil)
50 g de saindoux
1 bouteille de vin rouge de Bourgogne (Hautes-Côtes de Beaune)
1 morceau de sucre
2 cuillerées à soupe de farine
100 g de couennes de porc blanchies
sel, poivre
Pour la garniture :
200 g de petits oignons (dits grelots)
200 g de champignons de Paris
1 cuillerée à café de sucre en poudre
80 g de beurre

• La veille au soir, placer les morceaux de queue dans le vin avec les 2 oignons et les 2 carottes pelés et coupés en morceaux, l'ail écrasé, le bouquet garni, sel et poivre.

• Le lendemain, égoutter avec soin la viande et les ingrédients. Conserver le vin. Dans une cocotte, faire fondre le saindoux.

Bäckeoffe

ALSACE

À COMMENCER LA VEILLE
PRÉPARATION : 40 MINUTES
CUISSON : 5 HEURES
FACILE
SYLVANER D'ALSACE AOC

POUR 8 PERSONNES :

750 g de culotte ou de paleron de bœuf
750 g d'épaule d'agneau désossée
750 g d'échine de porc désossée
1,5 kg de pommes de terre
80 g de graisse d'oie ou de saindoux
400 g d'oignons
sel, poivre
Pour la marinade :
1 bouteille de sylvaner
3 oignons, dont un piqué de 2 clous de girofle
3 blancs de poireau
1 céleri-rave
4 gousses d'ail
1 bouquet garni
sel, poivre

• Couper les viandes en morceaux de 80 à 100 g. Les placer dans une terrine ou un saladier avec 2 oignons et les blancs de poireau émincés, le céleri-rave râpé, les gousses d'ail écrasées, le bouquet garni, l'oignon piqué, sel et poivre.

• Verser le vin et laisser mariner une nuit dans un lieu frais.

• Le lendemain, éplucher les pommes de terre et les oignons, les couper en fines rondelles et en disposer une couche au fond d'une marmite en terre ou d'une cocotte, généreusement enduite de graisse d'oie ou de saindoux.

• Placer sur ce lit de pommes de terre et d'oignons une couche de morceaux de bœuf. Saler et poivrer.

• Recommencer cette opération, couche par couche, avec pommes de terre et oignons, puis viande d'agneau, puis pommes de terre et oignons, puis viande de porc, en n'oubliant pas de saler et de poivrer entre chaque couche.

• L'opération terminée, le dessus étant constitué par une couche de pommes de terre et d'oignons, verser sur la préparation la marinade passée au chinois, ainsi que le reste de la graisse d'oie ou du saindoux.

• Luter la terrine et cuire à four doux pendant 5 heures.

• Y faire revenir les morceaux de viande et les légumes de la marinade (éliminer le bouquet garni).

• Saupoudrer de farine, la mélanger à la graisse de cuisson à l'aide d'une cuiller de bois.

• Quand ce mélange a pris couleur, verser le vin de la marinade qui doit couvrir la viande (si ce n'est pas le cas, ajouter un peu d'eau).

• Amener à ébullition, rectifier l'assaisonnement, mettre au fond de la cocotte les couennes préalablement blanchies et le sucre.

• Enfourner la cocotte couverte à chaleur moyenne pendant 2 heures.

• Pendant cette cuisson, glacer les oignons au sucre et faire sauter les champignons au beurre.

• Quand la queue de bœuf est cuite, placer les morceaux dans un plat de service. Ajouter oignons, champignons et lardons. Napper de la sauce passée au chinois.

Côtes de porc à l'ardennaise

CHAMPAGNE

PRÉPARATION : 5 MINUTES
CUISSON : 25 MINUTES
TRÈS FACILE
VIN DE MOSELLE VDQS BLANC

POUR 6 PERSONNES :

4 côtes de porc dans le filet ou le carré, de 2 cm d'épaisseur
2 tranches de jambon d'Ardenne
200 g de gruyère
200 g de crème fraîche
50 g de beurre
sel, poivre

• Partager les côtes en deux, jusqu'à l'os, dans l'épaisseur (le boucher peut s'en charger).

• Dans la fente, glisser une moitié de tranche de jambon ainsi qu'une lame de gruyère bien poivrée.

• Faire dorer les côtes à la poêle dans le beurre, des deux côtés, et laisser cuire encore 20 minutes.

• Déposer les côtes sur un plat de service et lier rapidement la sauce de la poêle en déglaçant avec la crème également poivrée. Utiliser le sel avec prudence. Napper les côtes.

Traditionnellement, en Alsace, la choucroute est le plat du dimanche. Le célèbre dessinateur Hansi (1872-1951) en donnait les raisons. « La ménagère alsacienne, avant d'aller à l'église, place sa choucroute flanquée de lard sur le feu ; et au retour elle trouvera le tout cuit à point (le service dominical dure deux heures au moins). Dans tous les villages, on vous racontera l'histoire de cette paysanne distraite qui, ayant placé son missel dans la casserole, s'en fut à la messe avec un morceau de lard à la main. »

Potée lorraine

LORRAINE

PRÉPARATION : 30 MINUTES
CUISSON : 3 HEURES
FACILE
ARBOIS AOC ROUGE

POUR 6 PERSONNES :

500 g de palette de porc fumée
1 saucisson à cuire de 400 g
250 g de poitrine de porc fumée
1 petit chou de Milan
100 g de haricots secs
2 cuillerées à soupe de saindoux
4 carottes
2 navets
4 poireaux
125 g de haricots verts
125 g de petits pois (ou 250 g en cosse)
6 pommes de terre
2 oignons, dont un piqué de 2 clous de girofle
1 bouquet garni (thym, laurier, persil)
1 gousse d'ail
sel, poivre

• Utiliser une marmite ou une grande cocotte en fonte ; faire revenir dans le saindoux 1 oignon émincé ainsi que poireaux, navets et carottes coupés en petits morceaux.

• Après une dizaine de minutes, à feu moyen, placer la palette sur ce lit de légumes, mouiller d'eau pour juste la couvrir, saler, poivrer, ajouter le bouquet garni, l'oignon piqué, l'ail pelé et laisser mijoter 1 heure à couvert.

• Mettre ensuite le chou coupé en quatre et effeuillé, les haricots en grains (qui, s'ils sont secs, auront été mis à tremper 4 heures avant) et la poitrine fumée.

• Laisser cuire encore 1 h 30, puis placer le saucisson dans les légumes, après l'avoir piqué de plusieurs coups d'épingle.

• Enfin, disposer les haricots verts équeutés et lavés, les petits pois et les pommes de terre coupées en tranches.

• Laisser mijoter encore 30 minutes, à découvert, et vérifier l'assaisonnement 15 minutes avant de servir.

Saupiquet des Amognes

NIVERNAIS

PRÉPARATION : 20 MINUTES
CUISSON : 30 MINUTES
FACILE
QUINCY AOC BLANC

POUR 8 PERSONNES :

1 kg de jambon du Morvan (sec, non fumé)
100 g de beurre
70 g de farine
2 verres de vin blanc (pouilly, sancerre ou quincy)
2 dl de bouillon de viande ou de volaille
10 baies de genièvre
1 branche d'estragon
3 cuillerées à soupe de crème épaisse
4 échalotes
1 verre de vinaigre de vin
sel, poivre en grains

• Couper le jambon en tranches assez épaisses (5 mm). Dans une poêle, mettre une noix de beurre et faire revenir le jambon sur ses deux faces, 5 minutes. Réserver au chaud.

• Faire un roux brun avec 60 g de beurre et la farine, puis mouiller avec le vin blanc et le bouillon.

• Dans cette sauce, mettre les débris du jambon, si l'on en dispose, coupés en très petits morceaux.

• Ajouter le poivre en grains moulu et les baies de genièvre écrasées à la pointe du couteau.

• Faire chauffer le tout 5 minutes, à feu vif, puis couvrir le récipient et le réserver à chaleur douce.

• Dans une casserole, mettre le reste du beurre et jeter les échalotes pelées et hachées. Ne pas laisser colorer.

• Ajouter le vinaigre et attendre qu'il soit complètement évaporé.

• Déglacer alors avec quelques cuillerées de sauce brune et remettre le tout dans la première préparation, avec les échalotes. Monter à ébullition et faire réduire 10 minutes à faible bouillottement.

• Passer la sauce, ajouter la crème et ciseler l'estragon ébouillanté. Napper.

Andouille vigneronne

BOURGOGNE

À COMMENCER LA VEILLE
PRÉPARATION : 2 HEURES
CUISSON : 1 H 30
FACILE
BEAUJOLAIS AOC ROUGE

POUR 8 PERSONNES :

1,5 kg de haricots rouges secs
1 andouille salée de 1 kg environ
1 jarret de porc demi-sel
1 kg de travers de porc demi-sel
2 queues de porc demi-sel
2 grouins de porc demi-sel
200 g de couennes

Choucroute à l'alsacienne

ALSACE

PRÉPARATION : 30 MINUTES
CUISSON : 1 H 30
FACILE
RIESLING D'ALSACE AOC

POUR 8 PERSONNES :

2 kg de choucroute crue
150 g de graisse d'oie ou de saindoux
2 oignons
1 palette de porc fumée
1 jambonneau demi-sel
750 g de carré de porc demi-sel
400 g de poitrine de porc fumée
3 gousses d'ail, 2 clous de girofle,
1 feuille de laurier, 2 branches de thym,
6 baies de genièvre, 10 grains de poivre, le tout ficelé dans un morceau de gaze ou de mousseline
1/2 l de riesling
1/2 l d'eau
8 saucisses de Strasbourg
des pommes de terre cuites à l'eau (facultatif)
sel

3 oignons
3 carottes
1 bouquet garni
(thym, laurier, persil, branche de céleri)
2 gousses d'ail
2 clous de girofle
12 grains de poivre
1 bouteille de vin rouge de Bourgogne
(passe-tout-grain)
50 g de beurre
1 petit bouquet de persil
sel

• La veille, faire tremper les haricots à l'eau froide.

• Plonger l'andouille dans un fait-tout rempli d'eau froide, monter sur feu doux jusqu'à ébullition, laisser frémir 2 heures. Conserver l'andouille dans cette eau jusqu'au lendemain.

• Le lendemain, égoutter les haricots, les mettre à feu doux, couverts d'eau froide, dans une cocotte. Laisser prendre l'ébullition.

• Dans un autre récipient (marmite ou fait-tout), mettre les viandes demi-sel ainsi que les couennes. Couvrir d'eau froide et laisser prendre ébullition sur feu doux. Écumer. Laisser frémir 30 minutes.

• Lorsque l'eau des haricots atteint l'ébullition, y jeter les oignons et les carottes pelés, lavés et coupés en morceaux.

• Ajouter, enveloppés dans un carré de gaze ou de mousseline bien ficelé, le bouquet garni, l'ail pelé, les clous de girofle et les grains de poivre.

• Verser le vin. Laisser reprendre l'ébullition.

• Introduire dans le récipient les viandes de porc coupées en morceaux et la couenne en petits carrés. Laisser se poursuivre 30 minutes la cuisson à petits bouillons.

• Ajouter alors l'andouille égouttée et continuer la cuisson jusqu'à ce que les haricots soient tendres.

• Pour servir : retirer l'andouille, la découper en rondelles au centre d'un plat de service tenu au chaud, l'entourer des viandes.

• Accompagner d'un plat creux ou d'un légumier contenant les haricots, les carrés de couenne, les carottes et les oignons de leur cuisson. Ajouter le beurre en parcelles et le persil ciselé.

• Laver la choucroute à grande eau, plusieurs fois. Bien l'égoutter en la pressant entre les mains, poignée par poignée. Faire blanchir les viandes. Dans une grande cocotte allant au four, mettre la graisse d'oie ou le saindoux et faire revenir doucement les oignons émincés. Quand ils sont devenus blonds, mais non brûlés, verser dans la cocotte le vin et l'eau.

• Placer dans la cocotte la palette, le jambonneau, le carré de porc, la poitrine de porc, le petit sac d'épices. Mettre la choucroute au-dessus.

• Saler avec précaution (les viandes le sont encore). Couvrir hermétiquement et cuire à feu moyen pendant 1 h 30. Si l'on désire accompagner la choucroute de pommes de terre, une demi-heure avant la fin de la cuisson, les cuire pelées à la vapeur ou à l'eau dans leur peau.

• Dix minutes avant la fin de la cuisson, pocher à l'eau frémissante les saucisses de Strasbourg.

• Quand la cuisson est terminée, sortir les viandes de la cocotte, les trancher, les disposer autour de la choucroute, dans un plat de service ; placer enfin les saucisses de Strasbourg et les pommes de terre débarrassées de leur peau.
Ce plat comporte une infinité de variantes.

En Alsace, on sert la choucroute avec des boudins blancs et noirs, des boulettes de foie, du saucisson, du jambon, etc.

Poulet au vin jaune

FRANCHE-COMTÉ

PRÉPARATION : 15 MINUTES
CUISSON : 50 MINUTES

FACILE
CÔTES-DU-JURA - VINS JAUNES AOC BLANC

POUR 6 PERSONNES :

1 poulet fermier de 1,5 kg, coupé en huit morceaux
250 g de morilles fraîches (ou 75 g de sèches)
1/2 bouteille de vin jaune
20 cl de crème fraîche
2 échalotes
2 cuillerées à soupe d'huile d'arachide
80 g de beurre
1 cuillerée à soupe de vinaigre
1 pincée de muscade
sel, poivre

Poulet au vin jaune

• Saupoudrer les morceaux de poulet de sel, poivre et muscade. Faire chauffer le beurre et l'huile dans une cocotte, puis y dorer les morceaux de poulet pendant 8 minutes.

• Ajouter les échalotes émincées et 1/2 verre de vin. Couvrir et laisser mijoter 20 minutes.

• Couper le bout terreux des morilles et, si elles sont grosses, les couper en deux dans le sens de la longueur. Les laver dans l'eau vinaigrée et les rincer à plusieurs reprises pour éliminer les impuretés.

• Les égoutter sur un linge propre ou du papier absorbant. Si ce sont des morilles sèches, les faire gonfler 15 minutes dans l'eau froide, puis les égoutter.

• Faire tiédir dans une casserole le reste du vin jaune et le verser dans la cocotte. Ajouter les morilles. Remuer délicatement.

• Laisser mijoter à découvert 15 minutes. Réserver au chaud le poulet.

• Ajouter la crème à la sauce, tourner avec une cuiller de bois.

• Laisser épaissir 5 minutes. Napper la volaille.

Râble de lièvre à la Piron

BOURGOGNE

À COMMENCER 48 HEURES AVANT
PRÉPARATION : 30 MINUTES
CUISSON : 40 MINUTES
FACILE
CORTON AOC ROUGE

POUR 6 PERSONNES :

2 râbles de lièvre
1 bouteille de vin blanc de Bourgogne (aligoté ou chablis)
1 dl de marc de Bourgogne
3 gousses d'ail
6 oignons
1 bouquet garni (thym, laurier, persil, romarin, estragon)
150 g de lard gras frais
80 g de beurre
750 g de raisins, noirs et blancs, qui n'ont pas atteint leur maturité (raisins verts ou « verjus »)
1 $^1/_2$ verre de crème fraîche
sel, poivre

• Piquer les râbles de lardons coupés fin dans le lard gras.

• Mettre ces râbles à mariner dans un plat creux avec le vin, le marc (moins la valeur d'un petit verre), le bouquet garni, l'ail coupé en deux et les oignons émincés.

• Laisser mariner 48 heures en retournant de temps en temps.

• Retirer les râbles, les essuyer soigneusement, les mettre dans un plat allant au four et bien beurré.

• Passer la marinade au chinois en pressant sur les ingrédients pour qu'ils expulsent leurs sucs. Dans le plat où se trouvent les râbles, verser 2 cuillerées à soupe de la marinade passée. Saler, poivrer.

• Rôtir à four chaud 30 minutes, en ajoutant de temps à autre une cuillerée de marinade pour que le fond du plat reste humide.

• Dans le plat, autour des râbles, disposer les grains de raisin épépinés à l'épingle. Arroser du marc restant, flamber, remettre au four et laisser 10 minutes encore, puis retirer et ajouter la crème en mélangeant bien.

• Mettre les râbles sur le plat de service, entourés des grains de raisin, et le jus en saucière.

• Le lièvre à la Piron se sert le plus souvent avec une purée de marrons.

Râble de lièvre à l'arboisienne

FRANCHE-COMTÉ

À COMMENCER 48 HEURES AVANT
PRÉPARATION : 30 MINUTES
CUISSON : 25 MINUTES
FACILE
ARBOIS AOC ROUGE

POUR 4 PERSONNES :

1 râble de lièvre
150 g d'échalotes
1 gousse d'ail
120 g de beurre
100 g de lard gras
1 bouteille de vin d'Arbois rouge
1 petit verre de marc d'Arbois
30 g de farine
1 dl de crème fraîche
50 g d'oignons
50 g de carottes
2 cuillerées d'huile
1 bouquet garni (thym, laurier, persil)
sel, poivre

• Découper des aiguillettes de lard gras. Piquer le râble de ces aiguillettes.

• Faire une marinade avec la moitié des échalotes émincées, la gousse d'ail, l'huile, les oignons hachés et carottes émincées, le bouquet garni et 20 cl de vin.

• Y placer le râble et le laisser mariner 48 heures, en le retournant de temps en temps.

• Retirer le râble de la marinade, l'égoutter sur un linge ou un papier absorbant.

• À feu vif, faire revenir le râble dans une casserole pouvant aller au four, avec le beurre. Après 5 minutes de cuisson, saler, poivrer, mettre à four chaud 6 minutes.

• Retirer la casserole du four, verser le marc et flamber. Réserver le râble et le tenir au chaud.

• Dans une casserole, mettre les échalotes qui restent, finement hachées, les faire dorer, ajouter la farine, remuer avec une cuiller de bois pour obtenir un roux foncé. Mouiller avec le vin restant.

• Laisser réduire pendant 10 minutes à feu modéré, puis ajouter la crème.

• Verser sur le râble découpé en filets la sauce passée au chinois.

Bœuf bourguignon

BOURGOGNE

PRÉPARATION : 25 MINUTES
CUISSON : 3 HEURES
FACILE
BOURGOGNE PASSE-TOUT-GRAIN AOC ROUGE

POUR 6 PERSONNES :

1,5 kg de bœuf à braiser (jumeau, gîte ou macreuse)
1 bouteille de vin de Bourgogne rouge (passe-tout-grain)
250 g de poitrine de porc fraîche
20 petits oignons (dits grelots)
2 carottes
2 petits navets
1 pomme de terre
2 échalotes
300 g de champignons de Paris
1 gousse d'ail
2 cuillerées à café de concentré de tomates (facultatif)
3 cuillerées à soupe d'huile d'arachide
50 g de beurre
1 bouquet garni (thym, laurier, persil)
sel, poivre

• Dans une cocotte, chauffer le beurre et l'huile, faire revenir la viande coupée en morceaux d'environ 5 cm de côté, pendant 5 bonnes minutes.

• Remuer pour que la viande prenne couleur sur tous ses côtés. Retirer les morceaux, les réserver.

• À leur place, jeter les petits oignons entiers, les échalotes émincées et la poitrine débarrassée de sa couenne et de ses cartilages, coupée en lardons. Laisser dorer ces ingrédients 7 minutes. Remettre les morceaux de viande.

• Verser le vin (et un peu d'eau si le vin ne couvre pas tout à fait les viandes).

• Ajouter carottes, navets et pomme de terre pelés, ainsi que le bouquet garni, l'ail, le sel, le poivre et, éventuellement, la tomate concentrée.

• Porter à ébullition et laisser mijoter 2 h 45.

• Dix minutes avant la fin de la cuisson, jeter dans la poêle, à feu vif, pour les dorer, les champignons préalablement nettoyés, lavés et séchés.

• Sur un plat de service, placer les morceaux de bœuf entourés des lardons, des champignons et des petits oignons.

• Passer la sauce au chinois et napper.

Pieds de cochon à la Sainte-Menehould

CHAMPAGNE

PRÉPARATION : 20 MINUTES
CUISSON : 2 H 10
FACILE
COTEAUX CHAMPENOIS AOC BLANC OU ROSÉ

POUR 6 PERSONNES :

4 pieds de cochon
4 dl de bouillon
1/2 bouteille de vin nature de Champagne
150 g de beurre
2 oignons, piqués chacun d'un clou de girofle
1 bouquet garni (thym, laurier, persil)
sel, poivre

• Fendre les pieds de cochon sur toute leur longueur, puis attacher les deux moitiés comme si l'on reconstituait le pied.

• Dans le bouillon, où l'on a ajouté le vin blanc, les oignons piqués et le bouquet garni, qu'on a salé, bien poivré et monté à ébullition, plonger les pieds et les cuire à léger bouillottement pendant 2 heures. Sortir les pieds, les laisser refroidir, les délier.

• Les disposer sous le gril, après les avoir enduits de beurre fondu.

• Les laisser 5 minutes, puis les retourner et faire griller l'autre face 5 minutes également.

• Avant de disposer les pieds sous le gril, on peut, les ayant enduits de beurre, les passer dans la chapelure.

Bœuf bourguignon

Saucisses de Morteau au gratin

FRANCHE-COMTÉ

PRÉPARATION : 45 MINUTES
CUISSON : 45 MINUTES
FACILE
ARBOIS AOC BLANC

POUR 2 PERSONNES :
2 jésus de Morteau de 250 à 300 g
50 g de chapelure
100 g de fromage de Comté
Pour la sauce :
1 l d'eau
80 g de beurre
1 carotte
1 oignon
1 échalote
1 bouquet garni (thym, laurier, persil)
50 g de farine
100 g de tomate concentrée
ou 150 g de coulis de tomates
1 gousse d'ail

• Émincer carotte, oignon, échalote et ail pelés. Les faire revenir au beurre, puis saupoudrer de la farine et tourner en mélangeant bien. Ajouter la tomate, le bouquet garni, rectifier l'assaisonnement. Laisser mijoter 35 minutes.

• Piquer les jésus de plusieurs coups d'épingle, les faire cuire à l'eau salée pendant 35 minutes. Les retirer, les laisser refroidir, ôter leur peau.

• Couper les jésus en tranches de 1 cm d'épaisseur, les ranger dans un plat à gratin bien beurré. Verser dessus la sauce, saupoudrer de fromage râpé et de chapelure.

• Gratiner au four 10 minutes.

• Servir dans le plat de cuisson.

Andouillettes au chablis

BOURGOGNE

PRÉPARATION : 5 MINUTES
CUISSON : 25 MINUTES
FACILE
CHABLIS AOC BLANC

POUR 4 PERSONNES :
4 andouillettes
2 cuillerées à soupe de saindoux
2 verres de chablis
1 échalote
1 cuillerée à soupe de moutarde
sel, poivre

• À la pointe du couteau, faire quatre incisions dans les andouillettes.

• Les mettre dans le saindoux chaud et les faire rissoler sur toutes leurs faces. Elles doivent être

Saucisses de Morteau au gratin

bien dorées, mais non brûlées. Égoutter le saindoux et évacuer presque toute la graisse.

• Dans ce qui reste, tandis que les andouillettes sont réservées au chaud, jeter l'échalote hachée et la faire blondir. Saler, poivrer. Verser le chablis, amener à ébullition, laisser réduire 5 minutes à feu vif. Remettre les andouillettes dans cette sauce, couvrir et laisser 10 minutes à feu moyen.

• Hors du feu, délayer la moutarde dans la sauce et tenir au chaud, couvert, sans bouillir, jusqu'au service.

Rognons de veau au chablis

BOURGOGNE

PRÉPARATION : 20 MINUTES
CUISSON : 25 MINUTES
FACILE
🍷 CHABLIS AOC BLANC

POUR 4 PERSONNES :
4 rognons de veau
100 g de beurre
200 g de champignons de Paris
2 échalotes
1 cuillerée à soupe de persil haché
4 verres de chablis
2 cuillerées à soupe de moutarde de Dijon
le jus d'un citron
sel, poivre

• Préparer les rognons, les débarrasser de leur graisse, les dénerver, ôter leur peau et les couper en tranches.

• Dans le beurre, moins une noix qu'on garde, faire revenir les tranches de rognons en les retournant. Saler et poivrer. Les tranches de rognons doivent être rosées à l'intérieur, mais pas rouges. Les réserver au chaud, dans un récipient couvert. Dans la même poêle, faire étuver les échalotes et les champignons émincés. Verser le vin, porter à ébullition et laisser ainsi cuire à feu vif une dizaine de minutes, en remuant de temps en temps. Retirer du feu.

• Mélanger à cette sauce la moutarde. Remettre les rognons dans la sauce et tenir au chaud sans laisser bouillir.
Placer rognons et champignons sur le plat de service.

• Lier la sauce avec la noix de beurre, verser le jus de citron. Napper les rognons et parsemer de persil haché.

Côte de bœuf bourguignonne

BOURGOGNE

À COMMENCER 6 HEURES AVANT
PRÉPARATION : 20 MINUTES
CUISSON : 20 À 30 MINUTES
FACILE
🍷 CÔTE-DE-BROUILLY AOC ROUGE

POUR 4 PERSONNES :
1 côte de bœuf de 1,5 kg environ
2 ou 3 os à moelle (pour obtenir 100 g de moelle)
4 échalotes, de préférence grises
25 cl de vin de Bourgogne rouge
150 g de beurre
1 cuillerée à soupe d'huile d'arachide
1 petit bouquet de persil
sel, poivre

• Extraire la moelle des os en pressant avec le pouce à l'une de leurs extrémités (éventuellement, s'aider d'un couteau à lame fine pour décoller la moelle, qui ne doit pas être abîmée). Mettre la moelle à dégorger dans l'eau froide pendant 6 heures.

Coq au vin

BOURGOGNE

PRÉPARATION : 25 MINUTES
CUISSON : 2 HEURES
FACILE
🍷 CÔTE-DE-NUITS-VILLAGES AOC ROUGE

POUR 6 PERSONNES :
1 coq de 2,5 kg environ
20 petits oignons (dits grelots)
50 g de saindoux
125 g de poitrine de porc fumée
150 g de champignons (sauvages ou de Paris)
quelques carottes (facultatif)
1 gousse d'ail
1 petit verre de marc de Bourgogne
1 bouteille de vin rouge de Bourgogne corsé (côte-de-nuits)
1 bouquet garni (thym, laurier, persil)
50 g de beurre
80 g de farine
1 morceau de sucre
sel, poivre

• Couper le coq en morceaux et la poitrine fumée, débarrassée de sa couenne et de ses cartilages, en lardons fins. Peler les oignons et nettoyer les champignons.

• Faire fondre les lardons en cocotte dans le saindoux pendant une dizaine de minutes. Ajouter les oignons et les faire rissoler en remuant avec une cuiller de bois. Retirer lardons et champignons ; les réserver. Les remplacer par les morceaux de coq, qu'on fait dorer sur toutes leurs faces. Au bout d'une dizaine de minutes, remettre lardons et oignons avec les morceaux de coq. Verser le marc et flamber.

• Mouiller ensuite avec le vin rouge, ajouter sucre, sel, poivre, bouquet garni, ail écrasé à la pointe du couteau, champignons coupés en quartiers, carottes coupées en rondelles. Laisser mijoter 1 h 30.

• Dix minutes avant de servir, ôter le bouquet garni, prendre les morceaux de coq avec une écumoire, les disposer dans un plat de service avec oignons, champignons et lardons. Tenir au chaud.

• Poivrer la côte de bœuf sur ses deux faces. Dans une poêle ou une sauteuse, chauffer l'huile et une noix de beurre.

• Faire cuire la côte 10 minutes de chaque côté à feu moyen (un peu moins ou un peu plus selon qu'on désire la viande plus saignante ou plus cuite).
Saler sur les deux faces.

• Mélanger beurre et farine, lier la sauce avec ce beurre manié.

• Rectifier l'assaisonnement. Napper avec cette sauce. Accompagner si l'on veut de petits croûtons frits au beurre.

• Pendant cette cuisson, peler et hacher les échalotes, les jeter dans une casserole et les remuer, sur feu moyen, pour qu'elles suent.

• Verser le vin en ne conservant qu'un demi-verre. Laisser réduire le liquide de moitié.

• Faire pocher la moelle 3 minutes dans l'eau salée frémissante.

• La côte cuite, la retirer, l'envelopper de papier aluminium, la tenir à l'entrée du four éteint, mais chaud.

• Avec le vin qui reste, déglacer la poêle en tournant pendant 1 minute avec la cuiller de bois. Verser le produit du déglaçage dans la réduction de vin et d'échalotes, porter à ébullition à feu doux, puis incorporer le beurre par petits morceaux, avec le fouet.

• Rectifier l'assaisonnement. Égoutter la moelle, la couper en tranches de 1 cm d'épaisseur, la tenir au chaud.

• Couper la côte en tranches, poser les rondelles de moelle sur les tranches, napper de la sauce et parsemer de persil haché.

Un souverain lorrain... et polonais, beau-père de Louis XV, Stanislas Leszczynski, inventa le baba au rhum. Aussi gourmet que bon pâtissier, il jugea trop sèche la brioche qu'on lui servait et il l'arrosa de rhum. Aimant également les contes, il baptisa sa création Ali-Baba.

desserts

Strudel aux pommes

ALSACE

PRÉPARATION : 30 MINUTES
REPOS DE LA PÂTE : 2 HEURES
CUISSON : 40 MINUTES
FACILE
GEWURZTRAMINER D'ALSACE AOC

POUR 4 PERSONNES :
Pour la pâte :
150 g de farine
40 g de beurre
1 œuf
1 verre d'eau tiède
le jus d'un demi-citron
sel
Pour la garniture :
500 g de pommes
50 g d'amandes effilées
50 g de raisins de Corinthe
50 g de sucre en poudre
15 cl de crème épaisse
50 g de beurre
1 pincée de cannelle en poudre
1 jaune d'œuf

• Mélanger avec soin la farine, le beurre amolli et l'œuf.

• Ajouter ensuite l'eau, le sel, le jus de citron.

• Pétrir cette pâte pour qu'elle soit bien lisse. En faire une boule et la laisser reposer 2 heures.

• Au rouleau, abaisser la pâte sur une serviette saupoudrée de farine.

• Badigeonner de crème, parsemer les amandes, ranger les pommes découpées en lamelles, parsemer de raisins de Corinthe, saupoudrer de sucre et de cannelle.

• Rouler la pâte sur elle-même, la poser sur une tôle beurrée, la badigeonner de jaune d'œuf et de beurre fondu.

• Enfourner à chaleur douce 40 minutes.

Ogei

ALSACE

À COMMENCER LA VEILLE
PRÉPARATION : 1 H 40
CUISSON : 25 MINUTES
DIFFICILE
MONBAZILLAC AOC BLANC

POUR 6 PERSONNES :

Pour la pâte :
500 g de farine
10 g de levure de boulanger
2 dl de lait
75 g de sucre semoule
2 jaunes d'œufs
100 g de beurre
Pour la farce :
200 g de pruneaux
200 g de figues sèches
100 g de raisins de Corinthe
75 g de cerneaux de noix
1 petit verre d'eau-de-vie de quetsche
50 g de sucre en poudre
1 cuillerée à café de cannelle en poudre
1 jaune d'œuf
1 cuillerée à soupe de sucre glace

• Dans de l'eau portée à ébullition et frémissante, faire tremper les pruneaux 1 heure, les figues et les raisins 30 minutes. Égoutter dans une passoire. Couper en petits morceaux les pruneaux et les figues, les mélanger avec les raisins. Hacher gros les cerneaux de noix, les ajouter aux trois fruits et arroser le tout avec l'eau-de-vie de quetsche. Saupoudrer de cannelle et de sucre. Mélanger et laisser reposer toute la nuit.

• Travailler la pâte en faisant une fontaine au milieu de la farine mise dans une terrine et à laquelle on ajoute la levure délayée dans le lait, puis le sucre et les 2 jaunes d'œufs.

• Bien mélanger la pâte à la cuiller de bois et, quand elle est lisse, y incorporer le beurre amolli et manier pendant 10 minutes. Laisser lever 30 minutes, puis travailler de nouveau la pâte. En prélever la moitié et l'abaisser en un rectangle de 30 sur 40 cm.

• Étaler les fruits sur toute cette surface et former un rouleau. Faire de même avec l'autre moitié de la pâte et des fruits. Poser les ogei sur une tôle beurrée, assez loin l'un de l'autre pour qu'ils ne se touchent pas. Laisser lever 45 minutes et badigeonner la surface de jaune d'œuf. Saupoudrer de sucre glace et cuire 25 minutes à four moyen.

Flamusse aux pommes

BOURGOGNE

PRÉPARATION : 25 MINUTES
CUISSON : 30 MINUTES
TRÈS FACILE
CRÉMANT DE BOURGOGNE AOC BLANC

POUR 4 PERSONNES :

10 pommes reinettes
6 œufs
25 cl de lait bouilli
1 cuillerée à soupe de farine
50 g de sucre
1 cuillerée à soupe de sucre semoule
100 g de beurre

• Peler, ôter les pépins et émincer en tranches les pommes reinettes. Dans une grande poêle, les faire vivement revenir au beurre. Dans une terrine, battre les œufs avec la farine, le lait et le sucre. Faire une pâte homogène et y ajouter les pommes. Bien mélanger.

• Dans un plat beurré allant au four, verser la préparation. Cuire 30 minutes à feu moyen. Dans un plat de service, retourner la flamusse, la saupoudrer de sucre semoule et servir chaud.

Rigodon

BOURGOGNE

PRÉPARATION : 20 MINUTES
CUISSON : 45 MINUTES
TRÈS FACILE
ARBOIS-VIN DE PAILLE AOC BLANC

POUR 6 PERSONNES :

1 l de lait
250 g de sucre
1 pincée de cannelle en poudre
1 pincée de sel
125 g de brioche rassise
10 cerneaux de noix
6 noisettes
2 cuillerées de crème de riz
8 œufs
30 g de beurre

• Faire bouillir le lait, ajouter sucre, cannelle et sel. Bien faire fondre le sucre en remuant.

• Couper la brioche en dés. Placer les dés dans un plat creux, les arroser d'un peu de lait sucré pour les humecter. Hacher finement les cerneaux de noix et les noisettes.

• Dans une terrine, mélanger les œufs battus et la crème de riz en une pâte lisse. Peu à peu, verser le lait sucré, puis, en tournant à la cuiller de bois, les dés de brioche, les noix et les noisettes.

• Verser le tout dans un plat beurré allant au four. Éparpiller à la surface des noisettes de beurre. Cuire à four moyen 45 minutes.

Gâteau mollet

CHAMPAGNE

PRÉPARATION : 25 MINUTES
REPOS DE LA PÂTE : 2 H 30
CUISSON : 30 MINUTES
FACILE
CHAMPAGNE AOC - DEMI-SEC

POUR 4 PERSONNES :

250 g de farine
20 g de levure de boulanger
200 g de beurre
3 œufs
10 g de sucre semoule
5 g de sel

• Délayer la levure dans un demi-verre d'eau tiédie, y dissoudre le sel et le sucre. Incorporer 50 g de farine et laisser la pâte gonfler jusqu'à doubler de volume.

• Dans une terrine, mettre le reste de la farine, faire une fontaine, incorporer les œufs un à un, y ajouter la pâte levée, devenue levain. Brasser et battre avec vigueur pour obtenir une pâte très homogène. À cette pâte on mélange peu à peu 175 g de beurre amolli, en battant.

• De cette pâte faire une boule, qu'on laisse lever 2 heures dans la terrine recouverte d'un linge humide.

Gâteau mollet

• Ensuite, aplatir la pâte à la main légèrement farinée et la disposer dans un grand moule beurré jusqu'à mi-hauteur.

• Couvrir de nouveau du linge humide jusqu'à ce que la pâte ne soit plus qu'à 2 cm du haut du moule.

• Enfourner à four chaud et préchauffé.

• Laisser cuire 30 minutes. Pour vérifier le degré de cuisson, planter un couteau pointu jusqu'au fond du moule. Si la lame ressort sèche, le gâteau est cuit.

Poires à la vigneronne

BOURGOGNE

PRÉPARATION : 10 MINUTES
CUISSON : 30 MINUTES
TRÈS FACILE
🍷 BOURGOGNE AOC ROUGE

POUR 6 PERSONNES :

1 kg de poires williams ou doyennés
1 bouteille de vin de Bourgogne ou de Beaujolais
25 cl d'eau
250 g de sucre
1 pincée de cannelle en poudre
1 ou 2 gousses de vanille

• Peler les poires sans les couper et en laissant la queue.

• Les placer debout dans une casserole.

• Verser le mélange de vin et d'eau, dans lequel on aura fait fondre le sucre et ajouté la cannelle et la vanille.
Les poires doivent être couvertes ; les bords de la casserole sont donc hauts ; quant au liquide de cuisson, augmenter les proportions indiquées si son volume est insuffisant.

• Faire cuire à petits bouillons jusqu'à ce que les poires soient bien tendres.

• Il faut, selon les espèces et la grosseur des fruits, compter environ 30 minutes de cuisson.

Poires à la vigneronne

Kougelhopf

ALSACE

PRÉPARATION : 30 MINUTES
REPOS DE LA PÂTE : 3 HEURES
CUISSON : 50 MINUTES
FACILE
🍷 MUSCAT D'ALSACE AOC

POUR 8 PERSONNES :

500 g de farine fine
30 g de levure de boulanger
1/2 l de lait
125 g de beurre
125 g de sucre en poudre
3 œufs
100 g de raisins de Malaga, de Corinthe ou de Smyrne
75 g d'amandes effilées
1 petit verre de kirsch
sel

• Faire bouillir le lait et le laisser tiédir.

• Dans un verre de ce lait, dissoudre la levure, puis remettre ce mélange dans le lait tiède.

• Faire fondre le beurre.

• Dans une terrine, mélanger la farine, le sucre et le sel (une pincée).

• Ajouter petit à petit le lait, en tournant avec une cuiller de bois, puis battre (au fouet ou au batteur

Tarte aux quetsches

ALSACE

PRÉPARATION : 15 MINUTES
CUISSON : 35 MINUTES
FACILE
🍷 GEWURZTRAMINER D'ALSACE AOC

POUR 6 PERSONNES :

250 g de pâte brisée
1 kg de quetsches
120 g de sucre en poudre

• Beurrer une tourtière, abaisser la pâte sur une épaisseur de 2 mm et foncer la tourtière.

électrique) le mélange en incorporant les œufs un à un, puis le beurre fondu.

• Ajouter les raisins, qui ont trempé depuis le début des opérations dans le petit verre de kirsch.

• Battre la pâte dans la terrine avec les mains, jusqu'à ce qu'elle ne colle plus aux doigts.

• Couvrir alors la terrine d'un linge et laisser lever la pâte 1 heure.

• Beurrer largement un moule à kougelhopf, coller sur ses parois les amandes effilées, y verser la pâte, laisser encore celle-ci lever 2 heures.

• Préchauffer le four pendant 15 minutes. Enfourner à bonne chaleur pendant 50 minutes.

• Démouler, laisser refroidir et servir ensuite avec une compote ou une marmelade.

• Couper en deux les quetsches, ôter les noyaux, disposer les fruits en rosace sur la pâte. Saupoudrer de sucre. Enfourner à forte chaleur 35 minutes.

Tartouillat

BOURGOGNE

PRÉPARATION : 10 MINUTES
CUISSON : 25 MINUTES
TRÈS FACILE
CRÉMANT DE BOURGOGNE AOC ROSÉ

POUR 4 PERSONNES :

250 g de farine
250 g de sucre semoule
1 sachet de sucre vanillé
10 g de sel
4 œufs
1 petit verre de rhum
10 cl de lait
100 g de beurre
500 g de cerises noires bien mûres
1 cuillerée à soupe de sucre glace

• Dans une terrine, faire une pâte en travaillant la farine, le sucre semoule, le sucre vanillé, le sel, les œufs et le rhum.

• Délayer ensuite en versant peu à peu le lait.

• Beurrer généreusement un moule à tarte à bord assez haut, disposer les cerises lavées et équeutées (on peut aussi les dénoyauter, mais la recette authentique le réprouve).

• Verser sur les cerises le contenu de la terrine. Mettre à four moyen 25 minutes.

• Le démouler encore chaud et poudrer de sucre glace. Consommer tiède.

Ouest

Anjou
Berry
Bretagne
Maine
Normandie
Orléanais
Touraine

La vaste portion du territoire français qui, à l'ouest de Paris, couvre, de la Somme à la Loire, les provinces du Val de Loire (Berry, Orléanais, Touraine, Anjou, Maine), la Bretagne et la Normandie n'a rien d'un espace indéterminé. Ses côtes étendues sont riches en produits de la mer, son bassin fluvial est peuplé de poissons d'eau douce, ses herbages plantureux fournissent des beurres et des fromages de grande qualité, ses vallées produisent légumes et fruits. Les volailles y sont excellentes, les charcuteries délicieuses, le gibier y abonde. On y trouve de bons vins et, au-dessus de la Loire, c'est le domaine du cidre.

Produits et cuisine ligériens (du Val de Loire) se ressemblent par plus d'un trait, comme le prouve la guerre du beurre blanc (savoureuse sauce aux échalotes, au vin blanc et au beurre, qui accompagne les poissons du fleuve), que se livrent depuis fort longtemps le Pays nantais, l'Anjou et même la Touraine. De cette Touraine on a dit qu'elle était « le jardin de la France ». Le poète Joachim Du Bellay a chanté « la douceur angevine ». Plus prosaïquement, Curnonsky, prince des gastronomes, qualifiait le Maine de « pays du cochon ». Tout cela s'applique au territoire qui, tout au long de la paresseuse Loire, s'étend du Berry-Orléanais à l'embouchure du fleuve. Pourtant, chacune des provinces qui composent cet ensemble apporte sa contribution spécifique. Si pauvre qu'il soit, le Berry produit des fromages de chèvre réputés (levroux, pouligny, valençay, selles-sur-cher, crottins de Chavignol, ainsi que, sur le sol tourangeau, sainte-maure). La Sologne regorge de gibier.

La Touraine, le Maine, l'Anjou peuvent s'enorgueillir de leurs andouillettes, boudins, rillettes et rillons (ou rillaux), ainsi que de leurs légumes, de leurs fruits et, dans les caves creusées dans le calcaire, de leurs champignons de couche, dits « de Paris ». Le Maine élève, autour de Loué, de belles volailles. Cuisine de gibier et de cochonnailles, la ligérienne l'est aussi de plats plus distingués, dans lesquels la crème a la place de choix : cul de veau et poularde à l'angevine, beuchelle (ragoût de rognons et ris de veau) et géline (poule) à la tourangelle.

Le vin ne peut qu'inspirer également les cuisiniers de ces provinces, depuis le sancerre jusqu'au muscadet, en passant par le vouvray, le montlouis, le bourgueil, le chinon, le champigny, les magnifiques bonnezeaux et coulée-de-serrant. Né en ces contrées, Rabelais en fut le chantre truculent.

La Bretagne était une province excentrée, longtemps tenue hors des grands courants d'échanges, qui a élaboré deux types de cuisine.

À l'intérieur des terres, la pauvreté a tenu en bride la gourmandise et l'imagination des habitants. On s'y régalait de graisse de Cornouaille (panne de porc râpée, étalée sur du pain avec des oignons), de pommes de terre aux oignons, de soupe de choux et navets, et surtout de galettes, crêpes et farz de froment ou de sarrasin. Les cochonnailles ne s'illustrent guère qu'avec la très savoureuse andouille de Guéméné. La Bretagne terrienne ne possède, la région nantaise mise à part, ni vin ni fromage vraiment dignes de ce nom. Mais elle produit un bon beurre et de l'excellent cidre.

Dans le nord de la péninsule, cependant, depuis une quarantaine d'années, le courage et l'esprit d'initiative des paysans bretons ont bouleversé l'économie rurale de fond en comble : on y cultive de manière intensive choux-fleurs, haricots, oignons et artichauts. Cependant, malgré cela, l'intérieur est souvent aride en Bretagne, autant les côtes découpées de la Manche et de l'Atlantique sont riches

Pages 70-71 : l'imposant château Renaissance de Chenonceaux. Entouré d'un très beau parc, il fut construit vers 1515 sur les rives du Cher, affluent de la Loire dans la partie qui parcourt la Touraine.

À gauche : la vieille ville de Saint-Malo, entourée aujourd'hui encore de ses anciens remparts protecteurs. La ville portuaire bretonne, à l'embouchure de la Rance, est le symbole de la forteresse maritime médiévale.

Ci-dessous : éléments de premier plan de la tradition culinaire française, les huîtres de Cancale sont renommées pour leur saveur raffinée, au point qu'elles sont considérées parmi les meilleures de toute la Bretagne.

En bas : une longue rangée de cabines d'un établissement balnéaire de Deauville, en Normandie. Les plages de sable sont propices à la pêche de la sole, cuisinée de mille façons.

en poissons, crustacés (les homards bleus de Bretagne sont les meilleurs du monde) et coquillages. La cuisine, bien entendu, exprime cette abondance et cette diversité, à commencer par les cotriades, qui sont des soupes de poissons dont il existe, comme de bouillabaisses dans le Midi, une grande variété.

Mais aussi : palourdes et praires farcies, ragoût d'ormeaux, coquilles Saint-Jacques à la bretonne, soupe d'étrilles, maquereaux au cidre, morue frite de Guingamp, morue à la crème de Paimpol, soupe au congre de l'île de Sein, soupe aux huîtres de Cancale, daurade au four de Quimper, feuilleté de sardines de Douarnenez, beignets de langoustines de Concarneau, gratin de moules de Penthièvre, soupe de godaille (petits poissons) de Lorient, tarte aux coquillages de Cancale, homard au cari ou avec la préparation, objet d'une querelle durable, à l'armoricaine (ou à l'américaine).

À la pauvreté de la Bretagne intérieure (Argoat) correspond l'opulence de son voisin, l'arrière-pays normand : Cotentin, Bocage, pays d'Ouche, Perche, pays d'Auge, pays de Caux, pays de Bray. Les gras herbages donnent les beurres savoureux d'Isigny et de Sainte-Mère-Église, les crèmes onctueuses et les fromages universellement appréciés de

Camembert, de Pont-l'Évêque, de Livarot et de bondon. Les tripes sont aussi l'affaire des Normands, qu'elles soient préparées en paquets comme à La Ferté-Macé, à la crème comme à Coutances, au cidre ou au vin blanc comme à Caen, ou entrant dans la confection des andouilles de Vire. Sur cette terre, la grande cuisine a aussi sa place : canard au sang de Rouen ou canard rôti à la Duclair, poularde gratinée des Andelys, poularde vallée d'Auge, oie en daube d'Alençon, pieds de porc d'Argentan, lapin en papillote du Havre.

Quant à la Normandie maritime, elle ne le cède en rien à la Bretagne côtière. Sans parler de la sole normande (avec vin blanc, madère, cognac, moules, crevettes, huîtres, éperlans, champignons, truffes, échalotes grises, poireaux, carottes, beurre, crème, œufs et herbes), dont la folle richesse ne peut être que... parisienne, la province a créé des recettes très alléchantes.

Ainsi la marmite dieppoise, composée de turbot, lotte, sole, moules, crevettes, beurre, crème et divers légumes. Ou, très simplement, les harengs grillés sauce moutarde, la morue au vin blanc comme à Fécamp, la barbue cauchoise, les « demoiselles de Cherbourg » (petits homards) à la nage, les lisettes (petits maquereaux) au vin blanc, les

En haut : 1099 menhirs occupent le site préhistorique de Ménec, dans la région de Carnac. Les mégalithes présents sur cet espace font partie de ce qu'on appelle le « circuit des alignements », qui relie la localité aux villages de Kermario et Kerlescan, en Bretagne.

À gauche : haute de 70 m au-dessus de la mer, la sauvage pointe du Raz est un des sites les plus visités de la péninsule de Cornouaille.

Ci-dessus : la pointe du Toulinguet occupe l'extrémité de la presqu'île découpée et rocheuse de Crozon, qui s'avance dans la mer au nord de la Cornouaille et de la pointe du Raz.

crevettes bouquet poêlées vivantes, et dont le parfum iodé appelle le cidre et le pain beurré.

Pour ce qui est des desserts, on ne sera pas étonné d'apprendre qu'ils sont le plus souvent aux pommes. Jusques et y compris en Orléanais, où l'on sert la tarte des demoiselles Tatin, aux pommes caramélisées. La Normandie étendrait-elle jusque là son influence ?

Comme le chantait Lucie Delarue-Mardrus : « L'odeur de mon pays était dans une pomme. »

Marmite cauchoise

NORMANDIE

PRÉPARATION : 25 MINUTES
CUISSON : 15 MINUTES
FACILE
JASNIÈRES AOC BLANC

POUR 8 PERSONNES :

4 tranches de congre
8 petits crabes
1 grondin
1 merlan
1 daurade de 750 g à 1 kg
2 tomates
2 oignons
2 gousses d'ail
2 cuillerées à soupe d'huile d'arachide
1 bouquet garni (thym, laurier, persil)
des croûtons (facultatif)
sel, poivre

• Peler oignons et gousses d'ail. Laver, peler, épépiner les tomates.

• Vider les poissons, les écailler, les laver et les sécher. Laver les crabes vivants.

• Faire blondir très doucement dans une marmite, à l'huile, les oignons et les gousses d'ail émincés.

• Ajouter les tomates coupées en morceaux. Faire fondre en remuant à la cuiller de bois.

• Verser 2,5 l d'eau bouillante. Ajouter le bouquet garni. Saler, poivrer.

• Plonger dans la soupe les crabes, le congre coupé en tronçons, le grondin.

• Après 5 minutes de cuisson, ajouter le merlan et la daurade, et faire bouillir 10 minutes à feu réduit et à couvert.

• Verser dans la soupière, sur des croûtons si on le désire, le bouillon passé.

• Servir sur un plat, en même temps que le bouillon, les poissons et les crabes.

Soupe tourangelle

TOURAINE

PRÉPARATION : 45 MINUTES
CUISSON : 1 H 30
FACILE
TOURAINE AOC ROUGE

POUR 8 PERSONNES :

500 g de poitrine de porc demi-sel
500 g de blancs de poireau
1 petit chou
350 g de navets
une vingtaine de petits oignons (dits grelots)
50 g de beurre
3 l de bouillon de volaille
1,5 kg de petits pois en cosse
1 verre de vinaigre
sel, poivre

• Faire blanchir le morceau de poitrine et le débarrasser de sa couenne et de ses cartilages.

• Ôter les feuilles extérieures du chou. Le couper en huit, retirer les grosses côtes, le laver à l'eau vinaigrée, le placer dans un fait-tout couvert d'eau froide. Porter à ébullition et égoutter immédiatement. Le repasser à l'eau froide.

• Nettoyer les poireaux et ne garder que le blanc et 1 cm de vert. Laver et émincer. Peler, couper en dés les navets. Peler les oignons.

• Dans le fait-tout rincé, faire revenir pendant 10 minutes à feu doux, dans le beurre, navets, oignons et poireaux.

• Ajouter les quartiers de chou, la poitrine coupée en petits lardons, le bouillon de volaille dégraissé.

• Couvrir et laisser frémir 1 heure, sans aller jusqu'à la forte ébullition.

• Pendant ce temps, écosser les petits pois.

• Après l'heure de cuisson de la soupe, saler, poivrer, ajouter les pois et laisser cuire 20 minutes.

• On peut servir sur de fines tranches de pain de campagne rassis.

Marmite cauchoise

Soupe au lapin de garenne

TOURAINE

Préparation : 30 minutes
Cuisson : 2 h 20
Facile
🍷 **Châteaumeillant VDQS rouge**

Pour 6 personnes :

1 lapin de garenne
2 l de bouillon
1 verre de vin blanc sec
3 oignons
2 gousses d'ail
1 bouquet garni (thym, laurier, persil, estragon)
300 g de champignons (mousserons ou champignons de Paris)
3 jaunes d'œufs
6 cuillerées à soupe de crème fraîche
sel, poivre

• Dépouiller, vider, couper en morceaux un lapin de garenne.

• Mettre ces morceaux dans un fait-tout, avec oignons et ail pelés et émincés, bouquet garni, vin blanc et bouillon.

• Couvrir. Porter à ébullition. Écumer. Baisser le feu et faire mijoter jusqu'à ce que les chairs du lapin se détachent des os (au moins 2 heures).

• Passer le tout à travers une passoire. Réserver le liquide.

• Se débarrasser du bouquet et de tous les os du lapin ; hacher les chairs pour les réduire en purée.

• Peler les champignons et les passer au moulin à légumes ou au hachoir fin. Réserver deux cuillerées à soupe de ce hachis de champignons. Mélanger le reste avec la purée de lapin.

• Porter le liquide à ébullition. Y verser le mélange de lapin et de champignons. Saler, poivrer.

• Laisser mijoter pendant 15 minutes.

• Dans la soupière de service, battre au fouet jaunes d'œufs et crème. Ajouter les champignons réservés, une partie du potage bouillant, puis remettre le tout à chauffer très doucement.

• Ne pas laisser bouillir.

Cotriade de Belle-Île

BRETAGNE

Préparation : 30 minutes
Cuisson : 1 h 15
Facile
🍷 **Muscadet AOC blanc**

Pour 10 personnes :

2 kg de poissons à chair ferme (congre, lieu, maquereau, rouget) et à chair molle (merlan, sole, vieille, éperlan)
1 kg de crustacés et coquillages selon saison (étrilles, langoustines, moules, praires, palourdes, crevettes, homards)
200 g de pain rassis en tranches
50 g de beurre
3 oignons
1 blanc de poireau coupé en rondelles
3 tomates pelées et épépinées
1 branche de céleri
1 bouquet garni (thym, laurier, persil)
2 kg de pommes de terre
300 g de carottes
300 g de navets
3 gousses d'ail
1 forte pincée de cayenne
quelques filaments de safran
sel, poivre

• Préparer les poissons, soit en tronçons, soit en filets, après les avoir lavés et vidés.

• Réserver les déchets (têtes, arêtes, etc.). Ranger à part poissons à chair molle et poissons à chair ferme.

• Dans une grande marmite, faire dorer au beurre les oignons pelés et émincés, puis ajouter le poireau et les tomates, le céleri lavé, le bouquet garni, enfin les déchets de poisson, enfermés par commodité dans un filet.

• Verser 5 l d'eau salée et poivrée. Porter à ébullition et poursuivre la cuisson 30 minutes. Retirer alors les déchets de poisson, mettre dans le bouillon carottes et navets pelés et lavés, puis, 15 minutes plus tard, les pommes de terre pelées et lavées. Après 15 minutes, ajouter les poissons à chair ferme avec les plus gros crustacés. Faire cuire 6 minutes à couvert. Disposer les poissons à chair molle, les coquillages et les petits crustacés.

Cotriade de maquereaux

BRETAGNE

Préparation : 20 minutes
Cuisson : 45 minutes
Facile
🍷 **Muscadet des coteaux de la Loire AOC blanc**

Pour 4 personnes :

8 petits maquereaux
50 g de beurre
2 oignons
500 g de pommes de terre
500 g de poireaux
25 cl de muscadet
75 cl d'eau
1 bouquet garni (thym, laurier, persil)
1 cuillerée à soupe de fines herbes (persil, cerfeuil, estragon, ciboulette)
2 jaunes d'œufs
quelques tranches de pain rassis
sel, poivre

• Peler et émincer les oignons. Les faire revenir dans le beurre sans les laisser colorer. Mouiller avec le vin et l'eau, ajouter le bouquet garni.

• Saler, poivrer, porter à ébullition. Ajouter les pommes de terre pelées et lavées et les blancs de poireau nettoyés et en bottillon. Faire cuire 30 minutes.
Ajouter les maquereaux qui pendant ce temps ont été nettoyés, vidés et lavés.

• Après 15 minutes de cuisson, retirer les maquereaux ainsi que les légumes et les réserver au chaud. Rectifier l'assaisonnement du bouillon, le filtrer, le lier avec les jaunes d'œufs battus, le verser sur les croûtons frits au beurre et le saupoudrer des fines herbes hachées.

• Les poissons et les légumes sont accompagnés d'une vinaigrette fortement moutardée.

• Laisser bouillir 6 autres minutes.

• Servir la cotriade – poissons, crustacés, coquillages et légumes – sur un grand plat creux.

• Tenir au chaud pendant que le bouillon est passé au chinois, agrémenté de cayenne et de safran, et verser sur les tranches de pain frottées avec les gousses d'ail.

• Les poissons et les légumes sont accompagnés d'une vinaigrette composée selon les goûts.

Soupe d'étrilles

BRETAGNE

PRÉPARATION : 20 MINUTES
CUISSON : 30 MINUTES
FACILE
🍷 LA CLAPE AOC BLANC

POUR 4 PERSONNES :

1 kg d'étrilles (petits crabes)
1 carotte
2 oignons
25 cl de muscadet
1 bouquet garni
(thym, laurier, persil, cerfeuil)
80 g de riz
8 petites tranches de pain de campagne rassis
sel, poivre
cayenne

• Dans un fait-tout, mettre la carotte pelée et émincée, les oignons pelés et hachés, le vin, le bouquet garni. Ajouter 2 l d'eau.

• En même temps, faire cuire le riz à l'eau salée 17 minutes.

• Laver à grande eau les étrilles, les brosser énergiquement. Les mettre dans le fait-tout, monter à ébullition et laisser cuire 5 minutes.

• Ôter le bouquet.

• Prendre avec l'écumoire les étrilles, les carottes et les oignons. Passer au mixer, ainsi que le riz égoutté.

• Passer le tout au chinois sur une casserole, en pressant avec la cuiller de bois les ingrédients contre la paroi. Arroser en même temps avec le bouillon.

• Rectifier l'assaisonnement, ajouter une pointe de cayenne.

• Monter à ébullition pendant 5 minutes.

• Verser dans la soupière sur les tranches de pain grillées pour leur donner couleur.

Quiche tourangelle

TOURAINE

PRÉPARATION : 20 MINUTES
CUISSON : 45 MINUTES
FACILE
🍷 TOURAINE-AZAY-LE-RIDEAU AOC ROSÉ

POUR 8 PERSONNES :

250 g de rillettes de Tours
500 g de rillons
5 œufs
1/2 l de lait
1 grand verre de crème
persil, cerfeuil, estragon, ciboulette
sel, poivre, muscade
Pour la pâte :
175 g de beurre
1 œuf
350 g de farine
1 pincée de sel

• Préparer une pâte à foncer. Dans une terrine, mettre la farine. Faire une fontaine et y placer le beurre amolli et mis en parcelles, l'œuf, le sel.

• Pétrir en versant de l'eau jusqu'à ce que la pâte ne colle plus aux doigts.

• Ramasser la pâte en boule, l'aplatir un peu de la main, la replier, la remettre en boule et la laisser reposer 1 heure.

• Désosser les rillons et les couper en petits dés. Étendre la pâte au rouleau et en garnir une tourtière. Sur le fond, étendre les rillettes régulièrement et coucher dessus les dés de rillons.

• Battre les œufs, les mélanger avec le lait et la crème.

• Ajouter un hachis de fines herbes (2 cuillerées à soupe environ). Saler, poivrer, muscader, verser la préparation sur rillettes et rillons. Mettre à four chaud.

• Baisser la chaleur après 30 minutes de cuisson et laisser encore 15 minutes à four modéré.
Se sert tiède.

Omelette aux coques

NORMANDIE

PRÉPARATION : 30 MINUTES
CUISSON : 5 À 10 MINUTES
FACILE
🍷 MONTLOUIS AOC ROSÉ

POUR 6 PERSONNES :

1 kg de coques
50 g de beurre
3 cuillerées à soupe de crème
8 œufs
1 citron
fines herbes au choix
(persil, cerfeuil, estragon, ciboulette)
sel, poivre

• Dans un fait-tout ou une grande casserole, mettre 2 verres d'eau, le jus d'un citron, puis les coques bien lavées et brossées pour les débarrasser du sable.

• À feu vif, faire ouvrir les coquillages. Les retirer, ôter leurs coquilles, les réserver et filtrer leur eau. À celle-ci mélanger la crème, poivrer et ajouter les coques tenues en attente.

• Battre les œufs en omelette. Saler, poivrer, ajouter un hachis de fines herbes et 20 g de beurre en parcelles.

• Faire chauffer le reste du beurre dans une poêle. Quand il commence à mousser, verser les œufs et laisser prendre l'omelette en faisant des cercles avec la fourchette pour que le mélange soit en contact avec le fond de la poêle.

• Quand l'omelette est à point, prise au-dessous, encore baveuse au-dessus, retirer la poêle du feu et verser sur les œufs les coques et leur sauce.

• Glisser l'omelette sur un plat de service en la repliant comme un chausson.

Omelette aux coques

Rillons

TOURAINE

PRÉPARATION : 10 MINUTES
REPOS : 2 HEURES
CUISSON : 1 À 2 HEURES
FACILE
🍷 TOURAINE AOC BLANC

EN HORS-D'ŒUVRE OU CASSE-CROÛTE
POUR 1 KG DE VIANDE :
1 kg de poitrine de porc maigre fraîche
25 g de gros sel
300 g de saindoux
sel, poivre

• Couper la poitrine en cubes de 4 à 5 cm, les rouler dans un mélange de gros sel et de poivre et les laisser 2 heures dans une terrine.

• Dans une cocotte, faire fondre le saindoux. Quand il est bouillant, plonger dedans les cubes de poitrine. Les laisser cuire de 1 à 2 heures. Quand ils sont bien dorés, mais non noirs, les sortir de la graisse avec une écumoire (vérifier de la pointe du couteau qu'ils sont parfaitement tendres). Les égoutter.

• On peut manger les rillons chauds ou froids. On peut également les mettre dans un bocal et verser du saindoux refroidi, mais encore liquide, pour les conserver.

Rillettes de Tours

TOURAINE

PRÉPARATION : 20 MINUTES
CUISSON : 4 HEURES ENVIRON
FACILE
🍷 TOURAINE AOC BLANC

POUR UN GRAND POT DE CONSERVE
OU PLUSIEURS PETITS :
2 kg de filet de porc avec son gras
40 g de gros sel
1 bouteille de vin de Vouvray sec, non pétillant (facultatif)

• Couper le gras de la viande en cubes et le maigre en lanières fines, dans le sens des muscles. En faire deux tas séparés. Réserver les os. Dans une grande cocotte, mettre les cubes de gras et les os réservés au-dessus. Recouvrir des lanières de viande maigre. Disperser le gros sel et arroser d'un verre d'eau.

• Couvrir. Monter doucement à ébullition et réduire le feu. Laisser cuire très doucement, sans remuer.

• Après 30 minutes, enlever les os, verser le vin, si on le désire, et monter la chaleur. Avec une longue cuiller de bois, remuer sans cesse le mélange pour que gras et maigre s'amalgament parfaitement.

• Quand les viandes seront réduites en une sorte de bouillie, après 4 heures environ (vérifier de temps en temps), verser dans des pots de grès très propres.

• Laisser refroidir et conserver la couche de saindoux montée à la surface, et qui sert de protection aux rillettes.

• Boucher hermétiquement.

Rillettes de Tours

Rillettes d'Angers

Rillettes d'Angers

ANJOU

PRÉPARATION : 20 MINUTES
CUISSON : 4 H 30
FACILE
COTEAUX-DE-L'AUBANCE AOC BLANC

POUR UN POT DE CONSERVE :

2 kg de viande de porc, grasse et maigre
500 g de panne de porc
sel, poivre

• Couper la panne en morceaux et la faire fondre en cocotte.
Laisser rissoler 30 minutes.

• Couper la viande de porc en cubes, comportant dans la mesure du possible gras et maigre. Saler et poivrer cette viande.

• La mettre avec un verre d'eau dans la cocotte, avec la panne fondue et rissolée. Couvrir.

• Laisser cuire 4 heures à couvert. De temps en temps, tourner avec la cuiller de bois.

• À la fin de la cuisson, retirer de la cocotte les plus gros morceaux de viande qui restent intacts. Ce sont les « rillaux », qui se mangent froids ou tièdes.

• Verser le reste des rillettes dans un bocal. Laisser refroidir.

• Fermer ensuite hermétiquement le bocal en veillant à ce que la couche de saindoux qui s'est formée reste à la surface.

poissons

Bouilleture d'anguilles

ANJOU

PRÉPARATION : 30 MINUTES
CUISSON : 2 HEURES
FACILE
SAUMUR-CHAMPIGNY AOC ROUGE

POUR 6 PERSONNES :

1 kg d'anguilles (si possible moyennes)
150 g de beurre
1 dizaine de petits oignons
1 petit verre de marc du pays
1 bouteille de vin rouge (saumur-champigny)
250 g de champignons de Paris
1 bouquet garni (thym, laurier, persil)
50 g de farine
quelques petites tranches de pain frites au beurre
sel, poivre

• Dépouiller, vider les anguilles, les couper en tronçons de 5 à 6 cm. Placer ces tronçons dans une cocotte, avec sel, poivre et bouquet garni.

• Couvrir avec le vin (en garder un demi-verre) et cuire à feu vif.

• Quand la sauce arrive à ébullition, verser le petit verre de marc et flamber. Laisser s'éteindre la flamme.

• Continuer la cuisson en laissant frémir, pendant 2 heures.

• Faire dorer les oignons et les champignons à la poêle dans du beurre pendant 20 minutes, à couvert, avec le reste du vin rouge.

• En fin de cuisson, mettre dans la cocotte où cuit l'anguille un mélange de 50 g de farine et de 50 g de beurre, manié à la main. Laisser bouillotter une minute pour que l'amalgame se fasse bien.

• Ajouter oignons et champignons.

• Dresser sur un plat de service chaud, entouré des croûtons frits au beurre.

Lisettes de Dieppe au cidre

NORMANDIE

À faire la veille
Préparation : 40 minutes
Cuisson : 10 minutes
Facile
🍷 cidre « sec »

Pour 4 personnes :

1,5 kg de lisettes (petits maquereaux)
2 carottes
2 oignons
1 échalote grise
1 bouquet garni (thym, laurier, persil)
10 grains de poivre
10 grains de coriandre
1 $^{1}/_{2}$ citron, non traité
1 bouquet de persil
1 bouteille de cidre sec
gros sel

• Nettoyer, vider les poissons et leur couper la tête.

• Préparer un court-bouillon avec ces têtes, le bouquet garni, le poivre, la coriandre, carottes et oignons pelés, l'échalote, une cuillerée à soupe de gros sel et le cidre.

• Porter à ébullition, laisser ensuite frémir 15 minutes.

• Dans une casserole, disposer les poissons, tête-bêche et bien serrés, avec un demi-citron légèrement pressé et coupé en quatre.

• Verser le court-bouillon sur les lisettes et porter à frémissement. Retourner alors les poissons, poursuivre la cuisson encore 2 minutes. Éteindre le feu.

• Ciseler le persil, couper le citron en rondelles.

• Retirer les poissons du court-bouillon, les ranger dans une terrine, mettre au-dessus des rondelles d'oignon et de carotte tirées du court-bouillon, deux rondelles de citron, une pincée de persil ciselé, puis une nouvelle couche de lisettes, et ainsi de suite.

• Faire réduire du tiers le liquide du court-bouillon.

• Éloigner la casserole du feu, attendre 5 minutes, puis verser en passant au chinois le court-bouillon sur les lisettes. Laisser tiédir la terrine, puis la couvrir d'un papier aluminium. Garder 24 heures au frais avant de consommer.

Harengs à la moutarde

NORMANDIE

Préparation : 10 minutes
Cuisson : 20 minutes
Facile
🍷 saint-véran AOC blanc

Pour 6 personnes :

6 harengs
50 g de beurre
2 verres de lait
4 cuillerées à soupe de farine
3 cuillerées à soupe de moutarde forte
3 cuillerées à soupe de crème fraîche
1 bouquet de fines herbes au choix (persil, cerfeuil, estragon, marjolaine, ciboulette), hachées
sel, poivre

• Vider, écailler, laver et essuyer les harengs. Les tremper dans le lait, puis dans la farine. Saler et poivrer les poissons.

• Dans une grande poêle, faire chauffer le beurre et y faire dorer de chaque côté les harengs.

• Laisser cuire à feu doux une dizaine de minutes, puis les mettre, dans un plat beurré et chaud, au four doux encore 5 minutes.

• Pendant ce court temps, passer au chinois, dans une poêle propre, le jus de cuisson. À feu doux, ajouter moutarde et crème, rectifier l'assaisonnement.

• Mettre le hachis de fines herbes dans la sauce et napper les harengs.

Lisettes de Dieppe au cidre

Gratin de harengs à la crème

Gratin de harengs à la crème

NORMANDIE

Préparation : 25 minutes
Cuisson : 25 minutes
Facile
🍷 **Arbois-Pupillin AOC rosé**

Pour 6 personnes :

6 harengs
3 pommes de terre
3 tomates
3 gros oignons
1 verre de cidre ou de vin blanc
75 g de beurre
1 tasse de crème
100 g de gruyère râpé
sel, poivre

• Nettoyer et vider les harengs. Lever les filets. Peler, laver et couper les pommes de terre en rondelles très fines. Peler et couper les oignons en rondelles également fines. Disposer pommes de terre et oignons au fond d'un plat à gratin beurré. Verser le cidre et un demi-verre d'eau.

• Ajouter quelques noisettes de beurre. Coucher les filets de hareng et disposer autour les tomates pelées, épépinées et coupées en morceaux. Saler, poivrer.

• Sur le feu, à faible chaleur, monter le liquide du plat à ébullition et laisser cuire une dizaine de minutes à petit feu. Ajouter quelques noisettes de beurre et mettre à four moyen, préchauffé.

• Quand les pommes de terre sont cuites (on le vérifie en les piquant avec la fourchette), saupoudrer les harengs de gruyère râpé, ajouter la crème et faire gratiner 5 minutes sous le gril.

Sole normande simplifiée

NORMANDIE

Préparation : 45 minutes
Cuisson : 40 minutes
Facile
🍷 **Vouvray AOC blanc**

Pour 4 personnes :

2 soles de 750 g chacune, la peau enlevée
1 l de moules
250 g de crevettes grises décortiquées
2 dl de vin blanc sec
4 cuillerées à soupe d'échalotes hachées
250 g de crème fraîche épaisse
250 g de champignons de Paris
4 cuillerées à soupe de jus de citron
50 g de beurre
sel, poivre

• Préchauffer le four à bonne température. Beurrer un grand plat à four devant contenir les deux soles.

• Parsemer le fond d'échalotes. Saler, poivrer, poser les soles sur ce lit. Verser le vin. Disperser sur les poissons quelques parcelles de beurre.

• Couvrir le plat de papier aluminium et mettre à four chaud 30 minutes.

• Pendant ce temps, laver et gratter les moules. Les faire ouvrir dans un récipient, à feu vif, avec un verre d'eau. Filtrer l'eau, sortir les moules des coquilles et les remettre, avec les crevettes décortiquées, dans la casserole de cuisson, qui aura été lavée.

• Nettoyer, laver, sécher les champignons. Dans une casserole, faire fondre le beurre restant, ajouter le jus de citron, les champignons. Faire revenir à feu vif, égoutter, ajouter les champignons aux moules et aux crevettes. Mélanger le jus de cuisson des champignons avec celui des moules. Retirer le plat du four, en sortir les soles et lever leurs filets. Mettre ceux-ci dans un plat de service tenu au chaud. Filtrer le jus de cuisson dans la casserole où se trouvent ceux des champignons et des moules.

• Réduire ce mélange à feu vif jusqu'à ce qu'il prenne une consistance sirupeuse. Ajouter alors la crème, battre au fouet jusqu'à obtenir une sauce onctueuse. Répartir la garniture (moules, crevettes, champignons) autour des filets de sole tenus au chaud et napper de sauce.

Marmite dieppoise

NORMANDIE

Préparation : 40 minutes
Cuisson : 40 minutes
Difficile
Chablis AOC blanc

Pour 6 personnes :

6 tranches de lotte (baudroie)
1 sole de 700 à 800 g
6 tronçons de turbot de 100 g chacun
6 langoustines
1 l de moules
30 crevettes
2 oignons
2 poireaux
1 pied de céleri
2 tomates
60 g de beurre
1/2 verre d'huile d'olive
3 cuillerées à soupe de crème
30 g de farine
1 pincée de cayenne, 1 de curry
1 bouquet de persil et fenouil
sel, poivre

• Laver, peler et émincer les blancs de poireau, le céleri et les oignons. Les amollir sans blondir dans l'huile d'olive chaude pendant 10 minutes.

• Ajouter, dans la casserole de cuisson, 1,5 l d'eau et les tomates pelées, épépinées et concassées. Bien mélanger en remuant à la cuiller de bois. Saler, poivrer, ajouter les pincées de cayenne et de curry. Porter lentement à ébullition, réduire la chaleur et laisser bouillotter une dizaine de minutes. Pendant ce temps, laver les langoustines, essuyer les morceaux de lotte, tronçonner le turbot et lever les filets de la sole (ces opérations ont pu être faites par le poissonnier à l'achat).

• Dans la casserole de cuisson, ajouter le bouquet, les langoustines, les morceaux de lotte et de turbot. Cuire 10 minutes à feu doux.

• Ajouter les filets de sole (et le turbot s'il est en filets et non en tronçons).

• Cuire 5 minutes à frémissement.

• Pendant toutes ces opérations, on a brossé, lavé à plusieurs eaux et séché les moules. Les faire ouvrir dans un récipient, à feu vif, avec 2 verres d'eau salée et largement poivrée. Retirer les moules au fur et à mesure de leur ouverture et supprimer la demi-coquille où elles ne sont pas attachées.

• Filtrer le liquide de cuisson des moules ainsi que le contenu de la casserole, d'où l'on a retiré les poissons, réservés au chaud avec les langoustines et les crevettes décortiquées. Mélanger les deux liquides.

• Dans une petite casserole, faire fondre le beurre et ajouter la farine. Tourner à la cuiller de bois.

• Quand le mélange mousse, verser le mélange des deux liquides de cuisson et tourner à feu réduit pour épaissir la sauce. Ajouter la crème, saler et poivrer selon les goûts.

• Napper les poissons de cette sauce dans le plat de service, les entourer des moules, crevettes et langoustines.

Barbue à la cancalaise

BRETAGNE

Préparation : 1 heure
Cuisson : 25 minutes
Difficile
Bandol AOC blanc

Pour 6 personnes :

1 barbue de 1,5 à 2 kg
2 douzaines d'huîtres
50 g de beurre
5 cuillerées à soupe de crème

Pour le fumet :
1 verre de vin blanc (muscadet)
1 blanc de poireau
2 oignons
1 carotte
1 échalote
1 bouquet garni (thym, laurier, persil)
1 pincée de cayenne
sel, poivre, muscade
Pour le roux :
20 g de beurre
20 g de farine

• Préparer le fumet. Peler, nettoyer, couper en morceaux le blanc de poireau, les oignons, la carotte, l'échalote, éventuellement des déchets venant d'autres poissons frais.

• Saler, poivrer, ajouter la muscade et le cayenne, le bouquet garni, le vin blanc et autant d'eau.

• Porter à ébullition et maintenir à petits bouillons 45 minutes. Filtrer et laisser refroidir.

• Vider, laver et sécher la barbue. La coucher dans un plat à four dont on a beurré le fond. La recouvrir de fumet froid. Mettre le plat directement sur la flamme pour que le fumet entre en ébullition. Retirer, couvrir hermétiquement avec une feuille de papier aluminium.

• Mettre au four à bonne chaleur 10 minutes, et à four doux 15 minutes.

• Pendant ce temps, ouvrir les huîtres et conserver le liquide filtré dans une casserole. Mettre les huîtres dans cette casserole et chauffer doucement.

• Au seuil de l'ébullition, retirer du feu. Laisser 5 minutes les huîtres dans le liquide, puis les retirer et les égoutter. Réserver.

• Ôter la barbue du plat de cuisson et lever les filets. Disposer ceux-ci sur un plat de service après avoir enlevé la peau brune. Ranger les huîtres sur le plat, autour du poisson. Réserver au chaud.

• Dans une casserole, faire un roux et l'épaissir du jus de cuisson. Tourner à la cuiller de bois et, quand la sauce a épaissi, ajouter la crème.

• Napper le poisson.

Barbue au cidre

NORMANDIE

PRÉPARATION : 20 MINUTES
CUISSON : 30 MINUTES
FACILE
CIDRE « SEC »

Pour 6 personnes :

1 barbue (ou un turbot) de 1,5 kg
300 g de champignons de Paris
3 échalotes
3 cuillerées à soupe de crème
75 g de beurre
1 l de cidre
1 $^1/_2$ verre de chapelure
sel, poivre

• Nettoyer la barbue. Supprimer les nageoires et la queue. La vider et l'essuyer avec soin. Laisser la peau.

• Nettoyer et laver les champignons, les couper en dés et les jeter dans l'eau bouillante, puis baisser à frémissement pendant 10 minutes. Les égoutter et les sécher. Peler les échalotes et les émincer.

• Beurrer un plat à gratin avec la moitié du beurre. Mettre au fond la moitié des échalotes et des champignons.

• Coucher la barbue, salée et poivrée, sur ce lit et la recouvrir du reste des champignons et des échalotes.

• Disperser sur le poisson le reste du beurre en parcelles. Saupoudrer de chapelure.

• Verser d'abord le cidre, puis la crème et enfourner ensuite 30 minutes à bonne chaleur.

• Servir dans le plat de cuisson.

Demoiselles de Cherbourg à la nage

NORMANDIE

PRÉPARATION : 25 MINUTES
CUISSON : 10 MINUTES
TRÈS FACILE
CHABLIS PREMIER CRU AOC

Pour 6 personnes :

3 demoiselles (petits homards normands ou bretons) de 400 g
1 oignon
1 carotte
1 bouquet garni (thym, laurier, persil)
150 g de beurre
1 dizaine de grains de poivre, sel
2,5 l de vin blanc sec (muscadet)

• Se procurer les demoiselles vivantes. Les ficeler, pinces contre le coffre. Préparer la nage. Mettre le vin blanc dans un fait-tout avec la carotte et l'oignon pelés et coupés en rondelles. Ajouter le bouquet et les grains de poivre dans un sachet de gaze, saler.

• Monter à ébullition pendant 20 minutes. Au bout de ce temps, plonger les homards dans la nage en maintenant l'ébullition 10 minutes à feu vif. Les homards se colorent en rouge.

• Les servir très chauds dans un plat creux, après les avoir coupés en deux dans le sens de la longueur et avoir commencé de briser les pinces au casse-noix.

• Servir à part la nage, d'où l'on aura retiré le sachet contenant le bouquet garni et le poivre. Ajouter dans chaque assiette, à quelques cuillerées de nage, un œuf de beurre amolli.

Thon à la concarnoise

BRETAGNE

Préparation : 30 minutes
Cuisson : 50 minutes
Facile
Graves AOC rouge

Pour 4 personnes :
1 tranche de thon de 800 g
1 barde de lard
150 g de petits oignons
100 g de beurre
3 carottes
3 navets
1 laitue
1 kg de petits pois frais en cosses
25 cl de muscadet
25 cl de bouillon
1 bouquet garni
sel, poivre

• Débarrasser le thon de sa peau et de ses arêtes. Le barder de lard comme un rôti. Dans une sauteuse ou une cocotte, faire dorer au beurre les petits oignons pelés.

• Y déposer ensuite le thon, le faire revenir des deux côtés, puis mouiller avec le muscadet et le bouillon. Ajouter le bouquet garni. Saler, poivrer.

• Faire cuire à couvert et à feu moyen 45 minutes.

• Laver la laitue, ôter les feuilles flétries, la couper en quartiers. Écosser les petits pois.

• Dans une casserole, faire suer la laitue, puis ajouter carottes pelées et taillées en julienne, navets pelés et coupés en quatre. Vingt minutes plus tard, jeter les petits pois, assaisonner et laisser cuire 30 minutes.

• Ôter la barde de lard qui entoure le thon, le dresser sur un plat de service, entouré des légumes et nappé du fond de cuisson, débarrassé du bouquet.

• En général, ce plat est accompagné de riz.

Beurre blanc

ANJOU
ET BRETAGNE NANTAISE

Préparation et cuisson : 25 minutes
Difficile
Anjou AOC blanc

Pour 8 personnes :
100 g d'échalotes grises
10 cl de vin blanc sec d'Anjou
ou de muscadet
20 cl de vinaigre de vin blanc
250 g de beurre
sel, poivre blanc

• Le beurre blanc accompagne un poisson cuit au court-bouillon (brochet et saumon de Loire principalement).

• Le préparer pour qu'il soit prêt en même temps que le poisson.

• Peler les échalotes et ôter le germe s'il est déjà formé. Hacher très finement.

• Mettre dans une casserole à fond épais (en cuivre si possible) le hachis d'échalotes, le vin et le vinaigre. Laisser réduire, sur feu très doux, jusqu'à évaporation complète du liquide.

• Saler, poivrer.

• L'échalote est en purée, mais non colorée. Partager le beurre amolli en petits morceaux.

• Placer la casserole où se trouve la réduction d'échalotes au bain-marie, dans une casserole plus grande où de l'eau a été amenée à ébullition, puis à frémissement.

• Mettre une noix de beurre et fouetter vigoureusement, puis ajouter petit à petit les parcelles de beurre. Le mélange ne doit bouillir à aucun moment.

• Le beurre blanc réussi est une sorte de crème blanche, mousseuse, très homogène.

• Servir immédiatement.

** Pendant l'Occupation, Curnonsky, le grand gastronome, fut hébergé à Riec-sur-Belon par deux sœurs qui tenaient un restaurant, Mélanie et Marie Rouart. L'hôte les immortalisa d'un quatrain souvent cité :*
« Couronnons de lis et de roses
Mélanie et Marie
Et tout ce qu'elles font.
La cuisine, c'est quand les choses
Ont le goût de ce qu'elles sont. »

Alose à l'angevine

ANJOU

PRÉPARATION : 20 MINUTES
CUISSON : 30 MINUTES
FACILE
SAUMUR AOC BLANC

POUR 6 PERSONNES :
1 alose de 1,2 à 1,5 kg
500 g d'oseille
80 g de beurre
1 verre de crème
1 oignon
sel, poivre

• Ôter la queue et la nervure centrale des feuilles d'oseille. Laver, sécher, couper celles-ci en lanières.

• Peler et émincer soigneusement l'oignon. Beurrer un plat allant au four, y disperser l'oseille coupée et l'oignon émincé. Verser la crème pour napper le tout.

• Vider, écailler, laver et sécher l'alose. Faire au couteau quelques incisions parallèles sur le dos.

• Placer l'alose sur le lit d'oseille, oignon et crème. Mettre quelques parcelles de beurre sur le poisson. Saler, poivrer. Enfourner à forte chaleur 30 minutes.

Maquereaux à la quimpéroise

BRETAGNE

PRÉPARATION : 1 H 15
CUISSON : 10 MINUTES
FACILE
JASNIÈRES AOC BLANC

POUR 4 PERSONNES :
4 maquereaux
75 g de beurre
2 jaunes d'œufs
1 cuillerée à café de moutarde forte
1 cuillerée à café de vinaigre de vin
1 cuillerée à soupe de fines herbes
sel, poivre
Pour le court-bouillon :
4 dl de vin blanc (muscadet)
1 bouquet garni (thym, laurier, persil)
1 oignon
1 gousse d'ail
1 cuillerée à soupe de gros sel
6 grains de poivre

• Préparer le court-bouillon en disposant les divers ingrédients, oignon et ail pelés, dans 2 l d'eau. Porter à ébullition pendant 1 heure. Laisser tiédir. Plonger les maquereaux dans ce court-bouillon.

• Porter à ébullition et laisser frémir 10 minutes. Ôter les poissons et lever les filets. Réserver au chaud.

• Dans un bol, délayer les jaunes d'œufs, la moutarde et le vinaigre, ajouter le hachis de fines herbes, le sel, le poivre, puis y incorporer le beurre amolli et fouetter pour donner au mélange la consistance d'une mayonnaise.

• Napper de cette sauce les filets de maquereaux et servir.
À noter que l'on peut ajouter, au goût de la personne qui cuisine, des petits légumes (champignons, petits oignons par exemple).

Coquilles Saint-Jacques à la bretonne

BRETAGNE

PRÉPARATION : 2 H 15
CUISSON : 15 MINUTES
FACILE
MÂCON AOC BLANC

POUR 4 PERSONNES :
8 belles coquilles (avec plus de noix que de corail)
75 g de beurre
20 cl de vin blanc (muscadet)
100 g d'oignons
6 cuillerées à soupe de mie de pain rassis
1 gros bouquet de persil

• Ôter des coquilles les noix et les coraux. Les réserver, ainsi que les barbes (ou le demander au poissonnier).
Laver noix et coraux. Laver aussi avec soin les coquilles creuses. À feu doux, en casserole, faire revenir les oignons pelés et hachés dans 25 g de beurre.
Ne pas laisser prendre couleur.

• Ajouter les barbes de Saint-Jacques hachées et le vin. Couvrir et laisser cuire très doucement 2 heures. Escaloper les noix de Saint-Jacques, les plonger dans le bouillon 8 minutes, avec les coraux si on le désire. Dans les coquilles creuses, mettre un peu de mie de pain, une cuillerée à café de bouillon, puis la noix escalopée et, éventuellement, le corail.

• Disperser un peu de persil haché, recouvrir de mie de pain et du reste de beurre.
Mettre au gril jusqu'à ce que la mie de pain blondisse (quelques minutes).

Huîtres gratinées

BRETAGNE

PRÉPARATION : 40 MINUTES
CUISSON : 5 MINUTES
FACILE
🍷 LA CLAPE AOC BLANC

POUR 6 PERSONNES :
2 douzaines d'huîtres
2 échalotes
2 jaunes d'œufs
1 dl de muscadet
4 cuillerées à soupe de beurre
2 cuillerées à soupe d'amandes effilées ou broyées
jus de citron, poivre

• Ouvrir les huîtres, les retirer de leur coquille. Filtrer l'eau au-dessus d'une casserole. Ajouter les échalotes pelées et émincées ainsi que le muscadet.

• Faire réduire ce mélange jusqu'à ce qu'il ne reste plus que la valeur de 2 cuillerées à soupe de liquide. Ajouter alors les jaunes d'œufs et fouetter pour obtenir une sauce onctueuse.

• Mettre la casserole sur feu doux et incorporer le beurre par petits morceaux, en même temps que les amandes. Poivrer, arroser du jus de citron.

• Replacer les huîtres dans leur coquille inférieure. Napper de sauce et passer à four vif 5 minutes. Servir.

Palourdes farcies

BRETAGNE

PRÉPARATION : 40 MINUTES
CUISSON : 10 MINUTES
FACILE
🍷 CROZES-HERMITAGE AOC BLANC

POUR 6 PERSONNES :
6 douzaines de grosses palourdes (ou de praires)
250 g de beurre
6 gousses d'ail
1 gros bouquet de persil
sel, poivre

• Laver avec soin, et à plusieurs eaux, les palourdes pour les débarrasser du sable. Brosser les coquilles.

• Mettre les coquillages dans une grande casserole ou un fait-tout, avec un verre d'eau. À feu vif, après 5 minutes, les palourdes sont ouvertes.

• Ôter une des deux coquilles, détacher le corps de la palourde, puis la replacer dans la seconde coquille.

Huîtres gratinées

• Hacher très fin l'ail pelé et le persil lavé et séché.

• Amollir le beurre en le travaillant et y incorporer le hachis d'ail et de persil. Saler et poivrer cette farce.

• Dans chacune des coquilles réservées, mettre un peu de la farce, replacer la palourde, recouvrir de farce.

• Dans un grand plat, disposer les palourdes les unes près des autres. Dix minutes avant de servir, les enfourner à feu vif.

• On peut saupoudrer les palourdes de chapelure avant de les passer au four.

Morue brestoise

BRETAGNE

À COMMENCER LA VEILLE
PRÉPARATION : 40 MINUTES
CUISSON : 10 MINUTES
FACILE
🍷 BERGERAC SEC AOC BLANC

POUR 6 PERSONNES :

1 kg de morue ou 750 g de filets
100 g de beurre
3 oignons
4 blancs de poireau
750 g de pommes de terre
4 cuillerées à soupe de chapelure
2 cuillerées à soupe de farine
poivre

• Faire dessaler la morue de 12 à 24 heures, selon qu'elle est entière ou en filets. La faire pocher et, si elle est entière, ôter la peau et les arêtes.

• Faire revenir et prendre couleur dorée, dans la moitié du beurre, oignons pelés et blancs de poireau lavés, le tout émincé.

• Saupoudrer de farine, tourner à la cuiller de bois. Quand la farine se colore, verser 2 verres d'eau de cuisson. Poivrer et, sur feu doux, épaissir le mélange en tournant.

• Pendant ce temps, faire cuire à l'eau les pommes de terre lavées, puis les peler et les couper en rondelles.
Égoutter et effeuiller la morue.

• Dans un plat à four beurré, étaler une couche de morue, puis une couche de pommes de terre, et ainsi de suite.

• Recouvrir de la sauce, disperser la chapelure, parsemer de copeaux de beurre et enfourner 10 minutes à forte chaleur.

Morue guingampaise

BRETAGNE

À COMMENCER LA VEILLE
PRÉPARATION (AVEC MARINADE) : 2 H 15
CUISSON : QUELQUES MINUTES
FACILE
🍷 TAVEL AOC ROSÉ

POUR 6 PERSONNES :

1 kg de morue ou 750 g de filets
Pour la marinade :
4 cuillerées à soupe de vinaigre de vin
1 gousse d'ail pelée et émincée
2 oignons pelés et émincés
2 clous de girofle
2 cuillerées à soupe de persil et ciboulette hachés
poivre
Pour la pâte à frire :
100 g de farine
3 œufs
20 dl de lait
75 g de gruyère râpé

• Faire dessaler la morue à l'eau courante de 12 à 24 heures selon qu'elle est achetée entière ou en filets. La faire pocher à l'eau, l'égoutter, la laisser refroidir.

• Préparer la marinade en mettant les ingrédients indiqués dans 75 cl d'eau. En recouvrir la morue débarrassée de sa peau et de l'arête. Laisser macérer 2 heures.

• Préparer la pâte à frire en mélangeant la farine et les jaunes d'œufs, le lait et enfin le gruyère. Cette pâte doit être épaisse et consistante.

• Battre les blancs d'œufs. Tremper les filets de morue, bien essuyés, dans la pâte à frire, puis dans les blancs d'œufs, enfin dans un bain de friture très chaud. Servir parsemé de persil haché.

Lotte à l'armoricaine

BRETAGNE

PRÉPARATION : 10 MINUTES
CUISSON : 30 MINUTES
FACILE
🍷 CHABLIS PREMIER CRU AOC BLANC

POUR 4 PERSONNES :

1 queue de lotte (baudroie)
100 g de beurre
300 g de purée de tomates fraîche
3 cuillerées à soupe de farine
1 petit verre de marc ou de calvados
50 cl de muscadet
2 oignons
2 gousses d'ail
1 pincée de cayenne
sel, poivre

• Débiter la lotte en tronçons, les rouler dans la farine et les faire dorer au beurre dans une sauteuse avec les oignons pelés et émincés.

• Flamber avec le marc ou le calvados, puis verser le vin, ajouter la purée de tomates, l'ail pelé, le sel, le poivre et le cayenne.

• Cuire à couvert 30 minutes. Disposer les tronçons de poisson sur un plat de service, tenir au chaud.

• Passer la sauce au chinois, rectifier l'assaisonnement, ajouter quelques noisettes de beurre.

• Bien amalgamer et verser la sauce sur le poisson.

• Ce plat peut être accompagné de riz.

Carrelets au cidre

NORMANDIE

PRÉPARATION : 10 MINUTES
CUISSON : 20 MINUTES
FACILE
CIDRE « SEC »

POUR 4 PERSONNES :

2 gros carrelets
3 verres de cidre
50 g de beurre
100 g de crème fraîche
1 verre de chapelure
quelques brins de persil et de ciboulette
sel, poivre

• Vider, nettoyer, sécher les carrelets. Les poser dans un plat beurré allant au four. Saler, poivrer, disperser un hachis de persil et de ciboulette. Verser le cidre et parsemer les carrelets de parcelles de beurre. Saupoudrer de chapelure. Cuire 20 minutes à four chaud.

• Au moment de servir, ajouter la crème au jus de cuisson passé. Napper les carrelets.

C'est, dit la légende, saint Martin de Tours qui rapporta de Pannonie, au IVe siècle, le plant qui donne le vouvray. Au cours de son voyage, et au fur et à mesure que le végétal grandissait, le saint le plaça dans un os d'oiseau, puis de lion, puis d'âne. Quand les vignerons firent la vendange, ils se mirent d'abord à chanter, puis à rugir, enfin à braire.

Viandes

Andouille de Vire à l'oseille

NORMANDIE

PRÉPARATION : 20 MINUTES
CUISSON : 30 MINUTES
FACILE
CHINON AOC ROUGE

POUR 6 PERSONNES :

12 tranches d'andouille de Vire
1 kg d'oseille
100 g de beurre
1 verre de crème
2 œufs
une dizaine de feuilles d'épinard
sel, poivre

• Ôter les côtes et les queues de l'oseille et des épinards. Laver les feuilles et les sécher. Les plonger dans 2 l d'eau bouillante salée en maintenant cette ébullition, sans couvrir, pendant 10 minutes.

• Égoutter en passoire, en pressant sur les feuilles pour en exprimer toute l'eau.

• Faire chauffer dans une casserole, avec la moitié du beurre, le mélange d'oseille et d'épinards.

• Remuer, à feu modéré, le mélange à la cuiller de bois. Saler, poivrer.

• Toujours à feu doux, verser la crème et les œufs et mélanger en tournant.

• Couvrir et laisser frémir sans bouillir 30 minutes. Quand la cuisson est presque achevée, mettre l'autre moitié du beurre dans une poêle, le faire chauffer, y passer les tranches d'andouille 1 minute de chaque côté.

• Dans le plat de service, mettre la purée d'oseille et d'épinards.

• Disposer au-dessus les tranches d'andouille.

Andouille de Vire à l'oseille

Côtes de veau à la normande

NORMANDIE

PRÉPARATION : 10 MINUTES
CUISSON : 30 MINUTES
FACILE
🍷 SAVENNIÈRES AOC BLANC

POUR 6 PERSONNES :

6 côtes de veau de lait prises dans le filet
4 pommes reinettes
75 g de beurre
1/2 verre de cidre
1 petit verre de calvados
3 cuillerées à soupe de crème
muscade
sel, poivre

• Peler les pommes, les couper en deux, ôter le cœur et les pépins.

• Les émincer en tranches régulières.

• Faire fondre le beurre dans une grande poêle.

• Dès qu'il a pris une couleur noisette, y faire dorer les côtes de veau, une dizaine de minutes de chaque côté.

• Saler, poivrer, ajouter une pointe de muscade.

• Réserver les côtes au chaud (entre deux plats ou recouvertes de papier aluminium sur un récipient d'eau chaude).

• Dans la poêle qui contient encore le jus de cuisson des côtes, verser les tranches de pomme et les faire cuire à feu vif en les soulevant avec une spatule.

• Quand elles sont cuites, les disposer dans le plat autour des côtes et les tenir de même au chaud.

• Remettre la poêle sur feu vif.

• Verser le calvados et flamber.

• Verser le cidre. Toujours à feu vif, déglacer la poêle en grattant le fond à la cuiller de bois.

• Laisser bouillir 3 minutes, baisser la flamme, verser la crème et rectifier l'assaisonnement. En napper les côtes et servir.

Tripes à la mode de Caen

NORMANDIE

PRÉPARATION : 30 MINUTES
CUISSON : 15 HEURES
DIFFICILE
🍷 COTEAUX CHAMPENOIS AOC BLANC OU ROSÉ

POUR 10 PERSONNES :

3,5 kg de tripes de bœuf blanchies, comprenant les quatre parties de l'estomac : panse, feuillet, bonnet et caillette
1 pied de bœuf déjà cuit, coupé en deux
1 grande couenne de porc fraîche
1 kg de carottes
2 gros oignons
1 poireau
8 gousses d'ail
3 clous de girofle
1 vingtaine de grains de poivre concassés
1 bouquet garni (thym, laurier, persil)
1 bouteille de cidre brut (ou, à défaut, de vin blanc sec)
1 petit verre de calvados
1 verre de farine
sel

• Le tripier fournit les tripes blanchies ainsi que le pied de bœuf coupé en deux.

• Tapisser une terrine de cuisson allant au four avec la couenne, le côté gras contre les parois du récipient.

• Placer au fond une assiette retournée, à la mode normande, pour éviter que les tripes n'attachent.

• Couper celles-ci en carrés de 5 à 6 cm. Peler, laver, couper en rondelles les carottes et en quartiers les oignons.

• Dans un carré de mousseline ou de gaze, enfermer les aromates : bouquet garni, gousses d'ail pelées, clous de girofle, poivre concassé, poireau lavé et coupé en rondelles fines.

• Disposer dans la terrine, en alternant, les morceaux de tripes, les demi-pieds de bœuf, les carottes, les quartiers d'oignon, le sachet d'aromates. Verser le cidre ou le vin et compléter avec de l'eau jusqu'au haut de la marmite.

• Placer le couvercle et le souder hermétiquement en lutant avec la farine malaxée avec de l'eau.

• Mettre à four très doux pendant 15 heures. Les tripes ne doivent pas bouillir, mais cuire à frémissement.

• En fin de cuisson, dégager le couvercle, le soulever, attendre quelques minutes et prélever à la cuiller l'excès de graisse.

• Ôter les os des pieds de bœuf, le sachet d'aromates et les quartiers d'oignon. Verser le calvados et servir très chaud.

Poularde à l'angevine

ANJOU

PRÉPARATION : 25 MINUTES
CUISSON : 1 HEURE
DIFFICILE
🍷 COTEAUX-DU-LAYON AOC BLANC

POUR 8 PERSONNES :

1 poularde de 1,5 kg
250 g de mousserons ou de champignons de Paris
2 échalotes
1 oignon

Poularde à l'angevine

2 gousses d'ail
1 tomate
50 cl de crème fraîche
1 verre de vin blanc sec d'Anjou
2 verres de bouillon de volaille
50 g de beurre
1 jaune d'œuf
le jus de 1 citron
sel, poivre

• La poularde, plumée, vidée, flambée, est coupée en huit morceaux. En cocotte, faire revenir ces morceaux au beurre à coloration blonde. Les faire blanchir et raidir sur toutes les faces. Saler, poivrer, laisser cuire à couvert pendant 40 minutes, à feu très doux. Retirer les morceaux après ce temps, les laisser au chaud.

• Déglacer la cocotte avec le vin blanc, puis ajouter la tomate pelée, épépinée, égouttée et coupée en morceaux, ainsi que les échalotes, l'oignon et l'ail pelés et finement hachés.

• Verser la moitié du bouillon de volaille, couvrir et laisser cuire afin de réduire de moitié le liquide.

• Pendant ce temps, nettoyer et émincer les champignons, les faire sauter au beurre, dans une poêle, 5 minutes, puis verser le reste du bouillon. Couvrir et laisser cuire 20 minutes.

• Ajouter les champignons au contenu de la cocotte, puis la crème et bien mélanger. Rectifier l'assaisonnement.

• Tenir à feu doux, sans bouillir, puis remettre les morceaux de poularde et garder à couvert.

• Au moment de servir, placer les morceaux de poularde et les champignons dans un plat creux de service, tenu au chaud.

• Battre dans un bol le jus de citron et le jaune d'œuf. Mélanger rapidement à la sauce et napper la volaille.

À Marie Harel, la Normande qui passe pour avoir découvert le camembert (en réalité, elle ne fit que l'améliorer, car Thomas Corneille, frère de Pierre, en parlait déjà en 1700), fut élevée une statue, grâce aux dons des employés de la plus importante fabrique de camembert du monde, sise... dans l'Ohio, aux États-Unis.

Géline à la lochoise

TOURAINE

Préparation : 30 minutes
Cuisson : 1 heure
Facile
🍷 **Vouvray AOC blanc**

Pour 6 personnes :

1 géline (poule tourangelle, jeune) de 1,2 kg
80 g de beurre
250 g de champignons, sauvages ou de Paris
1 oignon
1 verre de vin blanc (vouvray, montlouis)
50 cl de crème, sel, poivre

• Couper la géline en morceaux. En faire dorer les morceaux en cocotte, à feu modéré, dans le beurre.

• Nettoyer les champignons, les laver, les sécher. Les couper en deux ou en quatre, selon leur grosseur.

• Les ajouter à la géline ainsi que l'oignon pelé et émincé.

• Saler, poivrer, couvrir la cocotte et la mettre à four doux pendant 45 minutes.
Sortir la cocotte du four, verser le vin et placer sur une flamme d'intensité moyenne pendant 10 minutes.

• Réserver dans un plat chaud les morceaux de géline, les champignons et la fondue d'oignon.

• Passer la sauce, la remettre en cocotte et ajouter la crème. Vérifier l'assaisonnement.

• Réchauffer sans aller jusqu'à l'ébullition, en ayant remis dans la sauce les morceaux de géline, les champignons et la fondue d'oignon.

• Servir très chaud.

Géline à la lochoise

Cul de veau à l'angevine

ANJOU

PRÉPARATION : 20 MINUTES
CUISSON : 2 H 25
FACILE
🍷 COTEAUX-DE-L'AUBANCE AOC BLANC

POUR 8 PERSONNES :
1 quasi de veau de lait
250 g de couennes de porc fraîches
200 g d'oignons
800 g de carottes
1/2 bouteille de vin blanc sec d'Anjou
1 petit verre de marc du pays
1 bouquet garni (thym, laurier)
50 cl de bouillon de bœuf ou de veau
20 cl de crème fraîche
sel, poivre

- Garnir le fond d'une terrine ou d'une cocotte avec les couennes, la face grasse contre le récipient.

- Placer en couches les oignons et les carottes pelés et émincés fin. Poser au-dessus le quasi de veau.

- Mettre à four moyen, sans couvrir, 20 minutes. Retourner à mi-parcours.

- Sortir la cocotte du four, mouiller avec le vin, le marc et le bouillon jusqu'à hauteur de la viande.

- Placer le bouquet garni. Saler, poivrer. Couvrir et mettre à four doux 2 heures.

- Après ce temps, retirer la viande, la réserver au chaud. Éliminer les couennes.

- Mélanger la crème au fond de cuisson et remettre à four doux pendant qu'on procède au découpage de la viande avec un couteau bien affûté : le veau, très cuit, ne doit pas se mettre en charpie.

- Napper avec le fond de cuisson et servir.

Poule au blanc

NORMANDIE

PRÉPARATION : 15 MINUTES
CUISSON : 2 H 30
FACILE
SAVENNIÈRES AOC BLANC

POUR 6 PERSONNES :

1 poule de 1,5 kg
2 oignons, dont un piqué de 3 clous de girofle
2 carottes
2 blancs de poireau
1 pied de céleri
1 bouquet garni (thym, laurier, persil)
1 branche d'estragon
40 g de beurre
40 g de farine
1 jaune d'œuf
1 verre de crème fraîche
sel, poivre, muscade

• Nettoyer, laver, peler les légumes. Ébouillanter 10 secondes la branche d'estragon et la mettre à l'intérieur de la poule, préparée pour la cuisson, avec le foie débarrassé de son fiel. Saler et poivrer légèrement l'intérieur de la volaille.

• Placer la poule dans un fait-tout, recouverte d'eau froide. Amener doucement à ébullition, saler et ajouter les carottes, les oignons, les blancs de poireau liés en bottillon, le céleri, le bouquet garni. Reprendre ensuite l'ébullition et laisser cuire à couvert et à petit bouillottement pendant 2 heures.

• Après ce temps, dans une casserole, faire fondre le beurre à feu doux, ajouter la farine et bien mélanger en tournant à la cuiller de bois. Quand la farine commence à blondir, verser lentement, sans cesser de tourner, 50 cl du bouillon de cuisson de la poule. À petit feu, laisser le mélange épaissir.

• Dans un bol, mettre la crème, le jaune d'œuf, un peu de sel, du poivre et une pincée de muscade. Délayer, puis ajouter un demi-verre de sauce épaissie, bien mélanger et verser le tout dans la casserole de sauce. Sortir la poule de la marmite, la découper, disposer les morceaux sur un plat de service. L'entourer des légumes bien égouttés. Mettre quelques cuillerées de sauce sur la poule découpée et servir le reste en saucière.

Beuchelle tourangelle

TOURAINE

PRÉPARATION : 40 MINUTES
CUISSON : 40 MINUTES
DIFFICILE
VOUVRAY AOC BLANC

POUR 6 PERSONNES :

2 rognons de veau
2 ris de veau
500 g de cèpes frais (ou de conserve)
250 g de crème
100 g de beurre
2 cuillerées à soupe de cognac
le jus de 1 citron
sel, poivre

• Mettre les ris sous l'eau froide, puis dans une casserole d'eau également froide. Ajouter le jus du citron et une petite pincée de sel. Monter très doucement à ébullition, laisser frémir 5 minutes et retirer les ris. Les placer dans une terrine d'eau froide. Après 10 minutes, les égoutter et les débarrasser, sans les écorcher, des déchets (le tripier peut le faire).

• Envelopper les ris dans un linge avec un léger poids dessus pour les aplatir sans excès. Garder en attente.

• Parer ensuite les rognons. Les couper en deux et ôter la graisse et les parties blanches de l'intérieur (le tripier peut le faire). Les escaloper en tranches de 5 mm.

• Dans une poêle, faire chauffer 50 g de beurre, y dorer les tranches de rognon à feu vif. Saler, poivrer, baisser le feu et laisser 2 minutes encore. L'intérieur des tranches doit rester rosé. Verser le cognac. Flamber. Tenir au chaud.

• Escaloper de la même façon les ris de veau et les faire dorer à la poêle avec le reste du beurre. Réserver les ris et déglacer la poêle avec 3 cuillerées à soupe de crème. Faire réduire un peu en chauffant. Napper les ris de cette sauce et tenir au chaud.

• Les champignons, bien nettoyés et essuyés, sont émincés. Les colorer à feu vif dans une noisette de beurre. Baisser ensuite le feu, couvrir et laisser à feu moyen une dizaine de minutes. Retirer les cèpes, les tenir au chaud, égoutter le beurre et le remplacer par le reste de crème. Chauffer doucement et laisser réduire 10 minutes. Napper les cèpes de cette crème. Rectifier l'assaisonnement.

• Dans une casserole chauffée, mélanger ris, rognons et champignons.

• Certains saupoudrent de parmesan râpé et passent la beuchelle au four brûlant pour la faire gratiner.

Queues de cochon aux haricots rouges

ORLÉANAIS

À COMMENCER LA VEILLE
PRÉPARATION : 10 MINUTES
CUISSON : 3 H 30
FACILE
ANJOU AOC ROUGE

POUR 6 PERSONNES :

6 queues de cochon fraîches
750 g de haricots rouges secs
1 bouteille de vin rouge de Loire
1 gros oignon piqué de 2 clous de girofle
3 carottes
3 gousses d'ail
1 bouquet garni (thym, laurier, persil)
sel, poivre

• Mettre la veille les haricots lavés à tremper dans l'eau froide.

• Les égoutter. Les mettre dans un fait-tout ou une marmite avec l'oignon piqué, les gousses d'ail pelées, les carottes coupées en quatre dans le sens de la longueur, le bouquet garni.

• Recouvrir en mettant la même quantité d'eau et de vin. Poivrer. Faire monter doucement à ébullition et laisser cuire 1 heure à couvert et à petit bouillottement. Ne saler qu'à la fin.

• Ajouter les queues de cochon fraîches. Couvrir et remettre à cuire 2 h 30.

• On peut ajouter à ce plat d'autres morceaux de porc.

Beuchelle tourangelle

Andouillettes au vouvray

TOURAINE

PRÉPARATION : 15 MINUTES
CUISSON : 35 MINUTES
FACILE
VOUVRAY AOC BLANC

POUR 4 PERSONNES :

4 andouillettes des Touraine
100 g d'échalotes
250 g de champignons des prés ou de Paris
80 g de beurre
1 bouteille de vin de Vouvray sec
1 petit verre de marc du pays (facultatif)
1 bouquet de persil
1 verre de mie de pain rassis
sel, poivre

• Peler et hacher les échalotes, nettoyer et émincer les champignons.

• Mélanger et répandre au fond d'un plat beurré allant au four et de la taille approximative des andouillettes.

• Mouiller de vin ce hachis à hauteur. Saler, poivrer.

• Placer sur ce lit les andouillettes (qu'on a pu, selon les goûts, faire macérer 24 heures, en les retournant de temps en temps, dans un peu de marc de Touraine). Disperser en parcelles le beurre qui reste. Mettre à four doux 30 minutes.

• Au bout de 20 minutes, retourner les andouillettes, mettre à chaleur moyenne et ajouter un peu de vin si le hachis du fond du plat risque de dessécher. En fin de cuisson, disperser de la mie de pain émiettée sur les andouillettes, napper de sauce à la cuiller et faire gratiner sous le gril 5 minutes.
Servir décoré de persil haché.

Poulet vallée d'Auge

NORMANDIE

PRÉPARATION : 15 MINUTES
CUISSON : 45 MINUTES
FACILE
VOLNAY AOC ROUGE

POUR 6 PERSONNES :

1 poulet de 2 kg
50 g d'échalotes
75 g de beurre
1 petit verre de calvados
50 cl de cidre
200 g de champignons des prés ou de Paris
20 cl de crème fraîche
sel, poivre

• Couper le poulet en morceaux (six ou, mieux, douze) et frotter ceux-ci de sel et de poivre. Les faire revenir en sauteuse ou dans une poêle, sur feu moyen, avec le tiers du beurre.

• La volaille doit être légèrement dorée sur toutes ses faces.

• Jeter alors l'excès de graisse de cuisson, arroser les morceaux de poule avec le calvados et faire flamber.

• Les flammes éteintes, ajouter les échalotes pelées et coupées en gros morceaux. Verser le cidre et laisser cuire à couvert, à feu moyen, 30 minutes, en retournant les morceaux de poule à mi-cuisson.

• Pendant ce temps, nettoyer les champignons, les laver, les sécher, les émincer et les mettre dans une casserole avec un tiers du beurre.

• Couvrir et laisser étuver 4 minutes. Secouer une ou deux fois la casserole. Retirer ensuite le couvercle et laisser l'eau s'évaporer sans laisser attacher les champignons.

• Cinq minutes avant la fin de cuisson de la volaille, mettre dans la sauteuse les champignons et la crème.

• Retirer le poulet, réserver au chaud. Réduire sur feu moyen le fond de cuisson, en remuant, jusqu'à ce qu'il présente une consistance de crème.

• Rectifier l'assaisonnement. Hors du feu, ajouter le reste du beurre et le mélanger au fouet. Remettre dans la sauteuse les morceaux de poulet.

• Les retourner deux ou trois fois, sur feu doux, pour les réchauffer et bien les enrober de sauce. Servir la volaille nappée de la sauce.

Oie en daube

NORMANDIE

PRÉPARATION : 25 MINUTES
CUISSON : 3 HEURES
FACILE
MADIRAN AOC ROUGE

POUR 6 PERSONNES :

1 oison (petite oie) pas trop gras
3 oignons
4 carottes
1 poireau
200 g de poitrine fumée
1 bouquet garni (thym, laurier)
1 branche de céleri
1 bouteille de cidre
50 g de beurre
1 kg de pommes reinettes
sel, poivre

• Couper l'oison en morceaux.

• Débarrasser le morceau de poitrine de ses cartilages et de sa couenne ; le couper en petits lardons.

• En cocotte, faire dorer au beurre les morceaux d'oie et les lardons.

• Ajouter ensuite les carottes pelées et coupées en rondelles fines, les oignons soigneusement pelés et hachés, le céleri lavé, séché et haché, le poireau lavé, débarrassé des feuilles vertes et émincé, enfin le bouquet garni.

• Saler, poivrer. Mouiller avec le cidre. Laisser cuire à feu très doux et à couvert 3 heures.

• Pendant ce temps, peler, épépiner, découper en quartiers et cuire en compote les pommes.

• Évaporer le liquide et servir cette compote bien sèche avec l'oie arrosée du jus de cuisson passé au chinois.

Potée quimpéroise

BRETAGNE

PRÉPARATION : 15 MINUTES
CUISSON : 2 H 30 ENVIRON
FACILE
COTEAUX-D'ANCENIS VDQS ROUGE

POUR 6 PERSONNES :

1 kg de plates côtes ou de paleron de bœuf
500 g de poitrine de porc demi-sel, blanchie
1 saucisson fumé
2 poireaux
2 carottes
1 navet
1/2 rutabaga
1 gros chou
1 bouquet garni (thym, laurier, persil)
1 oignon piqué d'un clou de girofle

• À l'eau froide, dans un fait-tout, placer les viandes, l'oignon piqué, le bouquet garni. Porter à ébullition. Écumer.

• Cuire à feu doux 1 h 30.

• Ajouter alors les légumes lavés et pelés, le chou débarrassé de ses feuilles extérieures et préalablement blanchi et coupé en quatre.

• Vingt minutes plus tard, ajouter le saucisson piqué de plusieurs coups d'épingle. Écumer. Servir après 30 ou 35 minutes, selon la grosseur du saucisson.

Caneton nantais aux petits pois

BRETAGNE

PRÉPARATION : 25 MINUTES
CUISSON : 1 HEURE
FACILE
MONTLOUIS AOC BLANC

POUR 6 PERSONNES :

1 caneton nantais de 1,2 à 1,5 kg
80 g de beurre
10 petits oignons
150 g de poitrine de porc demi-sel
1 kg de petits pois écossés
1 cœur de laitue
1 bouquet de sarriette
sel, poivre

• Couper le morceau de poitrine, sans couenne ni cartilages, en lardons. Les faire blanchir à l'eau bouillante 10 minutes. Les égoutter.

• Dans une cocotte, chauffer le beurre et faire dorer le canard préparé pour la cuisson (plumé, vidé, flambé et troussé). Quand il a pris couleur sur toutes ses faces, le réserver au chaud.

• Le remplacer dans la cocotte par les lardons et les petits oignons. À bon feu, les faire revenir et prendre eux aussi couleur. Remettre le canard.

• Saler, poivrer, couvrir la cocotte et mettre celle-ci 30 minutes à four moyen.

• Les petits pois écossés sont mis à blanchir une dizaine de minutes à l'eau bouillante. Les égoutter.

• Verser dans la cocotte, autour du canard, les petits pois, ajouter le cœur de laitue lavé et émincé.

• Bien mélanger dans le plat et glisser le bouquet de sarriette. Mettre un peu d'eau. Vérifier l'assaisonnement.

• Couvrir la cocotte et la remettre à four doux 30 minutes. Vérifier la cuisson des petits pois.

Caneton farci

ANJOU

PRÉPARATION : 40 MINUTES
CUISSON : 2 HEURES
DIFFICILE
ANJOU AOC BLANC

POUR 4 PERSONNES :
1 caneton d'environ 1,5 kg
100 g de rillettes
1 grande barde de lard
80 g de beurre
250 g de filet de porc maigre
250 g de lard gras frais
75 g de foie gras de canard
3 carottes
3 oignons
4 échalotes
1 bouteille de vin blanc d'Anjou
1 petit verre de marc du pays
3 marrons cuits
sel, poivre

• Plumé, vidé et flambé, le canard est préparé pour recevoir la farce. Inciser la poitrine, au milieu, et, à l'aide d'un couteau pointu, décoller les chairs des filets le long de l'os principal de la carcasse. Retirer cet os. Réserver le foie.

• Préparer la farce angevine. Peler et émincer les échalotes, les amollir au beurre, les mouiller de 2 dl de vin et faire réduire à feu moyen des trois quarts. Hacher les échalotes avec la viande de porc, le lard gras, le foie gras, le foie du canard et les marrons préalablement cuits à l'eau.

• Saler, poivrer, ajouter le marc, puis les rillettes. Malaxer le tout pour obtenir une farce compacte et bien homogène. Tasser la farce à l'intérieur du canard et recoudre l'ouverture. Barder enfin et ficeler le canard.

• Dans une cocotte, mettre 50 g de beurre en parcelles, étendre au-dessus les carottes et les oignons pelés et coupés en rondelles fines.

• Poser le canard et disperser dessus le beurre restant. Couvrir la cocotte et la mettre à four modéré.

• Laisser cuire 1 heure. Retourner le canard, verser dans la cocotte 2 dl de vin. Saler, poivrer. Couvrir de nouveau et remettre 1 heure à four moyen. Arroser de temps en temps le canard.

• Servir la volaille découpée en morceaux autour de la farce présentée en tranches. On peut accompagner le caneton farci de marrons ou de purée de marrons.

Ragoût de pré-salé de Crozon

BRETAGNE

PRÉPARATION : 45 MINUTES
CUISSON : 2 H 15
FACILE
CHINON AOC ROUGE

POUR 6 PERSONNES :
1 épaule de pré-salé de 1 kg
80 g de saindoux
60 g de farine
500 g de carottes nouvelles
500 g de navets nouveaux
500 g de pommes de terre nouvelles
500 g de petits pois écossés
3 oignons blancs
1 gousse d'ail
1 bouquet garni (thym, laurier, persil)
sel, poivre

• Couper l'épaule en cubes de 5 cm environ. En cocotte, les faire dorer au saindoux sur toutes leurs faces.

• Ajouter les oignons pelés et émincés et les faire également dorer. Saupoudrer de farine et la mélanger au saindoux.

• Ajouter l'ail pelé et haché, le bouquet garni, le sel, le poivre et de l'eau à hauteur de la viande. Porter à ébullition, couvrir, réduire et cuire à feu doux 30 minutes.

• Peler les légumes. Mettre en cocotte d'abord carottes et navets. Poursuivre la cuisson pendant 45 minutes. Ajouter alors les pommes de terre pelées et essuyées, ainsi que les petits pois écossés, faire cuire de nouveau 45 minutes.

• Servir dans le même plat viande et légumes.

Poulet en barbouille

BERRY

PRÉPARATION : 25 MINUTES
CUISSON : 1 H 20
DIFFICILE
SANCERRE AOC ROUGE

POUR 6 PERSONNES :
1 poulet de 1,2 à 1,3 kg, vivant
100 g de beurre
125 g de poitrine de porc demi-sel
3 carottes
1 gros oignon
1 morceau de sucre
2 cuillerées à soupe de farine
1 bouquet garni (thym, laurier, persil)
1 verre de bouillon
1 verre de vin rouge (sancerre)
4 cuillerées à soupe de vinaigre de vin
1 verre de crème fraîche
1 jaune d'œuf
sel, poivre

• Il est nécessaire d'avoir le poulet vivant pour pouvoir en récupérer le sang, qui est conservé dans un bol avec le vinaigre de vin.

• Couper le poulet en morceaux. Garder le foie.

• En cocotte, faire revenir dans le beurre la poitrine découpée en lardons après l'avoir débarrassée de sa couenne et de ses cartilages.

• Mettre également les carottes pelées et émincées et le morceau de sucre.

• Faire colorer, en remuant avec la cuiller de bois. Ajouter les morceaux de poulet, les faire revenir à feu vif.

• Quand la viande a pris une couleur dorée, saupoudrer de farine, tourner pour qu'elle blondisse.

• Saler, poivrer, ajouter l'oignon entier pelé et le bouquet garni.

• Verser le vin et le bouillon. Mélanger, couvrir et laisser cuire 1 heure au four à chaleur moyenne.

• Après ce temps, ajouter au sang réservé un verre de sauce chaude, tourner vivement dans le bol et verser dans la cocotte en continuant de tourner pour obtenir un mélange parfait. Couvrir et remettre à feu très doux.

• Enfin, hacher fin ou mixer le foie, le mélanger avec la crème et le jaune d'œuf, verser en cocotte. Bien remuer à la cuiller de bois.

• Recouvrir et laisser réchauffer quelques minutes à feu très doux.
Servir immédiatement.

Gigot à la bretonne

BRETAGNE

À COMMENCER LA VEILLE
PRÉPARATION : 15 MINUTES
CUISSON : 1 H 15
FACILE
SAINT-ESTÈPHE AOC ROUGE

POUR 8 PERSONNES :

1 gigot d'agneau de pré-salé de 2 kg
1 kg de haricots blancs, frais ou secs
3 oignons
2 tomates
2 gousses d'ail
1 bouquet garni (persil, laurier, thym ou de préférence sarriette)
100 g de beurre
2 échalotes
sel, poivre

• Si les haricots sont secs, les mettre la veille à tremper dans de l'eau froide.

• Secs ou frais, les faire cuire dans de l'eau froide, sans saler pour éviter de les durcir.

• Mettre avec les haricots le bouquet garni, les tomates lavées et essuyées. Laisser cuire 1 heure environ.

• Ne saler que 15 minutes avant la fin de la cuisson. Peler l'ail et glisser les gousses le long du manche du gigot, sous la souris.

• Poser ensuite la viande dans un plat à four beurré.

• Disperser sur la peau du gigot des parcelles de beurre. Saler, poivrer. Enfourner à four chaud.

• Laisser cuire, selon les goûts, de 45 à 50 minutes.

• Peu avant la fin de la cuisson des haricots, faire revenir 5 ou 6 minutes en sauteuse, dans 50 g de beurre, les oignons, les échalotes et les tomates de cuisson des haricots, le tout haché.

• Ajouter les haricots, prélevés avec l'écumoire, plus 3 cuillerées à soupe de leur jus de cuisson.

• Poivrer et tenir au chaud.

• Pour servir, trancher le gigot et en placer les tranches sur les haricots.

• Napper avec le jus de cuisson de la viande, déglacé avec un peu de jus de cuisson des haricots.

Navets au cidre

NORMANDIE

PRÉPARATION : 15 MINUTES
CUISSON : 30 MINUTES
FACILE
CIDRE « SEC »

POUR 6 PERSONNES :

6 gros navets ou 12 moyens
250 g de chair à saucisse ou de farce fine
2 œufs
75 g de beurre
2 dl de cidre
2 échalotes
1/2 verre de bouillon
1 branche de thym, 1 feuille de laurier
1 branche d'estragon
quelques brins de ciboulette
sel, poivre

- Peler les navets en évidant le centre.
- Dans une terrine, mettre la chair à saucisse, les échalotes pelées et hachées.
- Ajouter la ciboulette et l'estragon hachés également, les jaunes d'œufs.
- Saler, poivrer, malaxer cette farce et en garnir les navets.
- Beurrer le fond et les parois d'un plat à gratin.

Navets au cidre

Y ranger les navets. Verser dans le plat le cidre et le bouillon mélangés.

• Émietter le thym et le laurier, et disperser sur les navets.

• Mettre à four chaud 30 minutes en arrosant trois ou quatre fois.

Kig ha farz

BRETAGNE

Préparation : 20 minutes
Cuisson : 3 heures
Difficile
🍷 Cidre « sec »

Pour 10 personnes :

1,5 kg de jarret de porc salé
2 kg de poitrine de porc demi-sel
500 g de carottes
2 oignons
1 gros chou
500 g de poireaux
1 bouquet garni (thym, laurier, persil)
sel, poivre
Pour le far :
1 kg de farine de sarrasin (blé noir)
2 cuillerées à soupe de sel fin
2 œufs
40 cl de crème
50 cl de lait

• Dans une grande marmite contenant 4 l d'eau, placer le bouquet garni et les viandes dessalées. Poivrer, saler avec précaution.

• Monter à ébullition et baisser le feu. Laisser cuire 1 heure à léger bouillottement.

• Laver le chou, ôter les feuilles flétries, le couper en quatre et le faire blanchir 5 minutes à l'eau bouillante. Le mettre dans la soupe avec les carottes, les oignons pelés et les poireaux lavés, débarrassés de leurs feuilles vertes et liés en bottillon.

• Préparer le far. Mettre dans un grand saladier la farine de blé noir en fontaine, ajouter le sel, la crème, les œufs.

• Faire une boule épaisse, qu'on assouplit lentement avec le lait.

• Verser cette pâte dans un sac de toile, qu'il faut ficeler solidement, mais en laissant un peu de jeu pour que le far puisse gonfler.

• Celui-ci doit cuire 2 heures dans le bouillon. Au bout de ce temps, retirer le sac de la marmite, l'ouvrir et, entre les paumes des mains, rouler et émietter le far sur le plat de service, autour des légumes et des viandes.

• Le bouillon est servi d'abord en soupière, avec des tranches de pain ou non.

Galette de pommes de terre

BERRY

Préparation : 30 minutes
+ 1 heure pour le repos de la pâte
Cuisson : 20 minutes
Très facile
🍷 Quincy AOC blanc

Pour 4 personnes :

200 g de pommes de terre
75 g de fromage de Valençay frais
50 g de beurre
2 œufs
200 g de farine
2 cuillerées à soupe d'huile

• Faire cuire les pommes de terre au four dans leur peau.

• Prélever la pulpe et la travailler à la main en incorporant d'abord le fromage émietté, puis le beurre amolli en pommade et un jaune d'œuf.

• Ajouter enfin la farine et continuer de malaxer jusqu'à ce que la pâte soit homogène.

• Laisser reposer 1 heure, puis, avec un rouleau à pâtisserie, abaisser la pâte à 1 cm d'épaisseur.

• Découper des cercles de 10 cm de diamètre environ. Badigeonner avec un œuf battu pour dorer la surface.

• Poser sur une plaque légèrement huilée. Faire cuire à four moyen 20 minutes.

desserts

Gâteau normand

NORMANDIE

Préparation : 1 h 30
Cuisson : 40 minutes
Facile
🍷 Coteaux-du-Layon AOC blanc

Pour 6 personnes :

6 pommes reinettes
150 g de beurre
200 g de sucre
1 petit verre de calvados
300 g de farine
5 œufs
25 cl de lait
1 sachet de levure

• Peler les pommes, ôter le cœur et les pépins. Les couper en tranches minces et les faire macérer 1 heure dans un mélange de calvados et de 25 g de sucre en poudre.

• Dans une terrine, mélanger 100 g de sucre et 75 g de beurre fondu. Battre au fouet ou au batteur électrique pour en faire une pommade homogène. Tapisser de ce mélange le fond et les parois d'un moule à manqué. Ranger régulièrement dans ce moule les tranches de pomme.

• En terrine, battre les jaunes d'œufs et le reste du sucre jusqu'à obtention d'une crème blanche et mousseuse.

• Verser alors la farine en pluie, en mélangeant bien, puis, lentement, le lait, puis le reste du beurre fondu, sans cesser de tourner.

• Battre les blancs d'œufs en neige dans une grande terrine ; incorporer le mélange précédent, cuillerée par cuillerée, dans la neige d'œufs, qu'on soulève avec une spatule. Ainsi, les blancs restent fermes. Ajouter en terminant le sachet de levure.

• Devenue homogène, la préparation est versée sur les pommes. Enfourner le moule à chaleur moyenne 40 minutes.

• Vérifier la cuisson en enfonçant une lame de couteau, qui doit ressortir propre, mais humide.

Sablés deauvillais

NORMANDIE

Préparation : 15 minutes
+ 2 heures pour le repos de la pâte
Cuisson : 7 à 8 minutes
Facile
🍷 Frontignan AOC blanc - vin doux naturel

Pour 4 personnes :
125 g de farine
100 g de beurre
50 g d'amandes en poudre
70 g de sucre
2 jaunes d'œufs plus un 1 œuf entier
1 petit verre de calvados (facultatif)
1 pincée de sel

• Faire une fontaine avec la farine. Y mettre les jaunes d'œufs, le beurre amolli, le sucre, le sel, la poudre d'amandes. Mélanger légèrement, sans trop travailler la pâte.

• Laisser la boule de pâte reposer 2 heures, puis l'étaler au rouleau sur une épaisseur de 2 à 3 mm. Découper à l'emporte-pièce de petits cercles de pâte.

• Battre l'œuf à la fourchette, en badigeonner au pinceau les rondelles de pâte.

• Poser celles-ci sur la plaque du four et enfourner à chaleur forte de 7 à 8 minutes.

• On peut ajouter à la pâte un petit verre de calvados.

Bourdelots

NORMANDIE

Préparation : 30 minutes
Cuisson : 30 minutes
Difficile
🍷 Coteaux-du-Layon AOC blanc

Pour 6 personnes :
6 pommes reinettes du Mans ou du Canada
350 g de beurre
6 cuillerées à café de sucre en poudre
1 pincée de cannelle en poudre
300 g de farine
1 œuf
1/2 verre de lait

• Mélanger dans une terrine la farine et 150 g de beurre amolli, en humectant d'un peu d'eau au fur et à mesure du travail, jusqu'à ce que la pâte se ramasse en boule sans coller aux doigts. Laisser reposer la boule farinée dans la terrine.

• Peler les pommes et les laisser entières. Retirer le cœur et les pépins avec un vide-pomme.

• Mélanger en terrine le reste du beurre, le sucre et la pincée de cannelle. Utiliser la cuiller de bois pour faire de ce mélange une pâte. Introduire celle-ci dans l'espace ménagé par le vide-pomme.

• Sur une planche ou une plaque à pâtisserie, étendre la boule de pâte au rouleau en rectangle, lui-même divisé en carrés assez grands pour envelopper chacun une pomme.

• Placer la pomme au centre du carré. Replier les angles de façon à souder les bords et le sommet avec les doigts humides et à enfermer ainsi complètement la pomme.

• Délayer le jaune d'œuf dans le lait. Badigeonner la pâte. Enfourner les bourdelots à forte chaleur. Cuire 30 minutes.

• Se mangent froids ou tièdes, nature ou avec de la crème fraîche.

Bigoudens

BRETAGNE

Préparation : 45 minutes
Cuisson : 20 minutes
Facile
🍷 Vouvray pétillant AOC blanc

Pour 6 personnes :
300 g de farine
50 g de beurre
150 g de sucre
2 cuillerées à soupe de crème
4 jaunes d'œufs
125 g d'amandes hachées
1 petit verre de marc ou de calvados

• Dans une terrine, mettre la farine, creuser une fontaine.

• Faire ramollir le beurre à la température de la pièce et le mettre au milieu de la farine avec le

Bourdelots

sucre, les jaunes d'œufs, les amandes, la crème et l'eau-de-vie (marc ou calvados).

• Mélanger avec la spatule ou la cuiller de bois.

• Terminer en malaxant à la main ; faire une boule de pâte et la laisser reposer 30 minutes.

• Étendre la pâte sur une planche ou une plaque à pâtisserie, à une épaisseur de 5 mm.

• Découper des galettes rondes à l'emporte-pièce et les placer sur une plaque beurrée. Dorer avec un pinceau trempé dans du lait.

• Enfourner à forte chaleur pendant 20 minutes.

Crémets d'Anjou

ANJOU

PRÉPARATION : 20 MINUTES
MISE AU FRAIS : 12 HEURES
TRÈS FACILE
🍷 COTEAUX-D'ANCENIS VDQS ROUGE

POUR 6 PERSONNES :
200 g de fromage blanc lisse
200 g de crème fraîche
2 blancs d'œufs
75 g de sucre semoule

• Fouetter la crème en chantilly. Battre à la spatule le fromage blanc.

• Monter les blancs d'œufs en neige ferme, au batteur électrique, en y incorporant le sucre.

• Mélanger crème et fromage, puis ajouter les blancs d'œufs en les incorporant délicatement avec la spatule.

• Garnir de gaze de petites faisselles (moules percés de trous), remplir avec la préparation, refermer la gaze et mettre au frais 12 heures.

• Dégager la gaze. Démouler. Ce crémet peut être accompagné d'un coulis de framboises ou de fruits frais.

Tarte Tatin

Tarte Tatin

ORLÉANAIS

PRÉPARATION : 30 MINUTES
CUISSON : 45 MINUTES
DIFFICILE
🍷 LOUPIAC AOC BLANC

POUR 6 PERSONNES :

1,5 kg de pommes reinettes
100 g de beurre amolli
120 g de sucre semoule
225 g de pâte brisée

• Enduire avec les deux tiers du beurre le fond d'un moule à manqué de 24 cm de diamètre et poudrer des deux tiers du sucre. Peler les pommes, les couper en deux, en ôter le cœur. Ranger ces demi-pommes dans le moule, bien serrées, verticalement (elles s'affaisseront un peu en cuisant). Les poudrer avec le reste du sucre et parsemer le beurre restant en parcelles.

• Poser le moule sur feu modéré, laisser cuire 20 minutes, jusqu'à ce que se forme un caramel blond.

• Après les 10 premières minutes de cuisson, préchauffer le four à forte chaleur. Enfourner, laisser cuire pendant 5 minutes, retirer le moule.

• Abaisser la pâte sur une épaisseur de 3 mm. La poser sur le moule et foncer en la laissant dépasser de 1 cm à l'extérieur. Enfourner.

• Laisser cuire 20 minutes, jusqu'à ce que la pâte ait pris une belle couleur dorée. Faire reposer quelques minutes et démouler ensuite sur un plat de service.

• Servir la tarte à l'envers, les pommes au-dessus.

Bourdons

MAINE

PRÉPARATION : 25 MINUTES
CUISSON : 30 MINUTES
FACILE
🍷 MUSCAT DE RIVESALTES AOC BLANC
VIN DOUX NATUREL

POUR 6 PERSONNES :

6 pommes reinettes du Mans
150 g de beurre
200 g de sucre en poudre
1 jaune d'œuf
1/2 verre de lait
Pour la pâte :
500 g de farine
250 g de beurre
50 g de sucre
1 pincée de sel

• Préparer une pâte brisée (voir recette p. 18) et la laisser reposer 1 heure.

• Peler les pommes. Les laisser entières. Retirer cœur et pépins avec un vide-pomme. Fermer avec un petit morceau de beurre l'orifice du bas de chaque pomme, puis remplir le cœur de sucre et refermer l'orifice du haut de la même façon.

• Étaler la pâte, l'abaisser au rouleau sur une épaisseur de 5 mm. Y découper des cercles d'un diamètre double de chaque pomme. Placer un fruit au centre de chacun de ces cercles, dont on relèvera les bords pour envelopper totalement la pomme.

• Souder le sommet avec les doigts humides. Dorer avec un jaune d'œuf battu dans un demi-verre de lait.

• Placer les bourdons sur une plaque à four beurrée et les cuire à four chaud 30 minutes.

• On peut remplacer le beurre et le sucre par de la confiture.

Far aux pruneaux

BRETAGNE

À COMMENCER LA VEILLE
PRÉPARATION : 15 MINUTES
CUISSON : 45 MINUTES
TRÈS FACILE
🍷 MAURY AOC ROUGE - VIN DOUX NATUREL

POUR 6 PERSONNES :

250 g de farine
1 l de lait
175 g de beurre
175 g de sucre en poudre
6 œufs
1 petit verre de rhum ou de thé léger
20 pruneaux

- La veille, on a mis les pruneaux à gonfler dans du thé léger ou du rhum.

- Les égoutter au moment de préparer le far. Faire chauffer le lait, y faire fondre le beurre et le sucre. Laisser refroidir.

- Dans une terrine, battre les œufs. Leur incorporer, en mélangeant bien, la farine en pluie. Quand le mélange est devenu lisse, verser le lait tout en tournant avec la cuiller de bois. Ajouter enfin les pruneaux. Bien mélanger ces ingrédients.

- Beurrer un plat allant au four, au fond et sur les parois. Y verser la pâte.

- Mettre à four chaud et laisser cuire 45 minutes (vérifier la cuisson en enfonçant un couteau pointu, qui doit ressortir humide, mais propre).

- Ce far se mange chaud, tiède ou froid.

Far aux pruneaux

Ouest atlantique

Angoumois
Aunis
Bordelais
Périgord
Poitou
Quercy
Saintonge

La région qui s'étend de la Loire à la Garonne est composée de trois parties bien distinctes, quant à leurs ressources naturelles et, par conséquent, à leurs traditions culinaires. La première de ces zones se limite au Bordelais proprement dit, la seconde à deux des provinces qui formaient jadis une partie de la Guyenne (Périgord et Quercy). La troisième réunit, le long de la côte atlantique, le Poitou, l'Angoumois, l'Aunis et la Saintonge.

Le Bordelais, c'est essentiellement le vignoble célèbre dans le monde entier et devant lequel les autres cultures ont cédé le terrain. Cette région constitue la plus importante région viticole de France, d'où provient plus d'un quart des grands vins de notre planète.

L'écrivain gastronome Raymond Dumay caractérise ainsi ce magnifique produit de l'association de la nature et de l'homme : « Féminin par sa pudeur, sa réserve, sa suavité, ce grand vin est masculin par son corps, sa charpente et son étonnante santé. Tous les grands crus, pourtant si divers, peuvent s'honorer de bouteilles centenaires. » Le Bordelais est riche d'au moins trois douzaines d'appellations contrôlées désignant des catégories de vins bien typés. Les terroirs de Sauternes, Barsac, Médoc (Haut-Médoc, Margaux, Pauillac, Saint-Julien, Saint-Estèphe), Pomerol, Saint-Émilion et Graves produisent un grand nombre de crus nobles, dont les plus remarquables sont, en blanc, le château-d'yquem et, en rouge, les châteaux lafite-rothschild, mouton-rothschild, latour,

margaux, haut-brion, ausone, cheval-blanc et pétrus. Certaines bouteilles atteignent des prix astronomiques, mais le vaste vignoble bordelais a de quoi satisfaire, à moins de frais, les palais les plus délicats. Comment, avec de pareils dons de la nature, n'existerait-il pas une gastronomie bordelaise ? Dans la ville et aux environs, bon nombre de cuisiniers de talent exercent leur art. Mais les Bordelais n'ont pas vraiment su, autant que les Lyonnais, créer, à partir des savoureux produits de leur environnement géographique, une cuisine spécifique. La grande cité girondine ne peut guère s'enorgueillir que de deux spécialités

originales, à vrai dire excellentes, la sauce bordelaise, à l'échalote et à la moelle (l'échalote est à Bordeaux – et à Nantes – ce que l'oignon est à Lyon et à Lille, l'ail à Marseille et à Nice). Les autres recettes sont en réalité empruntées aux régions alentour.

Et d'abord au Périgord et au Quercy, méridionaux par l'intérêt porté à l'oie et au canard, mais à la cuisine typique, en grande partie à cause de la présence, dans le sol, des truffes. Celles-ci permettent des préparations somptueuses : elles apparaissent dans la sauce Périgueux, les brouillades, le foie gras. Dans certains plats (salades), l'huile de noix apporte également une note insolite.

En Périgord et en Quercy se font des potages appelés tourains, à la graisse d'oie, utilisée largement dans les pommes de terre sarladaises, l'enchaud (porc farci et confit), la tourte aux salsifis, les cèpes farcis. Enfin, cette région s'honore d'avoir créé le lièvre à la royale, plat somptueux qui mérite son nom : l'animal désossé, entier, est empli d'une farce au foie gras et aux truffes.

Quant aux vins – cahors, monbazillac, bergerac –, s'ils ne peuvent rivaliser, et de loin, avec les bordeaux, ils ne sont cependant pas négligeables.

Bien différentes sont les traditions culinaires de ce qui a formé les Charentes (Angoumois, Aunis, Saintonge) et du Poitou. Sur ce territoire, les quatre grandes composantes de la gastronomie sont les huîtres, les moules, les escargots et les haricots.

Les escargots (cagouilles pour les Charentais, lumas pour les Poitevins) sont les petits-gris des vignes. Les gens du pays, parce qu'ils les apprécient beaucoup et parce qu'à leur exemple ils ne sont jamais pressés, se désignent eux-mêmes du nom de « cagouillards ». Point de vrai repas sans cagouilles : en potage, à la vinaigrette, avec un hachis de lard et d'ail, à la poêle avec jambon et vin blanc, en omelette, en ragoût, à l'échalote... Huîtres et moules sont à la face maritime de ces provinces ce que les escargots représentent dans l'arrière-pays. Dans les grands parcs de Marennes, de Bourcefranc, de La Tremblade sont cultivées (le mot n'est pas trop fort) les huîtres que l'on mange avec des saucisses grillées et un beurre excellent : celui des Charentes et du Poitou est, avec celui de basse Normandie, le plus apprécié en France.

Si les huîtres s'élèvent dans des parcs appelés « claires », les moules se récoltent dans les « bouchots ». On les mange en éclades (grillées dans un feu d'aiguilles de pin) ou en mouclade (à la crème).

La mer, sur les côtes et autour des îles d'Oléron, de Ré, d'Yeu et de Noirmoutier, fournit également poissons et crustacés de qualité : céteaux (petites soles), casserons (petites seiches), raîteaux (petites raies), maquereaux, daurades, bars, crevettes grises et roses, langoustines, clams, praires, crabes, homards et les incomparables sardines de Royan, que l'on mange grillées au sel ou crues avec pain et beurre. Autre trésor, les anguilles, pêchées dans les marais et préparées au gril, sautées au beurre et au vin blanc, à l'oseille, au vin rouge, en matelote, au gratin, marinées ou en fricassée.

En Poitou, les produits de la mer le cèdent aux charcuteries, aux bovins du Bocage vendéen, aux volailles (poulets, pigeons, oies, dindes et surtout canards réputés de Challans), ainsi qu'aux légumes, parmi lesquels les choux (qui ont donné, sous la Révolution française, leur nom aux chouans royalistes) et les gros haricots appelés mojettes en Poitou et monjhettes plus au sud.

Les choux se font au beurre (embeurrée), à la crème, à la vinaigrette ; les haricots à la crème également, ou à la maraîchine, avec beurre et oignons, ou à l'huile de noix.

Dernier produit de l'Angoumois, et non le moindre, le cognac, qu'il est inutile de célébrer : il s'en charge lui-même.

Pages 112-113 : la forteresse de Castelnaud-la-Chapelle compte parmi les témoignages les plus significatifs de l'architecture médiévale en France. Le château s'élève au confluent du Céou avec la Dordogne, au cœur du Périgord noir.

En haut : le cognac est l'orgueil de l'Angoumois, l'une des trois provinces qui composent la région historique des Charentes ; il porte le nom de la ville qui a rendu fameux dans le monde entier ce produit de la distillation du vin.

À gauche : le vieux port et les remparts hérissés de tours de La Rochelle, ville portuaire atlantique du Poitou. Du XIVe au XVIIIe siècle, elle fut l'une des plus importantes villes maritimes du pays.

À droite : un vivier d'huîtres dans la baie d'Arcachon, dans le Bordelais, renommée pour l'élevage des précieux mollusques.

Soupe aux huîtres

AUNIS ET SAINTONGE

PRÉPARATION : 30 MINUTES
CUISSON : 15 MINUTES
FACILE
🍷 SANCERRE AOC BLANC

POUR 6 PERSONNES :

3 douzaines d'huîtres
50 g de beurre
2 cuillerées à soupe de farine
1,5 l de court-bouillon
25 cl de lait
1 jaune d'œuf
1 bouquet de cerfeuil
6 croûtons de pain rassis
sel, poivre

• Ouvrir les huîtres et en filtrer l'eau. En casserole, faire chauffer le beurre, ajouter la farine et tourner à la cuiller de bois ou à la spatule pour faire un roux blond.

• Quand la farine prend couleur, verser un mélange du lait et du court-bouillon.

• Dans une tasse de court-bouillon, incorporer le jaune d'œuf.

• Remuer et remettre dans le mélange. À feu doux, faire chauffer à part l'eau filtrée des huîtres. À frémissement, sans laisser bouillir, y jeter le corps des huîtres.

• Couvrir et laisser 3 minutes. Verser ensuite, hors du feu, le court-bouillon, épaissi par le roux, sur les huîtres. Servir la soupe en soupière chaude, sur des croûtons, et saupoudrer de cerfeuil ciselé.

Soupe aux huîtres

Chaudrée

AUNIS ET SAINTONGE

PRÉPARATION : 10 MINUTES
CUISSON : 55 MINUTES
FACILE
🍷 TAVEL AOC ROSÉ

POUR 4 PERSONNES :

300 g de filets de soles ou de plies
300 g de raîteaux débarrassés de leurs arêtes
300 g d'anguilles de petite taille
300 g de blanc de seiche
300 g de mulet, coupé en tranches, sans arêtes
100 g de beurre charentais
50 cl de vin blanc
1 bouquet garni (thym, laurier, persil)
2 oignons
2 gousses d'ail
croûtons frits au beurre (facultatif)
pommes de terre (facultatif)
sel, poivre

• Découper en lanières le blanc de seiche. Le mettre dans un poêlon ou une sauteuse avec 50 g de beurre, les oignons pelés et émincés, l'ail pelé et entier.

• Laisser étuver 15 minutes à couvert. Secouer de temps en temps le récipient.

• Verser dans le poêlon ou la sauteuse le vin et 1 l d'eau. Ajouter le bouquet garni.

• Laisser cuire 30 minutes à feu moyen.

• Nettoyer, vider, écailler les poissons. Placer les plus fermes sur le fond de seiche.

• Saler et poivrer. Ajouter, s'il y a lieu, les pommes de terre cuites à l'eau ou à la vapeur.

• Ajouter le reste de poissons après 5 minutes de cuisson, ainsi que le reste du beurre.

• Ôter le bouquet et l'ail ; servir après 5 autres minutes de cuisson, avec ou sans croûtons.

Tourain périgourdin

PÉRIGORD

PRÉPARATION : 10 MINUTES
CUISSON : 40 MINUTES
FACILE
🍷 CAHORS AOC ROUGE

POUR 6 PERSONNES :

1 cuillerée à soupe de graisse d'oie
2 gros oignons
500 g de tomates
1 gousse d'ail
1 cuillerée à soupe de farine
6 tranches de pain de campagne rassis
sel, poivre

• Peler et émincer les oignons. Les faire blondir à la poêle dans un peu de graisse d'oie. Écraser la gousse d'ail et l'ajouter aux oignons. Saupoudrer de farine oignons et ail et la laisser roussir tout en tournant à la cuiller de bois.

• Pendant ce temps, dans une marmite, on a porté à ébullition 1,5 l d'eau salée et on y a fait cuire une dizaine de minutes les tomates préliminairement pelées, épépinées et coupées en morceaux. Verser une louche de ce bouillon dans la poêle, gratter bien le fond et mettre le tout dans la marmite.

• Saler, poivrer, laisser cuire à feu doux 30 minutes. Passer la préparation au moulin à légumes et verser la soupe sur des tranches de pain de campagne rassis.

Tourain périgourdin

Soupe aux moules rochelaise

AUNIS

PRÉPARATION : 30 MINUTES
CUISSON : 40 MINUTES
DIFFICILE
🍷 PREMIÈRES CÔTES-DE-BORDEAUX AOC ROUGE

POUR 6 PERSONNES :

1 l de moules de bouchot
1 tranche de congre de 200 g
1 daurade de 750 g
6 langoustines
1 rouget
3 cuillerées à soupe d'huile d'arachide
50 cl de vin rouge
1 oignon
1 gousse d'ail
2 tomates
2 carottes
3 filaments de safran
1 bouquet garni (persil, thym)
sel, poivre

• Écailler, vider et essuyer la daurade et le rouget. Essuyer le congre. Peler et émincer carottes, ail et oignon ; peler, épépiner et couper en tranches les tomates.

• Dans une cocotte, faire chauffer l'huile et y placer ce mélange, en remuant pour bien amalgamer. Poser dessus, après 5 minutes de cuisson douce, les poissons.

• Monter le feu pour que ceux-ci prennent un peu de couleur. Après 5 autres minutes, verser le vin rouge, 1,5 l d'eau, le bouquet garni.

• Saler, poivrer. Couvrir et cuire 15 minutes à feu doux.

• Laver et égoutter les langoustines. Laver soigneusement les moules en les brossant. Dans une casserole où l'on a mis un verre d'eau, les faire ouvrir à feu vif.

• Les retirer de leur coquille dès qu'elles s'ouvrent. Les réserver.

• Ajouter à la soupe de poissons l'eau filtrée des moules. Y mettre les langoustines et le safran.

• À feu moyen et à découvert, faire cuire les langoustines une dizaine de minutes. Retirer de la soupe les débris de poissons ainsi que les langoustines et passer le liquide au chinois.

• Remettre ce bouillon épaissi en cocotte, y plonger les langoustines décortiquées, les morceaux de poissons qui subsistent, débarrassés de leurs arêtes, et les moules décoquillées.

• Cette soupe peut être accompagnée de croûtons frits au beurre.

Soupe à l'oseille et aux haricots

PÉRIGORD

PRÉPARATION : 10 MINUTES
CUISSON : 2 H 15
FACILE
🍷 BUZET AOC ROUGE

POUR 6 PERSONNES :

1 kg de haricots blancs frais écossés
2 oignons
250 g d'oseille
2 cuillerées à soupe de graisse d'oie
1 cuillerée à soupe de farine
6 tranches de pain de campagne (ou mieux de pain de méteil, froment et seigle)
sel, poivre

• Dans une marmite ou un fait-tout, porter à ébullition 3 l d'eau et y mettre les haricots (ne pas saler, pour éviter de les durcir). Laisser cuire à petits bouillons 1 heure.

• Pendant ce temps, faire dorer à la poêle, dans un peu de graisse d'oie, les oignons pelés et émincés. Saupoudrer de farine et tourner à la cuiller de bois jusqu'à ce qu'elle ait pris bonne couleur rousse. Verser alors une louche d'eau des haricots dans la poêle.

• Laisser 2 minutes, puis, en raclant le fond de la poêle, verser son contenu dans l'eau où cuisent les haricots.

• Dans la poêle, remettre un peu de graisse. Y jeter l'oseille préalablement équeutée, lavée, pressée entre les mains et grossièrement hachée. Laisser 3 minutes et verser dans le fait-tout. Faire cuire encore 1 heure : les haricots, pour respecter la recette traditionnelle, doivent être très cuits.

• Dix minutes avant la fin de la cuisson, saler. Juste avant de servir, rectifier l'assaisonnement.

• Dans la soupière, ranger les tranches de pain rassis et verser lentement dessus des louches de soupe.

• La tradition veut que le pain, lorsqu'on sert, 5 minutes plus tard, ait entièrement absorbé le bouillon. On n'est pas obligé de la respecter.

Mique sarladaise

PÉRIGORD

PRÉPARATION : 10 MINUTES
CUISSON : 20 À 30 MINUTES
FACILE
🍷 BORDEAUX AOC ROSÉ

POUR 6 PERSONNES :

200 g de pain rassis
2 œufs
50 g de gras de jambon cru
100 g de farine
sel, poivre
le reste d'un bouillon de pot-au-feu

• Découper en petits dés le pain rassis. Casser les œufs dessus.

• Hacher fin le gras de jambon et l'ajouter à la préparation. Saler, poivrer. Mélanger et rouler cet amalgame dans la farine pour en former une boule.

• Il ne reste plus qu'à faire cuire cette mique de 20 à 30 minutes dans le bouillon restant d'un pot-au-feu.

Pâté de Pâques

POITOU

PRÉPARATION : 1 HEURE
CUISSON : 45 MINUTES
FACILE
🍷 TURSAN VDQS ROSÉ

POUR 6 PERSONNES :

200 g de farine
200 g de beurre
300 g de viande de poulet ou de lapin désossée
100 g de viande de veau (noix ou sous-noix)
100 g de foie de porc
100 g de poitrine de porc fraîche
8 œufs
2 cuillerées à soupe de fines herbes (persil, cerfeuil, ciboulette)
2 cuillerées à soupe de cognac
sel, poivre

Pâté de Pâques

• Faire une pâte brisée avec la farine et la moitié du beurre amolli en parcelles.

• Travailler le mélange en versant de l'eau pour amener la pâte à bonne consistance : quand elle ne colle plus aux doigts, la former en boule et la laisser reposer dans une terrine.

• Pendant qu'elle repose, désosser les viandes de poulet ou de lapin, ôter couenne et cartilages de la poitrine de porc. Détailler en petits cubes toutes les viandes, sauf la poitrine.

• Hacher le foie de porc, la poitrine et les fines herbes.

• Saler et poivrer. À la main, faire de petites boulettes de ce hachis.

• À la poêle, dans du beurre, faire revenir et dorer toutes les viandes doucement, cubes et boulettes, de tous côtés.

• Faire durcir 7 œufs 10 minutes en eau bouillante. Les écaler et les partager en deux dans le sens de la longueur.

• Étaler au rouleau les deux tiers de la boule de pâte, former un cercle et foncer une tourtière. Laisser 1 cm de pâte dépasser des bords. Sur ce fond, déposer les viandes, en cubes et en boulettes, saler et poivrer, poser par-dessus les œufs durs, parsemer de quelques copeaux de beurre. Répandre le cognac sur cet ensemble.

• Du reste de la pâte, faire un couvercle et le poser sur les viandes. Souder les bords en rabattant l'abaisse du dessous et en pinçant avec les doigts humides.

• Badigeonner le dessus avec un œuf battu. Pratiquer une cheminée au centre. Enfourner à chaleur forte 45 minutes.

Le pâté de Pâques se mange froid ou chaud.

Cagouilles à la charentaise

ANGOUMOIS

PRÉPARATION : 10 MINUTES
(POUR DES ESCARGOTS PRÊTS À ÊTRE UTILISÉS)
CUISSON : 1 H 45
FACILE
HAUT-POITOU VDQS BLANC

POUR 6 PERSONNES :

6 douzaines de cagouilles (escargots)
1 verre de vin blanc sec
100 g de poitrine de porc
2 oignons, dont un piqué de 2 clous de girofle
1 bouquet garni (thym, laurier, persil)
1 verre de bouillon
1 verre de persil haché
8 échalotes grises
2 carottes
2 blancs de poireau
4 gousses d'ail
100 g de jambon cru
150 g de chapelure
50 g de beurre
sel, poivre

• Si les escargots sont vivants, les traiter comme il est dit dans la recette les concernant, p. 47.

• Prêts à être utilisés, les mettre dans une casserole avec un hachis composé des oignons et de 2 gousses d'ail pelées, des blancs de poireau et des carottes coupés en rondelles fines. Ajouter le bouquet garni.

• Laisser étuver 10 minutes. Saler, poivrer. Mouiller avec le vin blanc et le bouillon.

• Laisser cuire, à couvert et à feu doux, 1 h 30.

• Dans une autre casserole, faire revenir dans le beurre un hachis de poitrine de porc, ail, échalotes et jambon. Dans cette dernière préparation, mettre les cagouilles (en Charente, on les laisse dans leur coquille). Couvrir et cuire 5 minutes.

• Puis ajouter la chapelure et le persil haché. Cuire 5 minutes encore en remuant.

• Si l'on suit la recette angoumoise, prévoir des rince-doigts.

Cou d'oie farci à la quercynoise

QUERCY

À COMMENCER 48 HEURES AVANT
PRÉPARATION : 30 MINUTES
CUISSON : 1 HEURE
FACILE
🍷 JURANÇON AOC BLANC

POUR 4 PERSONNES :
la peau du cou d'une oie
500 g de chair à saucisse
200 g de foie gras frais
40 g de truffes ou de pelures de truffe
1 petit verre d'armagnac
1/2 verre de vin blanc
500 g de graisse d'oie pour la cuisson
sel, poivre

• Ôter le cou d'une oie grasse avec précaution pour ne pas le déchirer, avec, si possible, un morceau de peau de la poitrine pour faciliter la préparation. Mettre le cou à mariner dans l'armagnac pendant 48 heures.

• Préparer la farce. Faire un hachis avec la chair à saucisse, le foie gras, la truffe ou les pelures. Saler, poivrer, incorporer la marinade et le vin blanc.

• Lorsque le mélange est homogène, en garnir la peau du cou. Ficeler celui-ci à ses deux extrémités et le plonger dans une casserole de graisse d'oie bouillante à frémissement pendant une bonne heure. Le cou est cuit quand il remonte à la surface. Le retirer avec une écumoire, le consommer aussitôt, ou bien le placer dans une terrine, le laisser refroidir, puis le recouvrir avec la graisse d'oie dans laquelle il a cuit et le tenir au frais.

Brouillade aux truffes

PÉRIGORD ET QUERCY

À COMMENCER LA VEILLE
PRÉPARATION : 20 MINUTES
CUISSON : QUELQUES MINUTES
DIFFICILE
🍷 CÔTES-DE-BERGERAC MOELLEUX AOC BLANC

POUR 6 PERSONNES :
200 g de truffes, fraîches de préférence
9 œufs
2 cuillerées à soupe de crème fraîche
1 cuillerée à soupe de graisse d'oie ou de canard
sel, poivre

• La veille, si les truffes sont fraîches, les placer dans une boîte fermant hermétiquement avec les œufs, dont la coquille poreuse laissera entrer le fumet des truffes.

• Le jour venu, émincer les truffes en fines lamelles et les mettre avec un verre d'eau très peu salée dans une petite casserole.

• Laisser bouillotter 10 minutes pour que le liquide réduise. Battre les œufs et la crème, saler, poivrer. Les ajouter à la truffe et au liquide de cuisson.

• Dans une autre casserole, enduite d'un peu de graisse d'oie ou de canard et placée dans une casserole plus grande contenant de l'eau bouillante, en bain-marie, verser la préparation et tourner sans arrêter et régulièrement, sans hâte. Les œufs épaississent, prennent un aspect crémeux.

• Retirer alors du feu et continuer à tourner quelques minutes pour que les œufs arrivent à consistance parfaite. Servir immédiatement.

Cagouilles à la saintongeaise

SAINTONGE

PRÉPARATION : 15 MINUTES
(POUR DES ESCARGOTS PRÊTS À ÊTRE UTILISÉS)
CUISSON : 3 H 20
FACILE
🍷 BLAYE (BLAYAIS) AOC ROUGE

POUR 6 PERSONNES :
6 douzaines de cagouilles (escargots) prêtes à être utilisées.
Pour les escargots vivants, voir p. 47
2 oignons
2 carottes
3 gousses d'ail
1/2 bouteille de vin blanc sec
3 verres de vin rouge
1 bouquet garni (thym, laurier, persil)
200 g de poitrine de porc fumée
4 échalotes
50 g de beurre
1 bouquet de persil et de ciboulette
2 cuillerées à soupe de farine
sel, poivre

• Mettre les cagouilles dans une casserole avec les oignons, une gousse d'ail et les carottes pelés et émincés, le bouquet garni, le vin blanc et un verre d'eau. Saler, poivrer.

• Couvrir le récipient et laisser cuire à feu doux pendant 2 heures.

• Dans une sauteuse ou une poêle, faire revenir dans le beurre l'ail restant et les échalotes hachés ainsi que la poitrine découpée en lardons après l'avoir débarrassée de sa couenne et de ses cartilages.

• Saupoudrer de farine, tourner à la cuiller de bois et, le roux pris, verser le vin rouge et le tiers du bouillon de cuisson des cagouilles, après l'avoir filtré.

• Plonger les cagouilles dans ce mélange. Couvrir et laisser mijoter 1 h 15. Servir saupoudré de persil et de ciboulette hachés.

> *Dégustant un soir de grands vins de Bordeaux, et commentant chaque dégustation, l'œnologue Pierre Coste, très éloquent, se trouva soudain à court de qualificatifs enthousiastes. Il ne perdit pas la tête et, devant la meilleure de ses bouteilles, il s'écria : « C'est Marilyn Monroe... »*

Daube de bœuf à la saintongeaise

• À couvert, faire dorer pendant 15 minutes.

• Pendant ce temps, faire revenir dans une casserole, avec le reste du beurre, les échalotes pelées et émincées ainsi que les carottes coupées en rondelles.

• Dans une autre casserole, monter à ébullition le vin et le cognac. Flamber aux premiers bouillons.

• Dans la cocotte où la viande a pris couleur, ajouter les échalotes, les carottes, le pied de veau et les couennes.

• Verser le vin et le cognac chauds, ajouter l'ail pelé et le bouquet garni. Pendant 5 heures, laisser cuire à couvert à petits bouillons.

• Saler et poivrer 1 heure avant la fin de la cuisson, après avoir vérifié l'assaisonnement de la préparation. La daube saintongeaise est encore meilleure réchauffée.

Jarret de veau au pineau

ANGOUMOIS

Préparation : 10 minutes
Cuisson : 2 heures
Facile
🍷 Cérons AOC blanc

Pour 6 personnes :

1 jarret de veau coupé en rouelles (par le boucher)
2 oignons
2 carottes
2 gousses d'ail
80 g de beurre
1 bouteille de pineau
1 citron
500 g de tomates
100 g de farine
1 bouquet garni (thym, laurier, persil)
sel, poivre

• Saler, poivrer et passer dans la farine les rouelles de jarret. Dans une cocotte, les faire dorer avec 40 g de beurre. Les réserver.

• Jeter la graisse de cuisson. Essuyer la cocotte.

• Faire revenir à feu doux les oignons et les carottes, pelés et émincés, dans le beurre qui reste, pendant 10 minutes.

• Placer dessus les morceaux de viande, verser le pineau, monter à ébullition.

• Ajouter les gousses d'ail écrasées, les tomates pelées, épépinées et coupées en morceaux, le bouquet garni, le zeste du citron râpé.

• Baisser le feu, rectifier l'assaisonnement et laisser mijoter 1 h 30 à feu doux.

Lièvre farci à la poitevine

POITOU

À COMMENCER 24 OU 48 HEURES AVANT
PRÉPARATION : 40 MINUTES
CUISSON : 1 H 40
DIFFICILE
🍷 HAUT-POITOU VDQS ROUGE

POUR 8 PERSONNES :
1 gros lièvre
1 bouteille de vin blanc
150 g de lard gras
150 g d'échine de porc fraîche
150 g d'épaule de veau
1 tranche de jambon sec, fine et grande
100 g de beurre poitevin
2 oignons
2 carottes
1 œuf
1 petit verre de cognac
1 barde de lard
1 bouquet garni (thym, laurier, persil)
quelques brins de ciboule
sel, poivre

• Dépouiller et vider le lièvre. Réserver le sang, le foie, les poumons, le cœur et les rognons. Mettre le lièvre à mariner de 24 à 48 heures dans une terrine avec le vin blanc, les oignons et les carottes pelés et émincés, le bouquet garni, sel et poivre.

• Préparer la farce. Hacher les abats réservés du lièvre, les viandes de porc et de veau ainsi que le lard gras. Saler, poivrer. À ce hachis mélanger l'œuf battu, le sang du lièvre et le cognac.

• Tirer le lièvre de la marinade, l'essuyer avec soin. Placer la tranche de jambon, revenue à la poêle avec une noisette de beurre, dans la cavité abdominale du lièvre. Saupoudrer de ciboule hachée et disposer la farce. Brider le lièvre, l'entourer de la barde, le ficeler. Le placer dans un plat allant au four avec le beurre réparti en parcelles.

• Mettre à four chaud 30 minutes, en l'arrosant toutes les 10 minutes avec le jus de la marinade. Réduire la chaleur et poursuivre la cuisson pendant 1 heure.

• Verser la marinade dans une casserole et, à feu moyen, réduire son volume de moitié. Filtrer. Pour servir, ôter la barde du lièvre, le découper, mettre la farce au milieu, coupée en tranches. Servir la sauce en saucière. Le lièvre à la poitevine est souvent accompagné d'une fricassée de cèpes.

Sauce bordelaise

BORDELAIS

PRÉPARATION : 10 MINUTES
CUISSON : 1 H 10
FACILE
🍷 MÉDOC AOC ROUGE

POUR 4 PERSONNES :
100 g de beurre
100 g de moelle de bœuf
6 dl de jus de veau ou de bouillon de bœuf
2 carottes
2 oignons
1 bouquet garni (thym, laurier, persil)
20 g de farine
40 g d'échalotes grises
3 dl de vin rouge de Bordeaux
sel, poivre

• Émincer les oignons et les carottes pelés. Les faire colorer au beurre dans une petite casserole. Verser ensuite la farine et la laisser prendre couleur à son tour.

• Mettre le jus de veau ou le bouillon, ajouter le bouquet garni et laisser cuire à couvert 15 minutes, à petits bouillons.

• Pendant ce temps, émincer les échalotes préalablement pelées. Les mettre dans une autre petite casserole avec le vin, un peu de sel et de poivre. Chauffer, réduire d'un tiers le liquide pendant 30 minutes.

• Verser cette dernière réduction dans la sauce et remettre sur feu doux 15 minutes. Passer au chinois et laisser la sauce au bain-marie.

• Avec un couteau trempé dans de l'eau très chaude, découper la moelle en dés et plonger ceux-ci pendant 5 minutes dans une casserole d'eau frémissante.

• Pendant ce temps, ajouter le beurre en petites parcelles dans la sauce tenue au chaud.

• Ajouter les dés de moelle et servir.

Entrecôte bordelaise

BORDELAIS

PRÉPARATION : 20 MINUTES
CUISSON : 20 MINUTES ENVIRON
FACILE
🍷 PREMIÈRES CÔTES-DE-BORDEAUX AOC ROUGE

POUR 4 PERSONNES :
2 entrecôtes de 500 g chacune
4 échalotes grises
1/2 citron
1 bouquet de persil
1 grand verre de vin de Bordeaux rouge
100 g de beurre
1 bouquet garni (thym et laurier)
50 g de moelle de bœuf
sel, poivre

• Dans une casserole, sur feu doux, mettre une noix de beurre et faire revenir les échalotes pelées et hachées.

• Mouiller avec le vin, ajouter le bouquet garni, saler, poivrer. Laisser réduire à feu vif.

• Grâce à un couteau chaque fois trempé dans de l'eau très chaude, couper en rondelles épaisses la moelle. Pocher ensuite celle-ci 2 minutes dans de l'eau bouillante salée.

• Égoutter sur papier absorbant et réserver au chaud. Passer au chinois la sauce réduite. La réserver également au chaud. Hacher le persil.

• Dans une grande poêle, mettre une autre noix de beurre, faire cuire les entrecôtes au degré de cuisson désiré, de 3 à 6 minutes de chaque côté.

• Saler et poivrer en fin de cuisson, placer les entrecôtes sur un plat chaud. Déglacer la poêle avec la sauce, ajouter quelques gouttes de citron et le persil haché.

• Mettre le reste du beurre, fouetter pour obtenir une sauce homogène dont on nappe les entrecôtes, sur lesquelles ont été placées les rondelles de moelle.

Canard à la poitevine

POITOU

PRÉPARATION : 30 MINUTES
CUISSON : 1 H 15
DIFFICILE
HAUT-POITOU VDQS ROUGE

POUR 6 PERSONNES :

1 canard de Challans de 1,5 kg
20 petits oignons nouveaux
1,5 kg de petits navets ronds nouveaux
1 cuillerée à soupe de sucre en poudre
50 g de crème fraîche
1 petit verre de cognac
110 g de beurre
1 cuillerée à soupe de cerfeuil haché
1 tasse de bouillon
sel, poivre
Pour la farce :
100 g de foie de porc
100 g de foies de volaille
100 g de poitrine de porc sans couenne ni cartilages
2 échalotes
herbes selon possibilité (romarin, sauge, laurier, persil)
75 g de champignons de Paris
2 œufs
50 g de beurre
une pointe de cayenne, sel

• Flamber, vider le canard, réserver son foie et son gésier nettoyé.

• Préparer la farce. Hacher ensemble (ou mixer) les foies de volaille, le foie du canard, le foie de porc, la poitrine de porc, les échalotes, les herbes.

• Nettoyer les champignons. Les hacher et les mélanger à la farce, ainsi que les œufs et les 50 g de beurre. Saler, poivrer de cayenne et introduire cette farce à l'intérieur du canard. Recoudre l'ouverture de l'abdomen.

• Dans une cocotte, faire chauffer 60 g de beurre. Y faire dorer le canard sur toutes ses faces. Couvrir et faire cuire à feu vif 30 minutes, en retournant la volaille à mi-cuisson.

• Pendant ce temps, peler oignons et navets. Réduire le feu sous la cocotte.

• Dans une poêle, faire dorer dans le reste du beurre, à feu doux, pendant 10 minutes, les oignons et les navets. Verser dessus la tasse de bouillon et faire tomber en pluie le sucre en poudre. Laisser cuire à feu doux pendant 20 minutes.

• Ajouter alors un peu du fond de cuisson du canard, la crème fraîche et mélanger avec soin aux légumes. Verser le tout dans la cocotte où cuit le canard. Prendre un demi-verre de jus, mélanger au cognac, verser sur le canard. Couvrir et enfourner la cocotte à forte chaleur pendant 15 minutes.

• Servir le canard découpé sur un plat de service, entouré des légumes.
Napper avec le jus dégraissé et disperser un hachis de cerfeuil.

Confit d'oie à l'oseille

PÉRIGORD

PRÉPARATION : 20 MINUTES
CUISSON : 45 MINUTES
FACILE
BERGERAC AOC ROUGE

POUR 4 PERSONNES :

2 cuisses ou 1 aile de confit d'oie
500 g d'oseille
10 cl de bouillon de volaille
1 bouquet de persil
1 bouquet de cerfeuil
1 branche d'estragon
sel, poivre

• Dans une cocotte, placer le confit sur feu très doux. Couvrir. Le confit doit chauffer sans colorer, et la graisse fondre.

• Pendant ce temps, ôter les queues de l'oseille, laver les feuilles à l'eau fraîche, puis les jeter dans de l'eau bouillante salée.

• Dès que reprend l'ébullition, égoutter l'oseille, la passer sous l'eau froide, puis la presser entre les mains pour en expulser l'eau. Couper sans hacher cette oseille bien égouttée.

• Retirer le confit de la cocotte, le tenir au chaud, égoutter la graisse pour ne conserver que la valeur d'une cuillerée.

• Remettre le confit à feu doux. Ajouter l'oseille et le bouillon de volaille.

• Saler, poivrer. Faire tomber dans la cocotte le persil, le cerfeuil et l'estragon ciselés.

• Couvrir. Laisser mijoter 20 minutes.

• Découper le confit en morceaux et le servir sur l'oseille.

Canard aux oignons

PÉRIGORD

PRÉPARATION : 25 MINUTES
CUISSON : 1 H 40
FACILE
ROSETTE AOC BLANC

POUR 6 PERSONNES :

1 caneton de 1 kg
75 g de couennes fraîches
20 petits oignons
50 g d'huile
1 verre de bouillon de volaille
la croûte d'une épaisse tranche de pain rassis
2 gousses d'ail
2 branches de thym
5 feuilles de sauge
sel, poivre

• Réserver le gésier et le foie, débarrassé de son fiel, du canard.

• Peler les petits oignons. Saler et poivrer le canard à l'intérieur et à l'extérieur.

• Frotter d'ail la croûte de pain et la couper en petits morceaux ; la mettre dans la cavité abdominale du canard après l'avoir hachée, en même temps que le gésier, le foie, 4 feuilles de sauge passées 3 secondes à l'eau bouillante et séchées, les feuilles d'une branche de thym.

• Brider et refermer le canard sur cette farce. Dans une sauteuse ou une poêle, faire chauffer l'huile et y faire revenir le canard à feu vif, sur toutes ses faces, jusqu'à ce qu'il soit bien doré.

• Placer dans le fond d'une cocotte les couennes coupées en carrés de 5 cm de côté. Y poser le canard et l'entourer des petits oignons.

• Saler et poivrer, ajouter la branche de thym et la feuille de sauge (ébouillantée) restantes. Verser le verre de bouillon.

• Mettre la cocotte fermée 1 h 30 dans le four, à chaleur moyenne.

• Pour servir, découper le canard, cuisses d'un côté, aiguillettes de l'autre, le disposer dans un plat chaud, entouré des oignons. Arroser du jus de cuisson dégraissé.

Lièvre à la royale

PÉRIGORD

À COMMENCER LA VEILLE
PRÉPARATION : 1 H 30
CUISSON : 6 H 40
TRÈS DIFFICILE
ROMANÉE-CONTI AOC ROUGE

POUR 8 PERSONNES :

1 lièvre de 2 kg
6 gousses d'ail
2 carottes
2 oignons
1 bouquet garni (thym, laurier, persil)
4 clous de girofle
1 bouteille de vin rouge de Cahors ou de Bergerac
2 cuillerées à soupe d'huile d'arachide
250 g de lard gras
250 g de filet ou d'échine de porc
250 g de noix, de sous-noix ou d'épaule de veau (ou de foie gras)
2 échalotes
1 bouquet de ciboulette, cerfeuil et estragon
1 œuf
300 g de bardes de lard
50 g de graisse d'oie
2 verres à liqueur d'armagnac
1 verre de bouillon de veau ou de volaille
1 truffe
2 cuillerées à soupe de vinaigre de vin
sel, poivre en grains concassé

• Dépouiller et vider le lièvre la veille. Réserver le foie, le cœur et les rognons dans un récipient, avec le sang et le vinaigre pour éviter la coagulation.

• Dans une grande terrine ou un autre récipient, placer le lièvre entier à mariner.

• La marinade est composée des carottes et oignons pelés et émincés, de 4 gousses d'ail pelées et écrasées au couteau, du bouquet garni, du sel, du poivre concassé, des clous de girofle écrasés, du vin rouge et de l'huile.

• Le lendemain, retirer le lièvre de la marinade. Ôter avec un couteau pointu les os des côtes. Faire une farce en hachant le filet ou l'échine de porc, le lard gras, les échalotes, les rognons et le cœur du lièvre, les fines herbes, la truffe, l'œuf. Saler, poivrer.

Lièvre à la royale

• Découper le foie gras ou le veau en fines tranches. Découper les bardes de lard à la longueur du lièvre.

• À l'intérieur du lièvre, placer des bardes de lard, puis une couche de foie gras ou de tranches de veau, puis une couche de bardes, puis la farce, puis des bardes, puis du veau, puis encore des bardes. L'intérieur du lièvre est garni.

• Recoudre le lièvre et l'envelopper de bardes. Le ficeler serré. Dans une grande sauteuse ou cocotte, faire revenir le lièvre à feu vif dans la graisse d'oie. Réserver et tenir au chaud.

• Foncer la cocotte du reste des bardes, y placer oignons et carottes de la marinade, puis y coucher le lièvre. Verser le liquide de la marinade et l'armagnac.

• Mettre à feu doux, à découvert, pendant 30 minutes pour réduire de moitié le liquide. Ajouter ensuite le bouillon.

• Couvrir et mettre à four très doux pendant 6 heures.

• Sortir avec précaution le lièvre de son jus de cuisson. Le déficeler et ôter les bardes extérieures ainsi que les os, qui se retirent d'eux-mêmes. Réserver au chaud.

• Dans le jus de cuisson, mettre le sang et le foie pilé, ainsi que 2 gousses d'ail hachées. Laisser mijoter 10 minutes et verser sur le lièvre ce jus enrichi et passé au chinois.

Foie gras aux câpres

QUERCY ET PÉRIGORD

PRÉPARATION : 25 MINUTES
CUISSON : 40 MINUTES
FACILE
MONBAZILLAC AOC BLANC

POUR 6 PERSONNES :

600 g de foie gras d'oie frais
60 g de câpres
1 cuillerée à soupe de graisse d'oie
1 petit verre d'armagnac ou de cognac
1 verre de madère
sel, poivre

• Nettoyer et dénerver le foie gras comme il est dit dans la recette qui lui est consacrée, p. 226. Le saler, le poivrer, l'arroser d'armagnac ou de cognac dans une terrine. Dans une cocotte, faire dorer le foie à la graisse d'oie. Ajouter les câpres. Laisser cuire à couvert et à feu doux pendant 35 minutes. Retirer le foie et le réserver dans un plat de service tenu au chaud.

• Déglacer la cocotte avec le madère et l'armagnac ou le cognac récupéré. Napper le foie de cette sauce.

Confit d'oie aux cèpes

PÉRIGORD

PRÉPARATION : 15 MINUTES
CUISSON : 45 MINUTES
FACILE
CAHORS AOC ROUGE

POUR 4 PERSONNES :

2 cuisses et 1 aile de confit d'oie
1 kg de cèpes
1 gousse d'ail
1 bouquet de persil
sel, poivre

• Séparer têtes et queues des cèpes. Nettoyer les têtes, sans les laver, avec un linge fin. Si elles sont grosses, les escaloper. Couper en deux les petites.

• Dans une poêle, placer le confit à feu très doux et à couvert pour faire fondre la graisse qui l'enrobe sans qu'il colore. Réserver. Dans cette graisse, faire rissoler les têtes des cèpes, à chaleur vive pendant 5 minutes, en les retournant, puis à chaleur modérée et à couvert pendant 30 minutes. Saler.

• Pendant que les têtes cuisent, nettoyer et hacher les queues avec l'ail et le persil. Dix minutes avant la fin de la cuisson des têtes, jeter ce hachis dans la poêle et faire un peu monter la chaleur. En même temps, placer le confit à la poêle ou au four dans très peu de graisse et le faire dorer pour qu'il soit bien croustillant. Servir le confit sur le lit de cèpes.

Enchaud

QUERCY ET PÉRIGORD

À COMMENCER LA VEILLE
PRÉPARATION : 15 MINUTES
CUISSON : 4 H 10
TRÈS FACILE
BERGERAC AOC ROUGE

POUR 8 PERSONNES :

1,5 kg de filet de porc désossé
6 gousses d'ail
2 pieds de porc fendus
1 bouquet garni (thym, laurier, persil)
1 tasse de bouillon
2 cuillerées à soupe de saindoux
sel, poivre

• Étaler le filet de porc désossé, le saler et le poivrer à l'intérieur et y ranger les gousses d'ail pelées et coupées en deux. Rouler le filet sur lui-même et le ficeler comme un rôti. Mettre la viande au frais pendant 14 heures.

• Faire fondre le saindoux en cocotte, y placer le filet et le faire dorer de tous côtés. Saler, poivrer, ajouter le bouquet garni et le bouillon.

• Couvrir et laisser cuire à petit feu pendant 4 heures, avec les pieds de porc. De temps en temps, remettre un peu d'eau dans la cocotte.

• Ôter la ficelle qui entoure le filet, qu'on met en terrine. Verser sur la viande le jus de cuisson et tenir au froid.

• Les pieds, désossés, seront mangés en vinaigrette.

légumes

Cèpes à la bordelaise

BORDELAIS

PRÉPARATION : 20 MINUTES
CUISSON : 55 MINUTES
FACILE
SAINT-JULIEN AOC ROUGE

POUR 6 PERSONNES :

1 kg de cèpes (de préférence de l'espèce « tête-de-nègre »)
3 échalotes
2 cuillerées à soupe de persil haché
2 verres d'huile d'olive
sel, poivre

Pommes sarladaises

PÉRIGORD

PRÉPARATION : 25 MINUTES
CUISSON : 30 MINUTES
FACILE
CÔTES-DE-BERGERAC AOC ROUGE

POUR 8 PERSONNES :

1,5 kg de pommes de terre à chair ferme
3 cuillerées à soupe de graisse d'oie
4 gousses d'ail
1 bouquet de persil
sel, poivre

• Peler, laver, sécher les pommes de terre. Les couper en tranches de 2 mm. Les mettre dans une sauteuse ou une poêle avec 2 cuillerées de graisse d'oie. Les faire revenir pendant 15 minutes, en les retournant avec une spatule sans les briser. Les faire ainsi dorer.

• Saler, poivrer, disperser sur les pommes de terre un hachis d'ail et de persil ainsi que le reste de la graisse d'oie.

• Poursuivre la cuisson encore 15 minutes, en remuant de temps en temps. Servir.

• Séparer têtes et queues des champignons. Nettoyer avec soin les têtes, éliminer les parties abîmées, les essuyer, les saler et les poivrer.
• Dans une poêle, faire vivement revenir les têtes dans l'huile, en les retournant de temps en temps, pendant 10 minutes.

• Placer ces têtes dans une sauteuse ou une poêle, avec de l'huile, sans les recouvrir. Cuire à petit feu pendant 45 minutes. Pendant ce temps, peler et nettoyer les queues des cèpes. Les hacher avec les échalotes pelées.

• Dix minutes avant la fin de la cuisson des têtes, mettre le reste de l'huile dans une petite poêle, faire chauffer et faire sauter rapidement le hachis d'échalotes et de queues de champignons, saler et poivrer.

• Servir très chaud, le hachis versé sur les têtes de cèpes et le persil éparpillé au-dessus.

Sauce périgueux

PÉRIGORD

PRÉPARATION : 20 MINUTES
CUISSON : 2 H 15
FACILE
MONBAZILLAC AOC BLANC

POUR 6 PERSONNES :

25 cl de bouillon de volaille
1 cuillerée à soupe de graisse d'oie ou de saindoux
1 cuillerée à soupe de farine
3 échalotes
1 oignon
50 cl de vin de Monbazillac (à défaut, prendre du madère)
75 g de truffes (fraîches ou en conserve)
2 cuillerées à soupe d'armagnac
sel, poivre

• Peler et émincer échalotes et oignon. Les faire revenir dans la graisse, au fond d'une casserole. Dès qu'ils ont fondu, verser la farine, mélanger à la cuiller de bois, puis, à la toute première coloration, ajouter le vin et le bouillon. Saler, poivrer et mettre la casserole à feu très doux pendant 2 heures. Tourner de temps en temps.

• Un quart d'heure avant de servir, passer la sauce au chinois. Les truffes ont été émincées en très fines rondelles. Les mélanger à la sauce avec l'armagnac. Remettre la sauce à feu toujours très doux pendant le dernier quart d'heure.

• Avant de servir, si la sauce doit, comme c'est l'usage, accompagner une pièce de bœuf, y incorporer le jus d'émission dégraissé. Si les truffes sont en boîte, mélanger leur jus à la sauce.

Mojettes fraîches
à la crème

Mojettes fraîches à la crème

POITOU, SAINTONGE, AUNIS, ANGOUMOIS

PRÉPARATION : 20 MINUTES
CUISSON : 3 H 15
TRÈS FACILE
VIN DU THOUARSAIS VDQS BLANC

POUR 6 PERSONNES :

1,5 kg de mojettes (haricots blancs) fraîches, écossées
75 g de beurre
1 tasse de crème fraîche
2 cuillerées à soupe d'huile
2 oignons piqués d'un clou de girofle
2 carottes
3 gousses d'ail
1 bouquet garni (persil, thym)
sel, poivre

• Faire chauffer dans une marmite ou une cocotte l'huile et 25 g de beurre. Verser dessus les haricots et faire revenir à feu très doux pendant 15 minutes, en remuant de temps à autre.

• Ajouter les carottes, les gousses d'ail pelées et émincées, le bouquet garni, les oignons piqués et de l'eau bouillante pour recouvrir les mojettes. Elles doivent cuire 3 heures à frémissement. Ne saler qu'après 2 heures. De temps en temps, ajouter un peu d'eau bouillante pour les recouvrir.

• En fin de cuisson, retirer le bouquet et les oignons. Égoutter les haricots. Conserver le bouillon pour d'autres usages.

• Mettre dans un plat creux de service le beurre qui reste et la crème, verser les haricots. Mélanger et poivrer.

Ragoût de truffes

PÉRIGORD ET QUERCY

PRÉPARATION : 15 MINUTES
CUISSON : 20 MINUTES
TRÈS FACILE
MONBAZILLAC AOC BLANC

POUR 6 PERSONNES :

6 belles truffes fraîches
1 bouteille de vin de Monbazillac
100 g de beurre
1 cuillerée à soupe de farine
sel, poivre

• Faire fondre le beurre en cocotte. Ajouter la farine, remuer avec une cuiller de bois et, dès que la farine commence à prendre couleur, verser le vin blanc.

• Laisser réduire à feu modéré et, pendant ce temps, nettoyer délicatement les truffes avec une petite brosse humide, les essuyer et les couper en quatre. Les mettre dans la sauce.

• Saler, poivrer et laisser mijoter 20 minutes à feu très doux.

Cèpes à la périgourdine

PÉRIGORD

PRÉPARATION : 20 MINUTES
CUISSON : 1 H 30
FACILE
PÉCHARMANT AOC ROUGE

POUR 6 PERSONNES :

1 kg de cèpes
1/2 verre d'huile d'arachide
3 gousses d'ail
1 échalote
1 bouquet de persil
sel, poivre

• Couper les queues des cèpes, nettoyer avec soin les têtes, ôter les parties abîmées et essuyer délicatement avec un linge.

• Faire chauffer l'huile dans une sauteuse. Placer les têtes sur leur face bombée, à feu vif, puis les retourner après 10 minutes.

• Quand elles sont dorées sur leurs deux faces, les saler, poivrer et couvrir. Cuire à feu doux.

• Nettoyer ensuite les queues, n'en conserver que les parties saines. En faire un hachis avec l'ail et l'échalote pelée, ainsi que le persil.

• Saler, poivrer. Après 30 minutes de cuisson des têtes, mettre sur celles-ci la moitié du hachis et couvrir de nouveau.
Au total, les cèpes devront cuire 1 h 30.

• Une dizaine de minutes avant la fin, disperser la seconde moitié du hachis dans la cocotte.

• Servir après avoir égoutté l'huile de la cuisson.

Embeurrée de choux

POITOU ET ANGOUMOIS

PRÉPARATION : 10 MINUTES
CUISSON : 1 HEURE
TRÈS FACILE
BOURGUEIL AOC ROUGE

POUR 6 PERSONNES :

1 gros chou blanc
200 g de beurre charentais très frais
sel, poivre

• Supprimer les feuilles flétries du chou ainsi que son trognon. Laver à l'eau froide.

• Faire bouillir 3 l d'eau salée, y plonger le chou, le faire cuire 1 heure à couvert et à feu doux. Il doit être très cuit.

• Égoutter le chou et l'écraser à la fourchette sur un tamis. Il doit prendre l'aspect d'une grossière purée.

• Dans un plat creux de service, mettre le chou ainsi écrasé. Saler, poivrer généreusement.

• Ajouter le beurre par morceaux et malaxer longuement, à la fourchette.

• L'embeurrée se sert très chaude.

desserts

Tourteau fromagé

POITOU

PRÉPARATION : 30 MINUTES
CUISSON : 45 MINUTES
FACILE
SAUVIGNON DE SAINT-BRIS AOC BLANC

POUR 4 PERSONNES :

250 g de farine
125 g de beurre
250 g de fromage de chèvre frais
125 g de sucre en poudre
5 œufs
50 g de fécule

• Bien faire égoutter le fromage. Faire une pâte avec 200 g de farine en fontaine : incorporer, en pétrissant, 100 g de beurre avec un peu d'eau. Ramasser la pâte, dès que sa consistance le permet, en boule ferme, ne collant plus à la main. Mettre la boule en attente dans la terrine ou dans un linge fariné.

• Dans une autre terrine, ou un saladier, mettre le fromage bien égoutté. L'écraser à la fourchette. Ajouter en mélangeant le sucre, 2 œufs entiers et 3 jaunes. Réserver leurs blancs. Quand ce mélange est devenu lisse, ajouter le reste de la farine et la fécule. Battre au fouet.

• Battre les blancs en neige dans une troisième terrine. Y incorporer avec précaution la préparation précédente, cuillerée par cuillerée. Beurrer la tourtière.

• Étendre la pâte au rouleau et l'abaisser à une épaisseur de 1,5 mm. Lui donner la forme d'un cercle et en foncer une tourtière à bord haut.

• Garnir cette pâte de la préparation fromagée et enfourner à très forte chaleur, pendant 45 minutes. À la sortie du four, la surface du tourteau fromagé sera noire comme du charbon. L'enlever pour le consommer.

Gâteau à l'angélique

POITOU

PRÉPARATION : 10 MINUTES
CUISSON : 45 MINUTES
TRÈS FACILE
🍷 VIN DU THOUARSAIS VDQS ROUGE

POUR 6 PERSONNES :

500 g de farine
500 g de beurre
750 g de sucre
5 œufs
1 branche d'angélique confite
1 cuillerée à café d'eau de fleur d'oranger
1 petit verre de cognac
1 pincée de sel

• Découper l'angélique en petits dés. Dans une terrine, mélanger le beurre avec le sucre, le cognac, l'eau de fleur d'oranger et le sel. Incorporer les jaunes d'œufs, puis les blancs battus en neige, enfin la farine. Mettre ce mélange dans un plat beurré allant au four.

• Disposer les dés d'angélique à la surface et enfourner 45 minutes à chaleur moyenne.

Gâteau de noix

PÉRIGORD ET QUERCY

PRÉPARATION : 20 MINUTES
REPOS DE LA PÂTE : 1 HEURE
CUISSON : 35 MINUTES
FACILE
🍷 COTEAUX-DU-LAYON AOC BLANC

POUR 6 PERSONNES :

250 g de farine fine
100 g de beurre
250 g de crème fraîche
150 g de sucre en poudre
100 g de cerneaux de noix
1/2 cuillerée à café de vanille en poudre
100 g de sucre glace
3 cuillerées de rhum

• Faire une pâte sablée avec farine, beurre amolli et 50 g de sucre en poudre. Mélanger et pétrir rapidement du bout des doigts. Laisser reposer 1 heure en boule.

• Étendre la pâte au rouleau et en garnir un moule de 24 cm de diamètre.

• Réduire en poudre au mixer les cerneaux de noix, en en réservant 3 ou 4. Mélanger la poudre de noix, la crème fraîche, la poudre de vanille et le reste du sucre en poudre. Verser dans le moule.

• Enfourner à chaleur moyenne pendant 35 minutes. Retirer le gâteau, le laisser refroidir. Mélanger le sucre glace et le rhum, et napper le gâteau de cette pâte. Poser au-dessus les cerneaux de noix.

• Le gâteau de noix se mange froid.

Cruchades

AUNIS, SAINTONGE, ANGOUMOIS

PRÉPARATION : 20 MINUTES
REPOS DE LA PÂTE : 1 HEURE
CUISSON : QUELQUES MINUTES
FACILE
🍷 FRONTIGNAN AOC BLANC
VIN DOUX LIQUOREUX

POUR 6 PERSONNES :

500 g de semoule de maïs
1 l de lait
75 g de sucre
1 petit verre de rhum
1 pincée de sel

• Dans une casserole, mettre le lait, le sucre et le sel. Chauffer et, sans attendre l'ébullition, verser en pluie la semoule. Tourner le mélange et laisser épaissir 10 minutes, puis ajouter le rhum et délayer.

• Étaler cette bouillie épaisse sur un marbre ou une planche à pâtisserie, sur une épaisseur de 1 cm. En lisser la surface avec la lame d'un couteau trempée dans l'eau chaude. Laisser reposer 1 heure.

• Découper des triangles dans cette pâte refroidie et les plonger, après les avoir légèrement saupoudrés de farine, dans une friture très chaude. Égoutter, éponger sur du papier absorbant.

• Les cruchades se mangent avec du sucre en poudre, de la confiture ou de la gelée.

Croquants du Périgord

PÉRIGORD

PRÉPARATION : 30 MINUTES
CUISSON : 30 MINUTES
FACILE
🍷 SAINTE-CROIX-DU-MONT AOC BLANC

POUR 6 PERSONNES :

4 œufs
2 verres de sucre en poudre
2 verres de farine
2 cuillerées à soupe de crème
1 cuillerée à café d'eau de fleur d'oranger
125 g de cerneaux de noix hachés

• Dans une terrine, battre les œufs et le sucre. Le mélange fait, ajouter la farine et la crème. Battre pour obtenir une pâte homogène. Ajouter les noix hachées et l'eau de fleur d'oranger. Travailler la pâte jusqu'à ce qu'elle se détache des parois de la terrine. Laisser reposer 15 minutes, après l'avoir pétrie à la main.

• Étaler au rouleau sur une épaisseur de 2 cm. Découper des bâtonnets de 10 cm sur 2, les ranger sur une plaque beurrée.

• Enfourner à chaleur douce 30 minutes.

• Les croquants peuvent également être parfumés à l'anis ou au zeste de citron.

Tarte aux pruneaux

QUERCY ET PÉRIGORD

PRÉPARATION : 20 MINUTES + 4 HEURES POUR FAIRE GONFLER LES PRUNEAUX
CUISSON : 30 MINUTES
FACILE
🍷 RASTEAU AOC ROUGE - VIN DOUX NATUREL

POUR 4 PERSONNES :

400 g de pruneaux d'Agen
60 g de beurre
125 g de farine
150 g de sucre en poudre ou de cassonade
1 verre de vin rouge (bergerac ou cahors)
50 g de raisins secs de Malaga ou de Smyrne
1 petit verre de rhum

Tarte aux pruneaux

• Laisser gonfler pendant 4 heures les pruneaux dans l'eau froide. Les égoutter, les dénoyauter délicatement et les faire cuire 10 minutes dans le vin rouge, un verre d'eau et 50 g de sucre ou de cassonade. Les réserver.

• Faire tremper les raisins dans le rhum. Réserver.

• Préparer la pâte. Mélanger la farine avec le sucre et le beurre en parcelles. Pétrir avec un peu d'eau pour donner à la pâte sa consistance : elle doit se former en boule sans coller aux doigts. Sans la travailler, laisser reposer cette boule 1 heure dans un endroit frais, dans un linge enfariné. L'étendre au rouleau à épaisseur de 5 mm. Garnir de pâte une tourtière (en en réservant quelques lanières), la piquer de quelques coups de fourchette, puis ranger les pruneaux, leur jus de cuisson réduit et les raisins.

• Garnir le dessus des fruits avec des losanges de pâte entrecroisés. Disperser un peu de sucre.

• Mettre à four chaud 30 minutes.

Est alpin

Bresse
Bugey
Dauphiné
Lyonnais
Savoie

Capitale romaine des Gaules, Lugdunum aurait pu – étant mieux située, économiquement et stratégiquement, que Paris – devenir celle de la France. L'histoire en a décidé autrement. Seule aujourd'hui l'Église reconnaît à Lyon cette suprématie en faisant de son cardinal archevêque le primat des Gaules.

Pour les gastronomes, en tout cas, Lyon est – après Paris, disent les Parisiens, avant, ripostent les Lyonnais – l'une des deux capitales de la France gourmande. Cette ville est entourée, la géographie et l'économie aidant, de multiples richesses. Carrefour depuis l'Antiquité des grandes voies de communication de l'Occident européen, elle a attiré à elle les hommes et les produits, comme s'ils étaient soumis à l'attraction irrésistible d'un aimant. De Bresse viennent les belles volailles « pattes bleues » à plumes blanches. Poulardes et chapons y sont élevés avec un soin extrême. Les pigeons y sont renommés. On y cuisine le gâteau de foies blonds (de poulet), un véritable régal.

La Dombes, jadis région de marais très insalubres, fournit en ses étangs bien entretenus les poissons d'eau douce et ces grenouilles dont les Lyonnais sont si friands.

En Bugey, patrie du gastronome Anthelme Brillat-Savarin, la cuisine atteint les sommets de l'art avec des plats tels que la poularde en vessie et cette sauce aux écrevisses qui a immortalisé la ville de Nantua. Le bas Dauphiné – patrie du plus célèbre cuisinier français depuis un demi-siècle, Fernand Point, qui officiait à Vienne – envoie à Lyon ses dindons de Crémieu et ses fromages de Saint-Marcellin. Le haut Vivarais est présent par ses fruits, ses fromages de chèvre, ses saucissons et ses marrons. Le Forez apporte ses cochonnailles et les beaux bœufs blancs de la province voisine du Charolais.

Gourmets, et même gourmands, les Lyonnais profitent largement des dons de la nature. En ville et aux environs, des chefs réputés exercent leur talent : ils figurent parmi les plus célèbres de France. Mais aucun d'eux, si prestigieux qu'il soit, ne juge indigne de sa renommée de préparer un de ces plats rustiques, mais succulents, de la tradition lyonnaise, tels que le gras-double, le tablier de sapeur ou le « saladier », composé de foies de volaille, de pieds de mouton, de harengs, de cervelas… entre autres ingrédients. On sait également à Lyon, suivant la tradition des « mères » cuisinières qui furent, jusqu'à la guerre, les vedettes des fourneaux, accommoder les légumes comme nulle part ailleurs : la soupe à l'oignon, les cardons à la moelle, le gratin de courges réjouissent les palais les plus délicats.

Le vin ne manque pas non plus aux Lyonnais. Au sud de la ville se trouvent les vignobles escarpés qui produisent les vins de Condrieu et de Château-Grillet, et les crus capiteux de l'Hermitage, de la Côte-Rôtie, de Cornas et de Saint-Joseph.

Au nord, ce sont les vins, surtout blancs, du Mâconnais et de la Côte chalonnaise, ainsi que les rouges de la Côte roannaise et surtout du Beaujolais, un vin de comptoir, léger, qui se pousse commercialement dans le monde entier, et qui a fourni à un humoriste ce mot : « Lyon est arrosé par le Rhône, la Saône et le Beaujolais. » Ce vin est au centre de deux traditions locales, celle du pot (bouteille de 46 cl), que boivent les joueurs de boules le dimanche, et celle du mâchon, casse-croûte très copieux, avec charcuteries, fromages et parfois bien davantage, qui se prend à mi-matin. Cela dit, si Lyon a drainé les ressources de son envi-

ronnement géographique pour en tirer son inimitable cuisine, au point qu'on mange lyonnais de Belley à Roanne et de Mâcon à Vienne, deux provinces voisines ont conservé leur originalité culinaire : la Savoie et le Dauphiné.

Dans la corbeille de son mariage avec la France, il y a cent trente ans, la Savoie a apporté ses excellents fromages : beaufort, reblochon, abondance et aravis ; ses charmants vins : apremont, crépy, mondeuse, roussette et ripaille, ainsi que les succulents poissons de ses lacs : perchette, féra, lavaret et l'incontestable roi des profondeurs lacustres, l'omble chevalier.

Si cette province n'a gardé, de ses anciennes parentés italiennes, qu'une vague copie de polenta, le Dauphiné, en revanche, dans sa partie haute surtout (Briançonnais et Queyras), a ses lasagnes et ses gnocchi de pommes de terre, ainsi que ses ravioles au fromage de chèvre et aux herbes.

Chacune de ces deux provinces alpestres a enfin trouvé en quelque sorte sa symbolique culinaire en deux gratins de pommes de terre à la crème : celui de Savoie contient du beaufort (qui entre également dans la composition de la fondue), alors que celui du Dauphiné n'en comporte pas, mais est agrémenté d'un léger parfum d'ail.

Pour ce qui est des friandises, on ne peut prétendre qu'elles soient, en cette vaste zone de l'Est alpin, à la mesure des réussites culinaires. La Savoie n'a guère à présenter que son gâteau et le Dauphiné ses pognes (brioches). Quant au Lyonnais, il peut tout juste offrir ses bugnes (beignets) et d'indigestes crêpes appelées matefaims, c'est-à-dire coupe-faim. C'est tout un programme.

Pages 138-139 : les Drus et l'aiguille Verte vus de Chamonix, en Haute-Savoie. Centre de sports d'hiver, la ville est aussi un lieu de départ pour des ascensions qui attirent des grimpeurs de renommée internationale.

Ci-dessus : un vignoble du Beaujolais baigné des couleurs de l'automne. Une vaste région, au nord de Lyon, a intensifié la production de ce vin, rouge et léger, qui se boit jeune ou vieilli.

À gauche : la belle place Bellecour de Lyon fait partie des sites du patrimoine de l'Humanité de l'Unesco. À l'arrière-plan, la basilique de Notre-Dame-de-Fourvière, sur les hauteurs de la vieille ville.

Ci-dessous : le petit lac Miroir reflète le bleu du ciel dans le Parc naturel régional du Queyras, la région la plus orientale du Dauphiné.

potages

Gratinée lyonnaise

LYONNAIS

PRÉPARATION : 30 MINUTES
CUISSON : 2 H 40
FACILE
SAINT-VÉRAN AOC BLANC

POUR 6 PERSONNES :

Pour le bouillon :
1,5 kg d'os de bœuf et de veau et d'abattis de volaille
1 gros oignon piqué de 2 clous de girofle
2 carottes
2 poireaux
2 navets
4 côtes de céleri
1 petit piment
10 grains de poivre
3 gousses d'ail
1 bouquet garni (thym, laurier, persil)
1 cuillerée à soupe de gros sel

Pour la soupe :
800 g de gros oignons
125 g de gruyère ou de comté
6 tranches de pain de campagne
1 noix de beurre
1 cuillerée à café de sucre en poudre

• Dans une marmite, mettre les os et les abattis et les couvrir d'eau froide. Porter à ébullition sur feu doux. Laisser cuire 20 minutes en écumant.

• Pendant ce temps, peler les légumes, les laver, lier les poireaux en bottillon. Après 20 minutes de cuisson, mettre dans la marmite les légumes, le bouquet garni, l'oignon piqué, le poivre, le sel, le piment et l'ail pelé. Couvrir et laisser cuire à frémissement 2 heures.

• Peler et émincer les oignons de la soupe. Râper le fromage. Dessécher au four, sans les colorer, les tranches de pain. Filtrer le bouillon, le laisser refroidir, puis le dégraisser.

• Une heure avant le repas, faire cuire au beurre les oignons à feu doux pendant 15 minutes, à couvert. Découvrir et continuer la cuisson pendant 30 minutes, en remuant avec la cuiller de bois. Jeter le sucre pour caraméliser les oignons, verser le bouillon dessus, porter à ébullition, puis laisser frémir 15 minutes encore.

• Allumer le gril, verser le bouillon et son contenu dans un récipient allant au four, y ajouter le pain et le fromage. Laisser gratiner 5 minutes. Servir.

Gratinée lyonnaise

entrées

Saladier lyonnais

LYONNAIS

À COMMENCER LA VEILLE
PRÉPARATION : 15 MINUTES
CUISSON : 1 H 40
FACILE
BEAUJOLAIS AOC ROUGE

POUR 4 PERSONNES :

Pour le saladier :
2 pieds de mouton
2 foies de volaille nettoyés
4 œufs durs
2 filets de hareng marinés

Pour la vinaigrette :
4 cuillerées à soupe d'huile d'arachide ou d'olive
1 cuillerée à soupe de vinaigre de vin
1 cuillerée à café de moutarde forte
2 cuillerées à soupe de fines herbes
sel, poivre

Pour le court-bouillon :
1 l d'eau
1/2 bouteille de vin blanc sec ou 6 cuillerées à soupe de vinaigre de vin
1 cuillerée à soupe de gros sel
2 carottes
1 poireau
1 branche de céleri
1 échalote
2 oignons moyens, piqués chacun d'un clou de girofle
1 bouquet garni (thym, laurier, persil)
10 grains de poivre

• Porter le court-bouillon à ébullition, les légumes qui le composent ayant été coupés en rondelles. Écumer et laisser cuire à découvert, à feu doux, 40 minutes.

• La veille, on aura placé les filets de hareng dans une assiette creuse avec 4 cuillerées à soupe de vinaigre de vin et 4 cuillerées à soupe d'huile.

• Jeter les pieds de mouton bien nettoyés dans le court-bouillon.

• Monter à ébullition et faire cuire pendant 1 heure.

Saladier lyonnais

• Pendant ce temps, faire sauter les foies de volaille dans une poêle avec 1 cuillerée d'huile et les faire prendre couleur pendant 5 minutes.

• Dans le saladier où se trouve la vinaigrette, couper en petits morceaux les pieds de mouton qu'on aura préliminairement désossés, les filets de hareng bien égouttés, les foies de volaille et les fines herbes hachées (persil, cerfeuil, ciboulette, estragon, selon les possibilités).

• Placer au-dessus de la préparation les œufs coupés en quartiers.

Caillettes dauphinoises

DAUPHINÉ

PRÉPARATION : 30 MINUTES
CUISSON : 20 MINUTES
FACILE
SAINT-AMOUR AOC ROUGE

POUR 6 PERSONNES :

150 g de foie de porc
300 g de filet de porc
100 g de poitrine de porc
500 g de côtes de bettes
1 branche de céleri
3 gousses d'ail pelées
50 g de saindoux
des crépines (chez le charcutier)
sel, poivre

• Laver les bettes, les blanchir 10 minutes à l'eau bouillante salée avec le céleri. Égoutter, sécher, puis hacher avec le foie, la viande, la poitrine et l'ail. Saler, poivrer. Faire à la main des boulettes de farce (une par personne) et envelopper chacune d'elles dans une crépine bien hermétique. Graisser au saindoux le plat à four, y ranger les caillettes. Verser dessus le reste du saindoux liquide. Cuire à four moyen 20 minutes, en les arrosant trois ou quatre fois avec le jus de cuisson. Se mangent chaudes ou froides.

Tablier de sapeur

LYONNAIS

PRÉPARATION : 4 HEURES
+ 3 HEURES DE MARINADE
CUISSON : 10 MINUTES ENVIRON
FACILE
🍷 BROUILLY AOC ROUGE

POUR 4 PERSONNES :

Pour le tablier de sapeur :
1 panse de bœuf
2 oignons
2 carottes
2 navets
2 poireaux
1 petite branche de céleri
2 verres de vin blanc sec
1 jus de citron
2 œufs
4 cuillerées à soupe d'huile d'arachide
1 cuillerée à café de moutarde forte
4 cuillerées à soupe de chapelure
sel, poivre
Pour la sauce :
2 œufs
2 cornichons au vinaigre
2 cuillerées à café de moutarde forte
1 cuillerée à café de câpres
25 cl d'huile d'arachide
1 bouquet de fines herbes
(persil, cerfeuil, ciboulette, estragon)
sel, poivre

• Rincer à l'eau froide une panse de bœuf. La faire cuire 4 heures dans un court-bouillon frémissant fait de 2 l d'eau, oignons, carottes, navets, poireaux, céleri.

• Bien sécher ensuite la panse et la mettre dans une marinade faite de vin blanc, jus du citron, moutarde, 1 cuillerée d'huile, sel et poivre. Laisser reposer 3 heures.

• Sécher ensuite la panse, la découper en triangles de 15 cm de côté et enduire ces morceaux d'un mélange composé de 2 œufs battus, de 1 cuillerée d'huile et de 1 cuillerée d'eau.

• Passer les triangles de panse dans la chapelure et les faire sauter à la poêle dans un peu d'huile. Ne pas pousser la flamme : le tablier de sapeur doit rester moelleux.

• Servir avec une sauce dont voici la recette : placer dans un saladier le jaune des œufs, la moutarde, le sel et le poivre. Tout en versant doucement l'huile, monter la sauce avec un batteur à œufs.

• Incorporer dans la sauce terminée, qui ne doit pas être liquide, un hachis de cornichons (au vinaigre, non au sel), de câpres et de fines herbes.

Saucisson ou cervelas à la lyonnaise

LYONNAIS

PRÉPARATION : 20 MINUTES
CUISSON : 1 H 30
TRÈS FACILE
🍷 BEAUJOLAIS-VILLAGES AOC ROUGE

POUR 4 PERSONNES :

1 saucisson de Lyon ou un cervelas truffé et pistaché de Lyon
600 g de pommes de terre nouvelles (de préférence quenelles ou rattes)
3 oignons
50 g de beurre
sel, poivre

• Peler les pommes de terre, les laver, les couper en tranches de 1 cm environ. Les essuyer soigneusement.

• Faire revenir à la poêle ou en casserole les oignons émincés. Dans un plat allant au four et beurré, placer pommes de terre et oignons mélangés.

• Poivrer et saler sans excès.

• Piquer de quelques coups d'aiguille le saucisson (ou cervelas) et l'enfoncer à demi dans les pommes de terre et oignons. Couvrir de bouillon ou d'eau.

• Enfourner 1 h 30 à four chaud, en ajoutant si nécessaire, en cours de cuisson, bouillon ou eau.

• Dix minutes avant la fin de la cuisson, parsemer le plat de quelques copeaux de beurre.

Saucisson chaud pommes à l'huile

LYONNAIS

PRÉPARATION : 30 MINUTES
CUISSON : 30 MINUTES
TRÈS FACILE
🍷 MORGON AOC ROUGE

POUR 4 PERSONNES :

1 saucisson ou cervelas de Lyon de 800 g
600 g de pommes de terre nouvelles
2 échalotes pelées
Pour la vinaigrette :
3 cuillerées à soupe d'huile d'olive ou d'arachide
1 $^1/_2$ cuillerée à soupe de vinaigre de vin
1 $^1/_2$ cuillerée à soupe de vin blanc

• Laver avec soin les pommes de terre et les faire cuire dans une casserole d'eau froide salée pendant 30 minutes.

• Piquer le saucisson de quelques coups d'aiguille, le placer dans une casserole contenant 2 l

Pâté de fromage de chèvre

SAVOIE

PRÉPARATION : 25 MINUTES
CUISSON : 45 MINUTES
FACILE
🍷 VIN DE SAVOIE, ROUSSETTE DE SAVOIE AOC BLANC

POUR 6 PERSONNES :

300 g de farine
3 petits fromages de chèvre frais
50 g de beaufort râpé
125 g de beurre
4 œufs
50 cl de lait
1 tranche de jambon cuit, assez épaisse
150 g de sucre
75 g de saindoux
sel, poivre

• Préparer une pâte à foncer. Pour cela, mettre dans une terrine 250 g de farine, faire une fontaine,

d'eau froide, salée avec précaution. Cuire à feu moyen. Dès que l'eau atteint l'ébullition, baisser le feu et laisser frémir 25 minutes. Pendant ce temps, hacher finement les échalotes et les réserver.

• Dès que les pommes de terre sont cuites, les peler (en s'aidant d'un linge pour les tenir, car elles sont brûlantes).

• Les couper en rondelles de 1 cm environ et les disposer dans un saladier.

• Parsemer les échalotes hachées, puis verser la vinaigrette, qu'on aura préparée dans un bol en mélangeant bien les ingrédients.

• Avec précaution, pour éviter de trop briser les tranches de pommes de terre, remuer la salade avec deux cuillers de bois.

• Poser le saucisson, découpé en tranches épaisses, sur un plat de service, accompagné de la salade tiède.

• À Lyon, on sert souvent ce plat avec une salade de lentilles.

y mettre 125 g de sucre, 2 jaunes d'œufs, une pincée de sel, le saindoux et 75 g de beurre amolli.

• Mélanger, sans trop les travailler, les ingrédients de la pâte et, à la main, en faire rapidement une boule. Laisser reposer pendant la préparation de la garniture du pâté.

• Dans une casserole, faire fondre 30 g de beurre et y ajouter la farine restante.

• Tourner et laisser colorer, puis, toujours sans cesser de tourner, verser le lait et amener à ébullition. Laisser épaissir quelques minutes. Retirer du feu, ajouter 2 jaunes d'œufs. Couper le jambon en petits dés et les fromages de chèvre en lamelles ; les mélanger à la préparation laissée en attente, puis incorporer le beaufort râpé. Poivrer généreusement.

• Sur une plaque farinée, abaisser au rouleau la boule de pâte et en garnir une tourtière beurrée. Verser la préparation dessus et saupoudrer du sucre restant. Mettre à four chaud 45 minutes. Se mange chaud ou froid.

Cervelas en brioche

LYONNAIS

Préparation : 1 heure
Repos de la pâte : 2 heures
Cuisson : 20 minutes
Difficile
Morgon AOC rouge

Pour 4 personnes :
1 cervelas de 800 g
Pour la brioche :
275 g de farine
50 g de beurre
5 g de levure de boulanger
3 œufs
sel

• Mettre le cervelas à l'eau bouillante et baisser aussitôt le feu pour le pocher pendant 45 minutes, puis le laisser refroidir dans son eau de cuisson.

• Mélanger la levure, délayée dans un demi-verre d'eau tiède, à la farine.
Laisser ce levain à couvert dans un endroit tiède, pendant 1 heure.

• Travailler la farine, 2 œufs, le sel, le beurre fondu et le levain pour préparer la pâte à brioche. Faire une boule de la pâte et la laisser reposer, couverte d'un linge, pendant 1 heure.

• Avant que l'eau ne soit devenue froide, en retirer le cervelas et ôter sa peau délicatement avant qu'elle ne soit sèche.

• Abaisser la pâte au rouleau en un rectangle plus long et large que le cervelas, de manière à l'y enfermer hermétiquement, en pinçant les bords avec soin.

• Badigeonner au pinceau avec le dernier œuf battu et mettre à four moyen, sur la plaque ou dans un plat, pendant 20 minutes.

• Servir le cervelas en brioche en tranches épaisses.

Fondue savoyarde

SAVOIE

Préparation : 10 minutes
Cuisson : 20 minutes
Très facile
🍷 **Seyssel AOC blanc**

Pour 4 personnes :
400 g de comté
400 g de beaufort
600 g de pain de campagne un peu rassis
1 cuillerée à café de fécule de pomme de terre
1 petit verre de kirsch
1 gousse d'ail
1 bouteille de vin blanc de Savoie
poivre blanc

• Découper le pain en dés de 2 à 3 cm. Délayer la fécule dans le kirsch. Peler l'ail et en frotter les parois d'un poêlon jusqu'à usure.
Émincer les fromages, poser sans les tasser les lamelles dans le poêlon.

• Placer celui-ci sur une plaque isolante et cuire le fromage à feu doux, sans cesser de remuer en douceur, avec une cuiller de bois, et en versant la moitié du vin progressivement, puis le mélange de kirsch et de fécule, enfin la seconde moitié du vin. Quand le mélange est enfin bien fondu, poivrer généreusement.

• Placer le poêlon sur un réchaud, au milieu de la table.

• Chacun trempe dans la fondue des dés de pain piqués au bout de la fourchette.

Fondue savoyarde

Cervelas à la beaujolaise

LYONNAIS

Préparation : 5 minutes
Cuisson : 20 minutes
Très facile
🍷 **Beaujolais AOC rouge**

Pour 4 personnes :
1 cervelas frais de 800 g
4 échalotes pelées
1 bouquet de persil
1 verre de beaujolais (de préférence fleurie ou morgon)
50 g de beurre
sel, poivre

• Dans un plat à gratin généreusement beurré, disposer les échalotes et le persil hachés.

• Coucher le cervelas piqué de quelques coups d'aiguille sur ce lit.

• Saler avec prudence, poivrer. Ajouter le beaujolais. Couvrir le plat d'une feuille de papier d'aluminium.

• Enfourner à feu doux pendant 20 minutes.

• Se sert avec une salade de pommes de terre ou avec une salade de lentilles.

Ravioles

DAUPHINÉ

Préparation : 25 minutes
Repos de la pâte : 2 heures
Cuisson : quelques minutes
Difficile
🍷 **Mâcon, Mâcon-villages AOC blanc**

Pour 6 personnes :
250 g de farine
4 œufs

Gâteaux de foies blonds

1 fromage de chèvre ou de brebis égoutté
30 g de persil haché
10 g de beurre
200 g de gruyère râpé
sel

• Deux heures avant la confection des ravioles, préparer une pâte ainsi : mettre la farine en terrine, ajouter 2 œufs et une pincée de sel. Malaxer en versant doucement un demi-verre d'eau tiède salée. Mélanger vivement, puis travailler à la main jusqu'à ce que la pâte devienne lisse. Laisser reposer 2 heures.

• Faire revenir le persil, à feu doux, dans un peu de beurre. Dans une terrine, écraser le fromage, ajouter les 2 œufs restants, le gruyère râpé (sauf 2 cuillerées à soupe), le persil cuit. Saler. Bien mélanger.

• Abaisser la pâte en deux bandes de 5 cm de largeur. Déposer sur la première de petits tas de farce, à 3 cm de distance les uns des autres. Recouvrir avec la seconde bande de pâte, coller les bords en appuyant du doigt entre chaque petit tas de farce et en découpant à la roulette comme des raviolis.

• Faire pocher les ravioles dans du bouillon de volaille ou dans de l'eau bouillante salée. Égoutter, mettre dans un plat de service chaud et parsemer du reste de gruyère râpé.

Gâteaux de foies blonds

BRESSE

PRÉPARATION : 20 MINUTES
+ 2 HEURES POUR FAIRE DÉGORGER LES FOIES
CUISSON : 15 MINUTES
FACILE
🍷 HERMITAGE AOC BLANC

POUR 6 PERSONNES :

12 foies blonds de volaille de Bresse
100 g de beurre
1/2 bouteille de vin blanc sec du Bugey ou de Savoie
125 g de crème fraîche épaisse
4 œufs
1 petit verre de cognac
sel, poivre

• Nettoyer les foies en ôtant leurs filaments sanguins. Les mettre dans un saladier et les couvrir de vin blanc. Les laisser dégorger 2 heures, puis les passer au mixer. Incorporer le beurre à la purée de foie en mixant, puis les œufs. Saler et poivrer. Mélanger, puis verser la crème et le cognac. Mixer de nouveau.

• Verser ce mélange liquide dans des moules individuels beurrés.

• Faire cuire à la vapeur (dans le tamis de l'autocuiseur, dans un couscoussier ou dans une simple passoire placée sur une casserole d'eau bouillante) 5 minutes, couvercle entrouvert. Fermer hermétiquement et cuire encore 10 minutes.

poissons

Omble chevalier à l'ancienne

SAVOIE

PRÉPARATION : 20 MINUTES
CUISSON : 20 MINUTES
FACILE
🍷 RIPAILLE BLANC

POUR 4 PERSONNES :

2 ombles chevaliers de 300 g environ
1 œuf
3 cuillerées à soupe de farine
300 g de cèpes frais ou 150 g de secs
2 dl de vin blanc de Savoie
100 g de crème fraîche
50 g de beurre
le jus d'un citron
sel, poivre

• Vider, laver et essuyer les ombles. Les rouler dans l'œuf battu, puis dans la farine. Les placer dans un plat allant au four, beurré. Saler et poivrer.

• Les cèpes ont été nettoyés et gonflés à l'eau s'ils sont secs. Prélever les chapeaux, les essuyer et les escaloper.

• Les ranger autour des poissons. Mouiller de vin et du jus de citron.

• Verser la crème. Disperser le beurre en petits morceaux, enfourner 20 minutes à feu moyen, en arrosant plusieurs fois pendant la cuisson.

Truite grenobloise

DAUPHINÉ

PRÉPARATION : 10 MINUTES
CUISSON : 15 MINUTES
FACILE
🍷 MÂCON, MÂCON-VILLAGES AOC BLANC

POUR 4 PERSONNES :

4 truites moyennes
100 g de beurre
2 tranches de pain de mie
2 cuillerées à soupe de câpres
2 cuillerées à soupe de farine
2 citrons
1 bouquet de persil
sel, poivre

• Vider et nettoyer les truites. Les saler et les poivrer, les passer dans la farine. Les cuire à la poêle dans du beurre chaud. Les retourner. Après une dizaine de minutes de cuisson, dresser les poissons sur un plat de service au chaud.

• Couper en deux triangles chaque tranche de pain de mie, les faire dorer au beurre. Les placer dans le plat avec les quartiers d'un citron pelé à vif.

• Dans le beurre de cuisson, placer les câpres, le persil haché, le jus de l'autre citron.

• Napper les truites avec cette sauce bien chaude.

Féra à la chablaisienne

SAVOIE

PRÉPARATION : 10 MINUTES
CUISSON : 30 MINUTES
FACILE
🍷 CRÉPY AOC BLANC

POUR 4 PERSONNES :

1 féra de 600 à 700 g
50 g de beurre
1 échalote, 1 gousse d'ail
2 tomates
le jus de 1 citron
2 verres de vin blanc de Savoie (crépy)
chapelure, sel, poivre

• Écailler, vider, laver et sécher la féra. Peler et hacher ail et échalote.

• Peler et épépiner les tomates, les couper en morceaux. Beurrer un plat à gratin, y déposer le

hachis et les tomates. Coucher la féra dessus. Saler, poivrer.

• Verser le vin, le jus du citron, chapelurer le poisson, napper du beurre restant, fondu. Enfourner à feu moyen 30 minutes.

Gratin de queues d'écrevisse

DAUPHINÉ

PRÉPARATION : 30 MINUTES
CUISSON : 30 MINUTES
DIFFICILE
CROZES-HERMITAGE AOC BLANC

POUR 4 PERSONNES :

2 douzaines d'écrevisses
2 carottes
4 échalotes
50 g de beurre
1 cuillerée à soupe de farine
2 tasses de crème fraîche épaisse
1 dl de cognac
1 dl de vin blanc sec
1 brin de thym
1 petite feuille de laurier
1 tomate pelée et épépinée
sel, poivre

• Laver les écrevisses à l'eau fraîche. Les châtrer en arrachant le dernier anneau de l'abdomen avec les intestins.

• Peler et émincer finement carottes et échalotes. Les faire revenir doucement, pendant une dizaine de minutes, dans une cuillerée à soupe de beurre, en sauteuse ou en casserole.

• Ajouter les écrevisses et, à feu vif, les faire sauter pendant 5 minutes. Remuer pour cela en tenant le couvercle sur la sauteuse.

• Verser le cognac, faire flamber. Remuer les écrevisses, puis les mouiller avec le vin. Ajouter la tomate, le thym, le laurier. Saler et poivrer. Couvrir la sauteuse et laisser cuire encore 5 minutes. Retirer les écrevisses de la sauteuse et séparer les têtes des queues.

• Réserver les queues. Dans la sauteuse, écraser les têtes au pilon et laisser cuire 5 minutes. Ajouter la crème, laisser monter une légère ébullition, puis passer la sauce au tamis d'un linge fin et extraire tout le jus.

• Mettre la sauce ainsi obtenue dans une casserole et la lier avec le beurre mélangé à la farine. Battre cette sauce au fouet pour la rendre homogène.

• Décortiquer les queues d'écrevisse. Verser une légère couche de sauce dans un plat à gratin, placer les queues, recouvrir de sauce.

• Pendant 2 minutes, placer le plat sous le gril.

Quenelles de brochet

LYONNAIS

PRÉPARATION : 1 HEURE
CUISSON : 25 MINUTES
TRÈS DIFFICILE
POUILLY-FUISSÉ AOC BLANC

POUR 4 PERSONNES :

Pour la panade :
20 cl de lait
20 g de beurre
70 g de farine
1 œuf
Pour la farce :
250 g de chair de brochet
160 g de beurre
6 œufs
8 cl de crème fraîche
1 pincée de farine
sel, poivre, 1 pincée de muscade
Pour la béchamel :
100 g de beurre
100 g de farine
50 cl de lait, 50 cl de crème

• Préparer ainsi la panade : faire bouillir le lait, dans lequel on a mis le beurre. À ébullition, verser la farine en pluie en battant au fouet, afin d'obtenir une pâte lisse. Retirer du feu. Mélanger l'œuf.

• Replacer la préparation sur feu doux, continuer de battre en veillant à ce que la préparation n'attache pas : ce point est essentiel. Laisser ensuite refroidir.

• Préparer ensuite la farce : piler la chair de brochet (ou la passer au tamis fin, mais pas au mixer) dans une terrine.

• Y ajouter la panade et travailler le tout à la spatule de bois jusqu'à parfaite homogénéité.

• Faire alors fondre le beurre, le verser lentement sur le mélange en continuant à le travailler. Y incorporer 3 œufs entiers, puis 3 blancs battus en neige, puis la crème. Saler, poivrer.

• Râper un peu (très peu) de muscade et mettre au réfrigérateur.

• Préparer alors la béchamel : dans une casserole, à feu doux, faire fondre le beurre, saupoudrer de farine en remuant jusqu'à formation d'une pâte lisse.

• Toujours en remuant, ajouter le lait, puis la crème.

• Racler le fond de la casserole en remuant afin d'éviter que la sauce n'attache. Après 10 minutes de cuisson, retirer du feu.

• Préparer enfin les quenelles : 30 minutes avant le service, faire huit parts de la préparation, rouler chaque part en boudin en utilisant un peu de farine pour empêcher la quenelle de coller à la planche. Dans une marmite ou un fait-tout, faire frémir, non bouillir, 4 l d'eau salée, y placer les quenelles, toujours à frémissement, pendant une dizaine de minutes.

• Dans un plat allant au four, verser la béchamel, poser les quenelles et enfourner pendant 15 minutes à four moyen.

Viandes

Bœuf sauté lyonnais

LYONNAIS

PRÉPARATION : 10 MINUTES
CUISSON : 20 MINUTES
TRÈS FACILE
SAINT-AMOUR AOC ROUGE

POUR 4 PERSONNES :

800 g à 1 kg de bœuf restant d'un pot-au-feu
4 gros oignons pelés
1 bouquet de persil
50 g de beurre
sel, poivre

• Émincer les oignons et les faire revenir au beurre dans une poêle, sans les roussir. Les réserver. Couper les restes de bœuf en tranches minces. Remettre du beurre dans la poêle où ont cuit les oignons et faire sauter rapidement la viande pour la chauffer. Puis mélanger viande et oignons et cuire encore 5 minutes. Saler et poivrer. Servir parsemé de persil haché.

• On peut, une fois la préparation ôtée de la poêle, jeter dans celle-ci, très chaude, un filet de vinaigre de vin et en arroser la viande avant d'y mettre le persil.

Poularde demi-deuil

LYONNAIS

À COMMENCER 2 JOURS AVANT
PRÉPARATION : 15 MINUTES
+ 3 HEURES DE MARINADE
CUISSON : 4 HEURES
FACILE
VOLNAY AOC ROUGE

POUR 8 PERSONNES :

1 poularde de Bresse de 1,8 à 2 kg
3 ou 4 truffes, selon grosseur, fraîches ou en boîte
1/2 verre de vin de Madère
6 l de bouillon de volaille (avec les abattis de la poularde)
8 carottes
8 navets
1 gros oignon piqué d'un clou de girofle
1 petite branche de céleri
sel, poivre

• Brosser avec soin les truffes, si elles sont fraîches. Les couper en fines lamelles, les mettre dans un récipient avec du sel, du poivre, le vin de Madère. Les laisser ainsi 3 heures.

• Avec la pointe d'un couteau, percer délicatement de petits trous dans la peau de la poularde, sans entamer la chair, et glisser dans chaque incision une lamelle de truffe. Laisser 2 jours la poularde au frais, pour que sa chair s'imprègne de l'odeur des truffes. Placer dans une marmite, avec 8 l d'eau salée, les abattis de la volaille (ailerons, pattes, cou, gésier). Porter à ébullition, écumer et laisser cuire à petits bouillons 3 heures. Ajouter alors les légumes pelés et la volaille enveloppée de mousseline et poursuivre la cuisson pendant 1 heure.

• Présenter la poularde découpée, entourée de légumes arrosés d'un peu de bouillon. Servir avec du gros sel.

Poulet au vinaigre

LYONNAIS

PRÉPARATION : 5 MINUTES
CUISSON : 45 MINUTES
FACILE
FLEURIE AOC ROUGE

POUR 4 PERSONNES :

1 poulet de Bresse d'environ 1,5 kg
75 g de beurre
20 dl de vinaigre de vin aromatisé à l'estragon
1 cuillerée à café de farine
sel, poivre

• Couper le poulet en morceaux. Le faire colorer en sauteuse dans 50 g de beurre pendant 5 minutes. Saler, poivrer. Arroser avec la moitié du vinaigre. Couvrir et laisser mijoter pendant 30 minutes. Retirer, poser dans un plat de service au chaud. Dans la sauteuse, verser le reste du vinaigre, porter à ébullition pendant 4 minutes ; baisser le feu, ajouter le reste du beurre mélangé avec la farine. Tourner à la cuiller de bois.

• Quand la sauce a épaissi, en restant onctueuse, verser sur le poulet.

Épaule de veau farcie à la bugiste

BUGEY

PRÉPARATION : 30 MINUTES
CUISSON : 2 H 10
DIFFICILE
VINS DU BUGEY VDQS ROUGE

POUR 4 PERSONNES :

1 kg d'épaule de veau
500 g de champignons des prés ou de Paris
100 g d'échine de porc
75 g de lard gras
50 g de foies de volaille
100 g de beurre
50 g d'échalotes
2 branches de persil
25 cl de vin du Bugey ou de Savoie
10 cl de bouillon de volaille
1 branche de céleri
1 oignon piqué d'un clou de girofle

Entrecôte beaujolaise

25 cl de crème fraîche
1 mince barde de lard
sel, poivre

• Faire étuver dans le beurre, pendant 5 minutes, le quart des champignons.

• Prélever au milieu du morceau d'épaule environ 200 g de viande et la hacher avec l'échine de porc, le lard, les foies de volaille, les échalotes pelées, le persil. Incorporer les champignons étuvés. Saler, poivrer.
Placer ce hachis au milieu du morceau d'épaule, rouler et entourer de la barde de lard.

• En cocotte, à feu moyen, dans un peu de beurre, faire revenir la viande. La colorer sur toutes ses faces. Mouiller avec le vin et le bouillon, baisser le feu, ajouter le céleri et l'oignon piqué. Rectifier l'assaisonnement. Couvrir et laisser mijoter 2 heures. Retourner la viande à mi-cuisson. Dix minutes avant la fin de la cuisson, étuver le reste des champignons.

• Placer la viande sur un plat de service, au chaud. Mettre la crème dans le jus de cuisson, ainsi que les champignons.

• Laisser réduire et napper la viande coupée en tranches.

• La même farce peut être utilisée dans des paupiettes de veau, qui seront entourées d'une crépine au lieu de barde. Le temps de cuisson sera réduit de 2 heures à 1 h 15. Retourner les paupiettes à mi-cuisson.

Entrecôte beaujolaise

LYONNAIS

PRÉPARATION : 5 MINUTES
CUISSON : 15 À 20 MINUTES
FACILE
CHENAS AOC ROUGE

POUR 4 PERSONNES :
2 entrecôtes de 400 g chacune, dont on a ôté l'excédent de gras
50 g de beurre
1 verre de beaujolais
1 oignon
3 échalotes (de préférence grises)
sel, poivre

• Saler et poivrer les entrecôtes.
Faire fondre le beurre dans une poêle, y poser les entrecôtes et les faire cuire, pour les dorer, de 5 à 8 minutes de chaque côté, selon le degré de cuisson désiré. Les placer sur un plat de service tenu au chaud.

• Verser dans le jus un hachis d'échalotes et d'oignon. Faire prendre couleur, puis déglacer la poêle avec le vin et rectifier l'assaisonnement. Verser cette sauce sur les entrecôtes et servir.

• Paul Bocuse ajoute aux échalotes et à l'oignon hachés un filet d'anchois.

Défarte crestoise

Défarte crestoise

DAUPHINÉ

PRÉPARATION : 15 MINUTES
CUISSON : 5 HEURES
FACILE
CARNAS ROUGE

POUR 6 PERSONNES :

6 pieds de mouton
12 petits paquets de tripes de mouton crues, bien lavées

Pour le court-bouillon :

250 g de carottes en rondelles
2 oignons émincés
2 blancs de poireau coupés en rondelles
1 branche de céleri
2 cuillerées à soupe de vinaigre de vin
1 oignon piqué d'un clou de girofle
1 bouquet garni (thym, laurier, persil)
sel, poivre

Pour la sauce :

50 g de beurre
30 g de farine
1 oignon
1 verre de vin blanc sec
1 cuillerée à soupe de concentré de tomates
2 gousses d'ail
1 bouquet de persil

• Faire cuire les pieds et les petits paquets dans le court-bouillon pendant 4 heures. L'eau doit recouvrir les viandes. Cuisson à couvert, à petits bouillons.

• Un peu avant la fin de la cuisson, préparer la sauce.
Peler l'oignon, l'émincer et le faire dorer en casserole.

• Saupoudrer de farine, tourner pour l'amalgamer au beurre et à l'oignon. Ajouter 1 gousse d'ail et la moitié du persil hachés, mouiller avec le vin blanc, un demi-verre d'eau et le concentré de tomates. Saler, poivrer.

• Sortir du court-bouillon pieds et paquets, retirer les fils qui les tiennent, désosser et égoutter.

• Mettre pieds et paquets dans la sauce et laisser mijoter à petit feu pendant 1 heure.

• Saupoudrer, pour servir, d'un hachis d'ail et de persil.

Poularde en vessie

LYONNAIS

À COMMENCER LA VEILLE
PRÉPARATION : 30 MINUTES
CUISSON : 1 H 30
DIFFICILE
🍷 CHENAS AOC ROUGE

POUR 4 PERSONNES :

1 volaille de Bresse de 1,5 à 1,8 kg
1 vessie de porc
1 bouteille de vin blanc
ou 1 verre de vin de Madère
1 petit verre de cognac
1 cuillerée à soupe de gros sel
1 verre de vinaigre
4 carottes
4 navets
4 blancs de poireau
sel, poivre

• La veille, faire dégorger la vessie de porc dans de l'eau où l'on aura mis le gros sel et le vinaigre.

• Placer la poularde, vidée et bridée, dans la vessie. Saler, poivrer et verser dans la vessie soit le vin blanc, soit le mélange de madère et de cognac.

• Fermer en ficelant fortement la vessie, que l'on pique une dizaine de fois avec une aiguille.

• Plonger dans de l'eau frémissante pendant 1 h 30.

• Faire cuire les légumes à part et les servir en même temps que la volaille.

• Ouvrir la vessie sur la table, pour profiter du parfum qui s'en dégage.

Noix de veau à l'aixoise

SAVOIE

PRÉPARATION : 25 MINUTES
CUISSON : 1 H 15
FACILE
🍷 VIN DE SAVOIE, ROUSSETTE DE SAVOIE AOC BLANC

POUR 4 PERSONNES :

800 g à 1 kg de noix de veau
50 g de beurre
2 cœurs de céleri
12 petits oignons
12 carottes nouvelles
12 petites pommes de terre nouvelles
12 petits navets nouveaux (ronds)
1 dl de bouillon de bœuf ou de volaille
2 cuillerées à soupe de vin blanc de Savoie
sel, poivre

• Peler, laver et essuyer les légumes. Dans une grande cocotte, chauffer le beurre et faire revenir la noix de veau pour la dorer de tous côtés. Réserver au chaud. Jeter ensuite les légumes dans la cocotte, les faire revenir à leur tour quelques minutes. Remettre la viande, saler, poivrer, mouiller avec le bouillon. Couvrir la cocotte et laisser mijoter 1 heure. Présenter la noix tranchée sur un plat de service, entourée des légumes. Servir le jus, déglacé au vin blanc, en saucière.

Poularde en vessie

Potée savoyarde

Potée savoyarde

SAVOIE

PRÉPARATION : 45 MINUTES
CUISSON : 2 H 30
FACILE
🍷 VIN DE SAVOIE, ROUSSETTE DE SAVOIE AOC BLANC

POUR 8 PERSONNES :

800 g de poitrine de porc fraîche ou demi-sel
1 jarret de porc frais ou demi-sel
8 diots (saucisses de porc) ou un saucisson à cuire
300 g de poitrine de porc fumée
1 chou frisé
400 g de carottes
400 g de pommes de terre
200 g de navets
2 oignons piqués d'un clou de girofle
1 bouquet garni (thym, laurier, persil, céleri)
2 gousses d'ail
sel
poivre

• Ôter les feuilles défraîchies du chou et le trognon. Faire blanchir le chou paré 10 minutes à l'eau bouillante salée, puis le rincer à l'eau froide et l'égoutter.

• Faire blanchir les viandes si elles sont demi-sel. Peler tous les légumes.

• Dans une marmite en fonte ou en terre, déposer toutes les viandes. Ajouter le bouquet garni, les oignons piqués, l'ail, les carottes et les navets.

• Saler, poivrer, couvrir d'eau. Laisser cuire 1 h 30 en écumant. Après ce temps, ajouter le chou et les pommes de terre pelées. Laisser mijoter 1 heure.
Rectifier l'assaisonnement.

• Dresser pour servir les viandes découpées avec les légumes.

Daube dauphinoise

DAUPHINÉ

PRÉPARATION : 40 MINUTES
+ 3 HEURES POUR FAIRE DÉGORGER LA LANGUE
CUISSON : 12 HEURES
DIFFICILE
CÔTES-DU-RHÔNE AOC ROUGE

POUR 10 PERSONNES :

2 kg de viande de bœuf (gîte, culotte, macreuse, paleron)
500 g de couennes de lard
3 pieds de porc
1 pied de veau
1 langue de bœuf
3 kg de carottes
3 gros oignons piqués d'un clou de girofle
2 tomates pelées et épépinées
2 gousses d'ail
3 bouteilles de vin rouge (hermitage, crozes ou cornas)
1 bouteille de vin blanc (hermitage ou crozes)
50 cl de bouillon de volaille
1 verre de cognac
100 g de coulis de tomates
500 g de champignons de Paris
2 petits piments
1 zeste d'orange
1 bouquet garni (thym, laurier, persil)
sel, poivre en grains

• Ce plat pantagruélique est aussi appelé daube à la boulonnière ou marmite de Lesdiguières.

• Dans un très grand récipient (daubière ou cocotte), tapisser le fond et les parois de couennes blanchies, le gras tourné vers le métal.

• Dans deux récipients différents, faire bouillir 2 l d'eau.

• Mettre dans l'un les pieds, préalablement fendus en deux dans le sens de la longueur par le tripier, à bouillir 15 minutes.

• Dans l'autre, faire bouillir pendant 20 minutes la langue, qui aura trempé, pour qu'elle dégorge, 3 heures dans une eau froide légèrement vinaigrée.

• Sur les couennes, disposer les pieds et la langue, puis, par-dessus, le bœuf, qui aura été lardé par le boucher.

• Saler et poivrer. Peler les carottes, les émincer. Peler et émincer les oignons. Mettre dans la daubière, sur et entre les pièces de viande, carottes et oignons.

• Ajouter les tomates coupées en morceaux, les gousses d'ail écrasées à la pointe du couteau, les piments, le bouquet garni, l'écorce d'orange, les grains de poivre.

• Verser vin rouge, vin blanc et bouillon pour recouvrir le tout, en respectant les proportions (2 volumes de rouge pour 1 de blanc et 1/2 de bouillon).

• Couvrir et cuire 12 heures à four doux. Toutes les 2 heures, découvrir et compléter le liquide, toujours en respectant les proportions.

• Deux heures avant la fin de la cuisson, ajouter le cognac, le coulis de tomates, les champignons nettoyés, lavés et coupés en quartiers.

• Au moment de servir, ôter le bouquet, le zeste d'orange, les oignons piqués. Servir les viandes découpées avec les légumes et nappées de la sauce.

• S'il reste des viandes, les désosser, les découper, les tasser dans une terrine et les recouvrir du jus filtré. On a ainsi une daube en gelée.

Gras-double lyonnais

LYONNAIS

PRÉPARATION : 15 MINUTES
CUISSON : 30 MINUTES (OU 6 H 30)
FACILE
BEAUJOLAIS AOC BLANC

POUR 4 PERSONNES :

1,5 kg de gras-double
50 g de saindoux (ou de beurre)
1 cuillerée à soupe d'huile d'arachide
20 g de beurre
4 gros oignons
2 gousses d'ail
1/2 verre de persil haché gros
1/2 verre de vin blanc sec
1 cuillerée à café de vinaigre de vin
sel, poivre

• Si le gras-double n'a pas été cuit par le tripier, le mettre dans une marmite avec 2 l d'eau, 2 oignons, 1 gousse d'ail, sel et poivre. Porter à ébullition et cuire à frémissement pendant 6 heures. Couper le gras-double en minces lanières et les faire sauter à feu vif dans une poêle avec le saindoux fumant (ou avec le mélange beurre et huile).

• Dans une autre poêle, faire revenir les oignons émincés et une gousse d'ail hachée dans le beurre jusqu'à ce qu'ils blondissent.

• Ajouter alors le persil. Mélanger le tout au gras-double et verser dans un plat allant au four.

• Dans la poêle très chaude où a cuit le gras-double, jeter le vin blanc et gratter avec une cuiller de bois.

• Verser sur le gras-double et mettre au four à feu doux pendant 30 minutes. Au moment de servir, ajouter le vinaigre.

légumes

Cardons à la moelle

LYONNAIS

PRÉPARATION : 15 MINUTES
CUISSON : 1 HEURE
FACILE
MUSCAT D'ALSACE AOC

POUR 6 PERSONNES :
1 kg de cardons
100 g de beurre
1 citron
la moelle d'un gros os de bœuf
2 cuillerées à soupe de persil haché
sel, poivre

• Parer les cardons en ôtant le vert des feuilles ainsi que la partie ligneuse des tiges. Couper les parties tendres des tiges en tronçons de 5 à 10 cm.

• Ôter avec soin les filaments des côtes et frotter les tronçons avec le citron pour les empêcher de noircir. Jeter les tronçons de cardon dans 3 l d'eau bouillante salée pendant 45 minutes et à découvert. Les rafraîchir ensuite à l'eau courante dans une passoire.

• Égoutter les cardons, puis les mettre avec 20 g de beurre en cocotte, pendant 5 minutes, pour les étuver.

• Ôter la moelle de l'os en pressant avec le pouce à l'une des extrémités et en s'aidant de la pointe d'un couteau.

• Faire pocher cette moelle dans un peu d'eau salée pendant 5 minutes, puis l'égoutter sur un linge et la couper en rouelles. Dans un plat à gratin beurré, placer les cardons puis, au-dessus, les rouelles de moelle et, en petits morceaux, le beurre qui reste. Placer à four très chaud et préchauffé. Après 5 minutes, saupoudrer de persil haché et servir.

Gratin forézien

LYONNAIS

PRÉPARATION : 20 MINUTES
CUISSON : 1 H 30
FACILE
CÔTES-DU-FOREZ AOC ROSÉ

POUR 4 PERSONNES :
1 kg de pommes de terre
75 cl de crème fraîche
1 gousse d'ail, sel, poivre
300 g de gruyère ou de comté râpé

• Couper les pommes de terre pelées en tranches fines. Les essuyer avec soin. Les disposer dans un plat à gratin.

Gratin savoyard

SAVOIE

PRÉPARATION : 20 MINUTES
CUISSON : 1 HEURE
TRÈS FACILE
VIN DE SAVOIE AOC ROUGE

POUR 6 PERSONNES :
1 kg de pommes de terre à chair jaune
75 g de beurre
150 g de beaufort râpé
75 cl de bouillon
sel, poivre

• Peler, découper les pommes de terre en rondelles fines. Les sécher dans un linge. Beurrer un plat à gratin. Y placer les rondelles de pommes de terre, salées et poivrées.

• Entre chaque couche, répandre du beaufort râpé.

• Verser le bouillon. Sur la dernière couche, mettre du fromage et de petites parcelles de beurre. Cuire 1 heure à four doux.

• Saler et poivrer la crème, y ajouter l'ail finement haché. La faire bouillir et la verser sur les pommes de terre préalablement couvertes de fromage râpé.

• Mettre le plat à four moyen. Laisser cuire 1 h 30.

Fonds d'artichaut au foie gras

LYONNAIS

PRÉPARATION : 40 MINUTES
CUISSON : 20 MINUTES
FACILE
CONDRIEU AOC BLANC

POUR 4 PERSONNES :

4 gros artichauts bretons (davantage s'ils sont plus petits)
1/2 citron
4 tranches de fois gras de la dimension des fonds d'artichaut
50 g de beurre
4 cuillerées à soupe de vin de Madère
sel, poivre

• Parer les artichauts en ôtant toutes les parties fibreuses et les frotter de citron. Les cuire à l'eau bouillante salée pendant 30 minutes. Ôter les feuilles et le foin. Dans une sauteuse où l'on aura fait fondre le beurre, placer les fonds d'artichaut. Saler et poivrer.

• Mouiller avec le vin de Madère. Couvrir la sauteuse et laisser cuire 15 minutes à feu doux.

• Sortir les fonds avec une écumoire, les poser sur un plat de service chaud. Placer sur chacun d'eux une tranche de foie gras et servir.

Gratin dauphinois

DAUPHINÉ

PRÉPARATION : 20 MINUTES
CUISSON : 1 H 30
FACILE
VIN DE SAVOIE, ROUSSETTE DE SAVOIE AOC BLANC

POUR 6 PERSONNES :

1 kg de pommes de terre à chair jaune
1 gousse d'ail
75 g de beurre
2 dl de lait
2 dl de crème
sel, poivre

• Peler les pommes de terre, les laver, les sécher avec un linge. Les couper en fines rondelles, les sécher encore.

• Frotter l'intérieur d'un plat à gratin avec la gousse d'ail jusqu'à usure complète. Beurrer généreusement ce plat, fond et bord.

• Ranger par couches les pommes de terre, en salant et poivrant chaque couche.

• Verser la crème mélangée au lait pour la rendre fluide (on peut utiliser 4 dl de crème fleurette). Le liquide doit arriver à hauteur des pommes de terre.

• Parsemer de petits morceaux de beurre et mettre à four doux 1 h 30.

Gratin dauphinois

desserts

Rézules de poires

SAVOIE

Préparation : 2 h 15
Cuisson : de 6 à 15 minutes
Facile
🍷 seyssel aoc blanc mousseux

Pour 8 personnes :
2 kg de poires
400 g de sucre cristallisé
1/2 bâton de cannelle
400 g de pâte feuilletée
100 g de sucre glace

• Peler les poires, les couper en quartiers, ôter les pépins, les mettre dans une casserole ou un fait-tout avec le sucre cristallisé, 40 cl d'eau et la cannelle. Couvrir et laisser cuire sur feu doux pendant 2 heures. Retirer ensuite le couvercle, laisser refroidir. La compote de poires doit être bien épaisse. Ôter la cannelle.

• Abaisser la pâte à 5 mm d'épaisseur. Découper dans l'abaisse, à l'emporte-pièce, des ronds de 10 cm environ.

• Déposer de la compote sur une moitié de chaque disque, rabattre l'autre moitié, souder les bords avec les doigts humides.

• Il y a deux possibilités de cuisson. Les rézules peuvent être cuites soit en les plongeant dans un bain de friture chaud pendant 6 à 8 minutes, soit au four chaud pendant 15 minutes. Saupoudrer de sucre glace.

Bugnes lyonnaises

LYONNAIS

Préparation : 30 minutes
Repos de la pâte : 3 heures
Cuisson : quelques minutes
Facile
🍷 coteaux-du-layon aoc blanc

Pour 4 personnes :
250 g de farine
1/2 citron
3 œufs
50 g de sucre en poudre
50 g de beurre
1 cuillerée à soupe de rhum
1 sachet de sucre vanillé
sel
huile à friture

• Peler le citron et jeter dans l'eau bouillante, pendant 5 minutes, la moitié du zeste ainsi prélevé. Le sortir de l'eau et le hacher menu. Mélanger dans une terrine le beurre amolli, le sucre, le sel, le zeste, les œufs, le rhum. Y ajouter ensuite la farine. Bien mélanger, longtemps, à la spatule ou à la cuiller de bois. Au besoin, si la pâte est trop dure, ajouter quelques cuillerées de lait.

• Faire à la main une boule de cette pâte, l'entourer ensuite d'un linge ou d'un film plastique et laisser reposer 3 heures au réfrigérateur.

• Partager la pâte en huit morceaux, les abaisser au rouleau aussi finement que possible, sur une planche où l'on a jeté un peu de farine. Découper des rectangles de 15 cm sur 7, les plonger dans une friture très chaude, en plusieurs bains, pour qu'ils gonflent.

• Faire égoutter les bugnes sur du papier absorbant. Poudrer de sucre vanillé.

Matefaim

LYONNAIS

Préparation : 15 minutes
Repos de la pâte : 3 heures
Cuisson : 30 minutes
Facile
🍷 clairette de Die aoc blanc

Pour 6 personnes :
200 g de farine
2 œufs
4 pommes reinettes
125 g de sucre cristallisé
25 cl de lait
1 cuillerée à soupe d'huile d'arachide
1 cuillerée à soupe d'eau de fleur d'oranger
1 pincée de sel

• Mélanger dans un saladier farine et œufs avec une cuiller de bois. Ajouter les deux tiers du sucre, 1 cuillerée à café d'huile et le sel. Mélanger avec soin et ajouter le lait froid et l'eau de fleur d'oranger. Remuer pour éviter la formation de grumeaux. Laisser reposer 3 heures.

• Peler, épépiner et râper les pommes. Y ajouter le reste du sucre et bien mélanger. Juste avant la cuisson, incorporer ce mélange à la pâte qui a reposé.

• Faire chauffer le reste d'huile dans une poêle et verser la préparation, qui prend l'aspect et la consistance d'une crêpe épaisse. Laisser cuire cette crêpe 30 minutes, en la retournant avec une spatule toutes les 8 minutes.

• Servir le matefaim tiède.
On peut le saupoudrer de sucre et/ou de crème fraîche.

Cervelle de canut

LYONNAIS

Préparation : 15 minutes
Très facile
🍷 mâcon, mâcon-villages aoc blanc

Pour 4 personnes :
400 g de fromage blanc
1 hachis composé, selon les possibilités, de :
1 ou 2 échalotes, 1 gousse d'ail,
1 bouquet de 4 ou 5 branches de persil,
1 bouquet de cerfeuil de la même importance, 5 ou 6 feuilles d'estragon, quelques tiges de ciboulette
10 cl d'huile, de préférence d'olive
10 cl de vin blanc sec
20 cl de crème fraîche
sel, poivre

• Placer le fromage bien égoutté dans une terrine ou un saladier. Le battre pendant quelques minutes avec une spatule, puis incorporer, toujours en battant, le hachis d'herbes, puis l'huile, enfin le vin, le sel et le poivre.

• Battre la crème à son tour, puis l'incorporer au fromage. Placer la cervelle de canut au réfrigérateur. Elle doit être mangée très froide, mais non glacée.

• Au moment de servir, si un peu d'huile apparaît à la surface, donner quelques tours de cuiller de bois.

Cervelle de canut

Gâteau de Savoie

Pogne de Romans

DAUPHINÉ

PRÉPARATION : 15 MINUTES
REPOS DE LA PÂTE : 6 HEURES
CUISSON : 30 MINUTES
DIFFICILE
🍷 MUSCAT DE BEAUMES-DE-VENISE AOC BLANC VIN DOUX NATUREL

POUR 6 PERSONNES :

500 g de farine
20 g de levure de boulanger
10 g de sel
100 g de sucre semoule
2 cuillerées à soupe d'eau de fleur d'oranger
6 œufs
300 g de beurre
1 cuillerée à soupe de farine pour façonner la pâte
1 cuillerée à soupe d'huile

• Dans 8 cl d'eau tiède, faire dissoudre le sel, 20 g de sucre, puis la levure de boulanger. Incorporer 100 g de farine pour obtenir une pâte qui servira de levain.

• Couvrir avec un linge humide et laisser doubler de volume.

• Mélanger dans une terrine le reste de la farine et le reste du sucre. Faire une fontaine et incorporer peu à peu l'eau de fleur d'oranger, les œufs un à un, puis le levain, en battant la pâte pour qu'elle épaississe.

• Ajouter le beurre amolli en mélangeant bien. Façonner une boule, la couvrir dans la terrine avec un linge humide, laisser reposer 2 heures.

• Travailler ensuite la pâte soigneusement avec les mains farinées, pour la faire retomber.

• De nouveau, faire une boule et la laisser reposer dans les mêmes conditions pendant 4 heures.

• Avec les mains farinées, faire de la pâte une ou plusieurs couronnes sur une plaque légèrement huilée. Laisser encore ces couronnes reposer pendant 30 minutes.

• Sur les couronnes, avec la pointe d'un couteau trempée dans l'eau, faire des entailles de place en place. Enfourner à feu moyen 30 minutes.

• Vérifier le degré de cuisson avec une aiguille à brider plantée au cœur de la pogne : elle doit ressortir sèche.

Brioche de Saint-Genix

SAVOIE

À COMMENCER LA VEILLE
PRÉPARATION : 50 MINUTES
CUISSON : 45 MINUTES
FACILE
🍷 MUSCAT DE BEAUMES-DE-VENISE AOC BLANC VIN DOUX NATUREL

POUR 6 PERSONNES :

500 g de farine
420 g de beurre
6 œufs
200 g de pralines
30 g de sucre
10 g de levure de boulanger
1 pincée de sel

• Préparer la pâte la veille. Dans une terrine, faire une fontaine avec la farine. Verser au centre la levure délayée dans un demi-verre d'eau tiède.

• Ajouter le sucre, le sel et les œufs. Travailler la pâte en la battant et, quand elle est devenue bien lisse, y ajouter 400 g de beurre divisé en petits morceaux. Bien mélanger. Couvrir la terrine et la laisser dans un endroit tiède.

• Dès que la pâte est levée, la battre avec le plat de la main pour réduire son volume et la laisser jusqu'au lendemain dans la terrine, au frais, couverte d'un linge.

• Le lendemain, mélanger les trois quarts des pralines à la pâte et mettre celle-ci dans un moule à brioche beurré.

• Décorer le dessus avec les pralines restantes. Laisser reposer encore 30 minutes et cuire à four moyen 45 minutes.

Gâteau de Savoie

SAVOIE

PRÉPARATION : 15 MINUTES
CUISSON : 40 MINUTES
FACILE
🍷 MUSCAT D'ALSACE AOC

POUR 6 PERSONNES :

4 œufs
100 g de sucre semoule
50 g de farine
50 g de fécule de pomme de terre
1 sachet de sucre vanillé (ou un zeste de citron haché fin)
25 g de beurre
30 g de sucre cristallisé

• Dans une terrine, mettre les jaunes des œufs, et dans une autre les blancs. Ajouter aux jaunes le sucre semoule et le sucre vanillé. Battre au fouet pour que le mélange devienne lisse. Incorporer la farine en pluie, puis la fécule.

• Battre les blancs en neige ferme à l'aide du batteur électrique. Les incorporer aux jaunes sucrés, avec précaution pour conserver leur texture.

• Beurrer généreusement un moule à biscuit, parsemer le sucre cristallisé au fond et sur les parois et verser la préparation, qui ne doit arriver qu'aux deux tiers de la hauteur du moule.

• Mettre à four doux pendant 40 minutes. Vérifier la cuisson en enfonçant la lame d'un couteau, qui doit sortir sèche.

• Laisser refroidir et servir accompagné ou non de crème ou de marmelade.

Massif central

Auvergne
Bourbonnais
Gévaudan
Limousin
Marche
Rouergue
Velay
Vivarais

Enclavé au beau milieu de la France, les voies de communication importantes ne faisant guère que le contourner, le Massif central est une mosaïque d'anciennes provinces, très cloisonnées : à l'est, le Bourbonnais, le Velay, le Vivarais ; au sud, le Gévaudan et le Rouergue ; à l'ouest, le Limousin et la Marche ; au centre, l'Auvergne. Ces provinces sont, à l'exception de quelques zones privilégiées, pauvres. Leur cuisine s'en ressent, ce qui ne signifie pas pour autant qu'elle soit sans intérêt. Certaines recettes témoignent même, dans l'emploi des produits d'un sol ingrat, de l'imagination créatrice des femmes de ces campagnes. On a vite fait le tour des ressources, d'ailleurs d'exceptionnelle qualité. Les poissons continuent de fréquenter la plupart des nombreux cours d'eau d'une région qu'en grande partie les hommes ont abandonnée (l'exode rural y est massif).

Sur les larges étendues herbeuses des plateaux de l'Aubrac et de Millevaches et des causses du Rouergue et du Gévaudan, l'élevage produit des viandes de premier choix, bovins du Limousin et de Salers, ovins du Larzac et de Brioude. Ces bêtes, engraissées pour la boucherie, donnent également aux gourmets, lorsqu'elles sont laitières, des fromages qui figurent parmi les plus recherchés : saint-nectaire, murols, fourmes d'Ambert et de Montbrison, bleu d'Auvergne, bleu des Causses, cantal, laguiole, au lait de vache ; et, au lait de brebis, l'incomparable roquefort. Avec, en supplément, quelques excellents fromages de chèvre.

Rustique, la cuisine l'est à presque tous les degrés, à commencer par la soupe aux choux auvergnate et les potées. En Bourbonnais, la pompe aux grattons est une sorte de brioche contenant des résidus de panne de porc. De même, en Limousin, les farcidures (boulettes de farine ou de pommes de terre aux lardons) ne sont pas positivement légères. L'origine paysanne est proche de la plupart des plats : la soupe aux marrons du Limousin, le groin de porc aux lentilles vertes du Velay, le pounti (hachis de lard, jambon, herbes, farine, œufs), la falette (poitrine de veau farcie) en Auvergne, l'aligot (mélange de purée de pommes de terre et de fromage frais de Cantal) du Rouergue, la pouytrolle (estomac de porc farci) et les caillettes (pâté d'abats de porc et d'épinards) du Vivarais, les cabassols (têtes d'agneau) du Gévaudan...

Mais bien d'autres plats, d'inspiration rurale eux aussi, surprennent par la finesse de leurs saveurs. Ainsi les tripous d'Auvergne, qu'on appelle « petites » à Espalion et « trénels » à Millau, cousins germains des pieds et paquets marseillais : ce sont des morceaux d'estomac de mouton ou de veau farcis de viande et d'herbes, parfois accompagnés de pieds de mouton. Délicats sont également le poulet au fromage et la mousseline de brochets et d'écrevisses du Bourbonnais, le gigot brayaude d'Auvergne, qui doit mijoter plusieurs heures, l'estofinado rouergat,

Pages 162-163 : le cratère du puy de Pariou (1210 m), un des volcans qui forment la chaîne des Puys, au cœur du Massif central. La région était fréquentée aussi bien par les Celtes que par les Romains, qui la considéraient comme un lieu sacré.

À gauche : bovins de Salers, en Auvergne, localité fameuse pour l'élevage de cette race typique, qui fournit non seulement une viande très appréciée, mais aussi un excellent lait. Les spécimens se reconnaissent à la couleur de la robe, rouge-brun uniforme.

Ci-dessous : bois et forêts recouvrent les pentes de la vallée du Falgoux, l'une des treize vallées qui coupent les monts du Cantal, gigantesques vestiges volcaniques dans le Massif central.

À droite : dans les monts du Cantal, on produit un fromage particulièrement rare et apprécié des gourmets. La spécialité, dont il n'existe pas moins de cinq appellations d'origine contrôlée, est l'ingrédient principal de nombreuses recettes présentées dans ce volume.

parent lointain de la stoficada niçoise, à base de stockfish, et, surtout, chef-d'œuvre de cette région, en Bourbonnais, le lièvre et le canard « à la Duchambais », accompagnés d'une sauce au vinaigre, à la crème et aux échalotes.

Il serait injuste de passer sous silence les vins du Vivarais (cornas, saint-joseph, saint-péray) et les desserts de toutes ces provinces centrales : clafoutis aux cerises et flognarde aux pommes ou aux poires du Limousin, marrons glacés du Vivarais, et les pâtisseries d'Auvergne : cornets de Murat, sablés de Salers, croquants de Mauriac, brioches de Riom et de Gannat. Sans négliger le succulent gâteau à la crème, aux poires et à la gelée de groseille qui répond au nom bizarre de piquenchagne et vient, disent les gens du Bourbonnais, d'un jeu consistant à marcher sur les mains. Puis, quand le gourmand a fini de goûter aux nourritures solides de ces régions, il peut toujours aller faire une cure d'eau à Vichy et dans les environs.

Soupe aux choux

AUVERGNE

À COMMENCER LA VEILLE
PRÉPARATION : 25 MINUTES
CUISSON : 2 H 15
FACILE
🍷 COTEAUX-DU-GIENNOIS AOC ROUGE

POUR 6 PERSONNES :

600 g de petit salé
(palette, travers, poitrine, etc.)
1 saucisson sec de pays
1 crosse de jambon cru
300 g de carottes
600 g de pommes de terre
2 choux verts
3 poireaux
1 gros oignon piqué d'un clou de girofle
1 bouquet garni (thym, laurier, persil)
1 cuillerée à soupe de saindoux
des tranches de pain de campagne
(seigle de préférence)
sel, poivre

• Faire dessaler les viandes pendant la nuit qui précède.

• Dans une marmite ou un fait-tout, disposer le petit salé, l'oignon et la crosse de jambon. Remplir largement d'eau froide, sans saler, et porter à ébullition. Baisser le feu et laisser à couvert une dizaine de minutes.

• Pendant que l'eau chauffe, nettoyer les choux, les laver, ôter les feuilles flétries et le trognon, puis les couper en quatre et les faire blanchir 5 minutes à l'eau bouillante. Les rincer, les égoutter. Peler les carottes, nettoyer et laver les poireaux, en ôter le vert.

• Après 10 minutes d'ébullition du petit salé, écumer et ajouter les choux et les carottes, le bouquet garni, ainsi que le saindoux. Laisser cuire à petits bouillons pendant 1 heure.

• Ajouter le saucisson, les pommes de terre pelées, les poireaux. Laisser cuire 1 heure encore. On sert d'abord le bouillon, sans le filtrer, sur les tranches de pain, avec les débris de viande et de légumes qui peuvent s'y trouver, puis les viandes entourées des légumes.

Soupe aux choux

Soupe au cantal

AUVERGNE ET ROUERGUE

PRÉPARATION : 15 MINUTES
CUISSON : 1 H 10
FACILE
🍷 CÔTES-DU-FOREZ AOC ROUGE

POUR 6 PERSONNES :

300 g de cantal frais
200 g de pain de campagne
(seigle de préférence)

30 g de beurre ou de saindoux
6 oignons
sel, poivre

• Peler et émincer les oignons. Les faire revenir dans le beurre ou le saindoux, puis verser 1,5 l de bouillon ou d'eau bouillante, salée et généreusement poivrée. Couvrir et laisser cuire à petits bouillons 30 minutes. Pendant ce temps, couper le pain en fines tranches et émincer le fromage en petites lamelles.

• Dans un poêlon ou une cocotte, disposer en couches successives le pain et le fromage. Verser dessus le bouillon et les oignons. Couvrir et mettre 30 minutes à four doux. Procéder lentement pour que le pain absorbe bien le liquide. Celui-ci doit, pour respecter la tradition, disparaître.

Soupe de marrons

LIMOUSIN

Préparation : 10 minutes
Cuisson : 1 h 10
Facile
🍷 Saint-Pourçain-sur-Sioule VDQS blanc

Pour 6 personnes :

2 douzaines de marrons débarrassés de l'écorce et de la peau
2 blancs de poireau
1 oignon
20 g de beurre
1 l de bouillon
1 bouquet garni (thym, céleri)
20 cl de crème fraîche
4 tranches de pain grillées
sel, poivre

• Laver, émincer les poireaux. Peler, émincer l'oignon. Faire revenir au beurre, en casserole, à feu doux, pendant une dizaine de minutes, sans laisser colorer.
Ajouter les marrons, le bouquet garni, mouiller avec le bouillon. Saler, poivrer. Laisser cuire à petits bouillons pendant 45 minutes.

• Retirer le bouquet, passer le reste des ingrédients au moulin à légumes. Remettre ensuite en casserole, ajouter peu à peu la crème et laisser cuire 10 ou 15 minutes.

• Servir sur les tranches de pain grillées.

Rissoles de Saint-Flour

AUVERGNE

Préparation : 20 minutes
Repos de la pâte : 3 h 45
Cuisson : quelques minutes
Facile
🍷 Côte-roannaise AOC rouge

Pour 6 personnes :

500 g de farine
300 g de beurre
250 g de fromage blanc frais
150 g de cantal
3 œufs
1 bouquet de cerfeuil
quelques brins de ciboulette
sel, poivre

• Préparer la pâte. Dans une terrine, mettre la farine, faire une fontaine, y mettre le beurre en petites parcelles, une pincée de sel. Verser doucement un peu d'eau pour délayer la farine. Pétrir ces divers éléments, mais modérément. La pâte ne doit pas devenir élastique. En faire une boule dès qu'elle ne colle plus aux doigts. La laisser reposer au frais dans la terrine farinée 3 heures. Râper ou émincer en fines lamelles le cantal.

• Hacher ciboulette et cerfeuil. Dans une terrine, mélanger le fromage blanc, le cantal, les œufs et les fines herbes. Bien malaxer pour rendre l'ensemble homogène.

• Étendre au rouleau la pâte à une épaisseur de 4 mm. Y découper des cercles de 10 à 12 cm de diamètre. Sur chacun de ces cercles de pâte, disposer au centre une boulette du mélange et replier un demi-cercle sur l'autre pour former un chausson. Souder les bords en appuyant bien. Laisser reposer 45 minutes. Enfin, dans un bain de friture très chaude, faire dorer les rissoles. Égoutter et servir.

Rissoles de Saint-Flour

Farcidure

LIMOUSIN ET MARCHE

PRÉPARATION : 20 MINUTES
CUISSON : 30 MINUTES
FACILE
🍷 QUINCY AOC BLANC

POUR 6 PERSONNES :

12 pommes de terre
2 œufs
50 g de cantal râpé
1 gousse d'ail
1 tranche assez épaisse de jambon cru
3 cuillerées à soupe d'huile d'arachide
sel, poivre

• Peler les pommes de terre. Les râper au-dessus d'un linge, les sécher et les disposer dans une terrine. Saler, poivrer.

• Battre les œufs au fouet, en omelette, et les mélanger aux pommes de terre râpées.

• Ajouter au mélange le cantal râpé et la gousse d'ail pelée et écrasée au couteau.

• Hacher finement la tranche de jambon, gras et maigre, et incorporer ce hachis au contenu de la terrine. Saler peu, poivrer. Chauffer l'huile dans la poêle. Verser la préparation pour la faire dorer à chaleur moyenne. La retourner ensuite pour la dorer sur son autre face et servir.

Pompe aux grattons

BOURBONNAIS

PRÉPARATION : 10 MINUTES
CUISSON : 1 HEURE
FACILE
🍷 SAINT-POURÇAIN-SUR-SIOULE VDQS ROSÉ

POUR 6 PERSONNES :

500 g de grattons
(résidus de la panne de porc fondue)
400 g de farine
3 œufs
2 dl de lait bouilli et refroidi
50 g de beurre
1 pincée de sel

• Incorporer à la farine, dans une terrine, les œufs un à un.

• Ajouter le beurre amolli à la température de la pièce et le sel.
Verser lentement le lait froid sur cette pâte pour la délayer.

• Ajouter les grattons (qui s'achètent chez le charcutier). On peut les remplacer par de petits lardons rissolés et bien séchés.

• Travailler cette pâte à la main, puis la disposer en couronne sur une plaque à pâtisserie.

• Cuire 1 heure à four chaud.

Omelette au roquefort

ROUERGUE

Préparation : 10 minutes
Cuisson : 5 minutes environ
Très facile
Barsac AOC blanc

Pour 6 personnes :
30 g de beurre
50 g de crème
70 g de roquefort
9 œufs

• Mélanger avec une fourchette le roquefort à la crème et placer ce mélange dans un récipient au bain-marie pour faire fondre l'ensemble.

• Battre les œufs au fouet. Les verser dans le beurre chaud de la poêle.

• Dès que l'omelette commence à prendre, verser le mélange fromage-crème en tournant avec les pointes de la fourchette pour que le mélange pénètre bien.

• L'omelette cuite, la faire glisser de la poêle dans le plat de service, en la repliant comme un chausson.

Feuilleté au roquefort

ROUERGUE

Préparation : 10 minutes (sans la pâte)
Cuisson : 30 minutes
Facile
Monbazillac AOC blanc

Pour 6 personnes :
500 g de farine
500 g de beurre
500 g de roquefort
1 jaune d'œuf
1/2 verre de lait

• Préparer la pâte feuilletée. Découper dans le feuilletage abaissé des carrés de 12 à 15 cm de côté.

• Sur une moitié de chaque carré, disposer du roquefort coupé en bâtonnets et légèrement écrasé à la fourchette. Replier le feuilletage en deux pour enfermer le fromage.

• Dessiner sur le dessus un quadrillage à la pointe du couteau. Badigeonner de jaune d'œuf battu dans un peu de lait.

• Ranger les feuilletés sur une plaque de four farinée, en laissant entre chacun d'eux un espace leur permettant de gonfler.

• Cuire 30 minutes à four moyen.

Omelette brayaude

AUVERGNE

Préparation : 10 minutes
Cuisson : 30 minutes
Facile
Saint-Péray AOC blanc

Pour 6 personnes :
200 g de jambon cru d'Auvergne
250 g de pommes de terre
9 œufs
3 cuillerées à soupe de crème fraîche
125 g de cantal
2 cuillerées à soupe de saindoux
30 g de beurre
poivre

• Peler et laver les pommes de terre. Les couper en dés. Couper en dés le jambon.

• Couper en lamelles le cantal. Sécher les pommes de terre dans un torchon.

• À la poêle, dans le saindoux chaud, mettre à feu vif les pommes de terre pendant 5 minutes, en remuant, puis couvrir, mettre à feu doux et laisser cuire 15 minutes, en secouant de temps en temps la poêle pour éviter que les pommes de terre s'attachent.

• Après ce temps, ajouter les dés de jambon et les mélanger avec précaution.

• Battre les œufs en omelette, poivrer, ajouter le beurre en parcelles et verser dans la poêle sur les pommes de terre et le jambon.

• Quand l'omelette est dorée d'un côté, la retourner sur le plat de service et la faire glisser dans la poêle pour lui donner couleur sur l'autre face.

• Servir l'omelette ainsi, sans la rouler, en l'arrosant de crème et en la saupoudrant de fromage.

** Le terme de « brayaude », qui caractérise certains plats auvergnats (omelette, gigot, par exemple), vient de « braies », pantalon que portaient les Gaulois.*
L'Auvergne est en effet la province des Arvernes, celle de Vercingétorix, qui fut vaincu par Jules César à Alésia.
Tous les compatriotes du chef arverne portaient des braies.

Estofinado

ROUERGUE

À COMMENCER 4 JOURS AVANT
PRÉPARATION : 30 MINUTES
CUISSON : 40 MINUTES
FACILE
🍷 CÔTES-D'AUVERGNE VDQS ROSÉ

POUR 6 PERSONNES :

1 kg de stockfish (ou de morue séchée, mais telle n'est pas la tradition en Rouergue)
1 bouquet garni (thym, laurier, persil)
1 kg de pommes de terre
5 œufs
1 bouquet de persil
6 gousses d'ail
10 cl d'huile de noix
20 cl de crème fraîche
sel, poivre

• S'il s'agit de véritable stockfish, le faire tremper à l'eau courante 4 jours. S'il s'agit de morue séchée, 36 heures suffisent.

• Mettre le stockfish dans une casserole, à l'eau froide, sur feu doux, avec le bouquet garni.

• À ébullition, retirer du feu et laisser à couvert 20 minutes.

• Éplucher les pommes de terre, puis les cuire à l'eau de 20 à 30 minutes, selon leur taille.

• Faire cuire 3 œufs durs, 10 minutes dans l'eau bouillante. Hacher l'ail pelé et le persil.

• Peler les pommes de terre cuites, les écraser à la fourchette dans une terrine placée au bain-marie. Ajouter le stockfish égoutté, débarrassé de sa peau et de ses arêtes et effeuillé.

• Mélanger à la spatule ou à la cuiller de bois. Faire chauffer pendant ce temps, dans deux petites casseroles, l'huile de noix et la crème.

• Ajouter au mélange stockfish-pommes de terre le hachis d'ail et de persil et les 2 œufs qui restent, battus en omelette.

• Saler, poivrer. Travailler le mélange en versant peu à peu l'huile de noix chaude, puis la crème.

• Enfin, ajouter les œufs durs coupés en huit, sans les incorporer à l'estofinado.

• Se sert très chaud.

Estofinado

Viandes

Falette

AUVERGNE

PRÉPARATION : 25 MINUTES
+ 2 HEURES POUR FAIRE GONFLER LES RAISINS
CUISSON : 2 HEURES
FACILE
🍷 SAINT-JOSEPH AOC ROUGE

POUR 6 PERSONNES :

450 g de gorge de porc
350 g de poitrine de porc
100 g de mie de pain trempée dans du lait
50 g de persil haché
3 œufs
200 g de raisins secs de Smyrne
2 kg de poitrine de veau, en un seul morceau et désossée
200 g d'oignons
1 gousse d'ail
100 g de saindoux
2 verres de vin blanc
2 verres de bouillon
1 bouquet garni (thym, laurier, persil)
sel, poivre, une pointe de muscade

• Hacher la gorge et la poitrine de porc avec le persil et la mie de pain trempée dans le lait et essorée. Ajouter au mélange les œufs et les raisins secs qui ont préalablement gonflé 2 heures dans l'eau tiède et ont été égouttés. Saler, poivrer, mettre une pointe de muscade.

• Fendre aux trois quarts la poitrine de veau pour y ménager une grande poche. Introduire la farce dans cette poche et coudre les extrémités.

• Dans un plat, disposer la falette et la faire dorer, avec une cuillerée de saindoux, à four moyen, pendant 45 minutes. Saler.

• Dans une cocotte, mettre du saindoux, faire revenir les oignons pelés et émincés, la gousse d'ail écrasée. Quand ces ingrédients ont pris couleur, poser dessus la falette, verser le vin et le bouillon. Mettre le bouquet garni. Couvrir et cuire, toujours à chaleur moyenne, pendant 1 h 15. Attendre 5 minutes pour découdre la poche. La falette s'accompagne souvent de lentilles vertes du Puy.

Gigot brayaude

AUVERGNE

PRÉPARATION : 15 MINUTES
CUISSON : 4 H 15
FACILE
🍷 CORNAS AOC ROUGE

POUR 8 PERSONNES :

1 gigot de 2 kg
3 gousses d'ail
2 carottes
2 oignons
1 cuillerée à soupe de saindoux
1 verre de bouillon
sel, poivre

• Désosser en partie le gigot en ôtant l'os du quasi (le boucher s'en charge). Le piquer de 2 gousses d'ail taillées en éclats et le ficeler. Dans une cocotte où doit tenir le gigot, faire fondre le saindoux et faire revenir la viande pour qu'elle se colore de toutes parts.

• Ajouter la troisième gousse d'ail en chemise, c'est-à-dire non pelée, les oignons et les carottes pelés et coupés en fines rondelles. Saler et poivrer. Quand tout a pris couleur, verser dans la cocotte le bouillon préalablement chauffé. Couvrir et laisser mijoter à four modéré 4 h 15.
En Auvergne, le gigot brayaude est le plus souvent servi avec des haricots rouges, des choux braisés ou des lentilles du Puy.

Falette

Chou farci

AUVERGNE

PRÉPARATION : 45 MINUTES
CUISSON : 1 HEURE
DIFFICILE
SAINT-JOSEPH AOC ROUGE

POUR 6 PERSONNES :

1 chou vert de bonne taille
800 g de bœuf cuit de pot-au-feu
450 g d'échine de porc fraîche
250 g d'oignons
3 échalotes
1 gousse d'ail
1 bouquet de persil
1 brin de thym
2 œufs
150 g de crépine de porc
sel, poivre

Pour le jus de cuisson :

2 carottes
2 gros oignons
2 dl de bouillon du pot-au-feu
40 g de beurre

• Ôter les feuilles extérieures du chou afin de ne laisser que la grosse pomme. Le faire blanchir de 15 à 20 minutes à l'eau bouillante salée. L'égoutter, le passer sous l'eau froide, en le retournant, pour éviter que les feuilles ne retiennent l'eau. Préparer la farce. Mixer les viandes, les oignons, les échalotes et l'ail pelés, le persil. Effeuiller le brin de thym. Ajouter les œufs. Saler, poivrer, bien malaxer la farce pour la rendre homogène.

• Ouvrir avec soin les feuilles extérieures du chou afin de ne pas les casser. Prélever les feuilles du milieu en les coupant à la base, ôter la nervure centrale. Poser ces feuilles sur un linge, dans l'ordre où elles ont été prélevées. Arrivé au cœur, le retirer et le remplacer par une boule de farce de même grosseur.

• Recouvrir avec les feuilles, dans l'ordre inverse où elles ont été prélevées, en mettant entre chaque couche de feuilles une couche de farce. Reconstituer ainsi le chou dans son aspect primitif.

• Rincer la crépine, l'essorer, l'étendre sur un linge. Y déposer le chou à l'envers. L'enserrer dans cette enveloppe, puis fermer le linge et serrer pour expulser le reste d'eau. Dans une cocotte, chauffer le beurre, faire revenir oignons et carottes pelés et émincés, mouiller avec le bouillon. Y déposer le chou et le faire cuire 1 heure à couvert et à four chaud préchauffé.

• Égoutter le chou à l'issue de la cuisson. Ôter la crépine. On sert en découpant le chou comme un gâteau.

Chou farci

Tripous

AUVERGNE ET ROUERGUE

Préparation : 30 minutes
Cuisson : 8 heures
Difficile
🍷 Saint-Péray AOC blanc

Pour 6 personnes :
1 panse de veau
8 pieds de mouton
1 kg de fraise de veau
250 g de poitrine de porc fraîche
200 g de jambon
250 g de gorge de porc
150 g d'oignons
6 gousses d'ail
1 bouquet de persil
1 bouquet garni (thym, laurier, persil)
2 clous de girofle
1/2 bouteille de vin blanc
2 l de bouillon dégraissé
des couennes fraîches
sel, poivre

• Panse de veau, pieds de mouton, fraise de veau sont achetés blanchis chez le tripier.

• Couper la panse en huit morceaux rectangulaires, de la taille d'une main. Les coudre sur trois côtés avec du fil de lin blanc.

• Désosser les pieds de mouton et découper la chair en dés. Hacher grossièrement, au couteau, la fraise de veau, la gorge de porc, la poitrine sans couenne ni cartilages, le jambon, le reste de panse, 100 g d'oignons et l'ail pelé, le persil.

• Mélanger avec les dés de chair des pieds de mouton. Saler et poivrer généreusement. Faire entrer le hachis dans les petits sacs de panse et coudre le côté ouvert.

• Au fond d'un poêlon ou d'une marmite en terre tapissé de couennes, côté gras contre le récipient, placer les tripous côte à côte. Ajouter le bouquet garni, les oignons pelés qui restent, coupés en quartiers et piqués des clous de girofle. Verser le vin et le bouillon pour couvrir le tout. Souder le couvercle de la marmite en lutant.

• Mettre à four doux 8 heures.

Mourtayrol

AUVERGNE ET ROUERGUE

Préparation : 10 minutes
Cuisson : 2 h 30
Très facile
🍷 Côte-roannaise AOC rouge

Pour 6 personnes :
1 poule
4 poireaux
2 carottes
2 oignons piqués chacun d'un clou de girofle
1 navet
1 pincée de safran en poudre
quelques tranches de pain rassis
sel, poivre

• Placer dans une marmite ou un fait-tout la poule (qui peut être farcie) et les légumes pelés. Couvrir d'eau froide. Porter à ébullition. Saler, poivrer. Écumer.

• Poursuivre la cuisson pendant 2 h 30 à feu doux.

• Après ce temps, retirer poule et légumes et les réserver au chaud. Passer le bouillon et ajouter le safran.

• On sert d'abord le bouillon sur des tranches de pain, puis la poule et les légumes.

Pountí

Jambon à l'auvergnate

AUVERGNE

Préparation : 15 minutes + éventuellement 12 heures pour faire tremper le jambon
Cuissons : 2 h 45
Difficile
🍷 **Côtes-d'Auvergne VDQS blanc**

Pour 12 personnes :

1 jambon de 4 kg
1,5 l de vin blanc sec
3 dl de jus de veau
5 cuillerées à soupe de sucre glace
2 carottes
2 oignons, dont un piqué de 4 clous de girofle
2 blancs de poireau
1 bouquet garni (thym, laurier, persil)
poivre en grains

• Si le jambon est fumé et salé, le faire tremper 12 heures.

• Préparer le bouillon de cuisson avec carottes et oignon pelé et coupé en rondelles, oignon piqué, blancs de poireau lavés.

• Placer dans un vaste récipient le jambon recouvert d'eau. Amener à ébullition, sortir immédiatement le jambon et jeter l'eau.

• Remettre le jambon dans le récipient, verser 3 l d'eau, 1 l de vin blanc, carottes, oignon, oignon piqué, blancs de poireau, bouquet garni.

• Monter à ébullition et baisser le feu à frémissement. Couvrir et laisser 2 heures ; 30 minutes avant la fin, mettre quelques grains de poivre.

• Retirer le jambon de son bouillon et le poser sur une planche.

• Retirer couenne et graisse en excès : ne laisser qu'une couche de gras de 1 cm environ. Placer le jambon ainsi paré dans un grand plat avec 3 dl de vin blanc et autant de jus de veau. Saupoudrer avec la moitié du sucre glace. Mettre à four chaud et laisser 45 minutes, en arrosant fréquemment et en ajoutant quelques cuillerées de vin si la viande se dessèche.

• À mi-cuisson, retourner le jambon et saupoudrer la seconde face avec le reste de sucre glace. Les deux faces caramélisent.

• Pour servir, le jambon est découpé en tranches et reconstitué. Le jus de cuisson, réduit, est placé en saucière.

Pounti

AUVERGNE

Préparation : 20 minutes
Cuisson : 1 heure
Facile
🍷 **Côtes-du-Forez AOC rosé**

Pour 4 personnes :

150 g de jambon cru d'Auvergne
150 g de poitrine de porc demi-sel, ou ventrèche
5 ou 6 feuilles de bette
1 bouquet de persil
250 g de farine
4 œufs
1 verre de lait
des bardes de lard gras
sel, poivre

• Faire blanchir la poitrine de porc, l'égoutter, ôter la couenne et les cartilages.

• Prendre la partie verte des bettes, laver et hacher avec la poitrine, le jambon et le persil.

• Peu à peu, incorporer la farine, puis les œufs un à un, enfin le lait.

• Saler, poivrer. Tapisser une terrine des bardes, verser le mélange et mettre à four moyen, à découvert, 1 heure. La surface est dorée.

• Vérifier la cuisson en enfonçant une aiguille à brider ou un couteau, qui doit ressortir sec.

• Démouler et servir chaud.

• Le pountari est une farce de pounti ficelée dans des feuilles de chou et cuite ainsi dans le bouillon de la potée.

Poulet au fromage

BOURBONNAIS

Préparation : 15 minutes
Cuisson : 1 heure
Facile
🍷 **Pouilly fumé AOC blanc**

Pour 6 personnes :

1 poulet de 1 kg
100 g de beurre
70 g de farine
75 cl de lait
150 g de gruyère râpé
3 cuillerées à soupe de crème
2 blancs de poireau
2 carottes
50 g d'oignons
2 clous de girofle
1 bouquet garni (thym, laurier, persil, céleri)
1 gousse d'ail
1 l de bouillon
1 pointe de muscade
sel, poivre

• Peler et émincer poireaux, carottes et partager en quartiers les oignons, piqués d'un clou de girofle.

• Mettre dans un fait-tout ces divers ingrédients, puis le poulet, le bouquet garni, la gousse d'ail pelée.

• Mouiller de bouillon à hauteur. Saler, poivrer. Laisser à frémissement 45 minutes.

• Préparer une béchamel. Faire un roux avec beurre et farine, ajouter le lait. Tourner pour épaissir la sauce.

• Ajouter le sel, le poivre, une pointe de muscade. Incorporer les trois quarts du fromage râpé et la crème. Bien mélanger le tout.

• Découper le poulet en quatre, les ailes et les cuisses. Dans un plat à gratin, verser une partie de la sauce. Y coucher les morceaux de poulet.

• Recouvrir de sauce. Saupoudrer du reste du fromage.

• Mettre à four moyen 15 minutes.

légumes

Aligot

ROUERGUE

PRÉPARATION : 25 MINUTES
CUISSON : 40 MINUTES
FACILE
🍷 SAINT-POURÇAIN-SUR-SIOULE VDQS BLANC

POUR 6 PERSONNES :

600 g de pommes de terre farineuses
1 gousse d'ail
300 g de tomme fraîche de cantal (de préférence du laguiole)
60 g de beurre
1,5 dl de crème fraîche
sel, poivre

• Laver les pommes de terre. Les faire cuire à l'eau froide salée, à feu moyen, de 20 à 30 minutes. Vérifier leur cuisson.

• Pendant ce temps, découper la tomme de cantal en fines lamelles. Peler l'ail. Quand les pommes de terre sont cuites, les peler et les passer au moulin à légumes.

• Ajouter le beurre, bien mélanger à la spatule, puis verser doucement la crème. Tourner de nouveau. Ajouter l'ail écrasé. Saler peu, poivrer généreusement. Puis, sur feu doux, travailler à la spatule la purée ; quand elle devient très chaude, y jeter d'un coup les lamelles de fromage.

Aligot

• Lorsque la purée, bien lisse, file en ruban si on la soulève à la spatule, l'aligot est prêt.

• Servir alors très vite.

Pâté de pommes de terre

BOURBONNAIS

PRÉPARATION : 30 MINUTES
CUISSON : 40 MINUTES
FACILE
SAINT-POURÇAIN-SUR-SIOULE VDQS BLANC

POUR 4 PERSONNES :

500 g de pâte brisée
800 g de pommes de terre fermes
100 g de beurre
10 cl de vin blanc (saint-pourçain)
1 œuf
20 cl de crème fraîche
sel, poivre, une pincée de muscade

• Peler les pommes de terre, les cuire à l'eau 15 minutes (la cuisson ne doit pas être menée à son terme). Les couper en tranches de 2 cm.

• Les mettre dans une terrine ou un saladier, parsemer 80 g de beurre en parcelles, laisser un instant ramollir ce beurre. Verser le vin blanc. Saler, poivrer, muscader.

• Tourner les tranches de pommes de terre pour les humecter, en évitant de les casser.

• Diviser la pâte en deux parties : deux tiers et un tiers. Abaisser l'une et l'autre à épaisseur de 2 mm. Foncer une tourtière avec la plus grande abaisse, en laissant dépasser la pâte de 2 cm autour de la tourtière. Piquer le fond de quelques coups de fourchette. Découper la petite abaisse en rond, et d'un diamètre supérieur de 2 cm au diamètre de la tourtière.

• Disposer les tranches de pommes de terre dans la tourtière, bien à plat. Poser le couvercle de pâte et souder en les roulant les bords des deux abaisses. Dorer au pinceau avec l'œuf battu et ménager au centre du couvercle une cheminée de 2 cm. Mettre à four moyen. Après 20 minutes, verser par la cheminée la crème fraîche. Cuire encore 5 minutes.

desserts

Clafoutis

LIMOUSIN

PRÉPARATION : 10 MINUTES
CUISSON : 25 MINUTES
FACILE
SAUMUR MOUSSEUX AOC BLANC OU ROSÉ

POUR 6 PERSONNES :

500 g de cerises noires fraîches
8 œufs
60 g de crème fraîche épaisse
180 g de sucre semoule
1 sachet de sucre vanillé
1 petit verre de kirsch (facultatif)
75 g de beurre

• Beurrer un moule de porcelaine ou de terre allant au four. Y disposer les cerises sans la queue, mais en laissant les noyaux (telle est la tradition : faites attention aux dents).

• Préchauffer le four à forte chaleur. Battre les œufs avec 140 g de sucre, en ajoutant aussi le sucre vanillé.

• Incorporer la crème et, éventuellement, le kirsch.

• Enfourner 20 minutes, toujours à forte chaleur, puis mettre sur position gril, saupoudrer le clafoutis avec le sucre réservé et passer quelques instants sous le gril rouge pour caraméliser.

Clafoutis

Cornets de Murat

AUVERGNE

PRÉPARATION : 25 MINUTES
CUISSON : 5 MINUTES ENVIRON
DIFFICILE
MUSCAT DE BEAUMES-DE-VENISE AOC BLANC VIN DOUX NATUREL

POUR 6 PERSONNES :

200 g de farine
200 g de sucre en poudre
6 œufs
2 morceaux de sucre
1 pincée de sel

• Dans une terrine, verser le sucre en poudre et la farine. Mélanger. Ajouter une pincée de sel et creuser une fontaine. Incorporer les œufs préalablement battus et travailler la pâte. La laisser reposer.

• Mettre dans une petite casserole les morceaux de sucre humectés d'un peu d'eau. Chauffer doucement pour obtenir un sirop. En former une boule en travaillant avec la spatule plongée tour à tour dans l'eau froide et dans le sirop. Incorporer cette préparation à la pâte qui repose.

• Beurrer une plaque allant au four. Disposer la pâte par petites pyramides de la taille d'un œuf de pigeon, pour en obtenir deux douzaines.

• Les étaler à la spatule ou à la cuiller pour en faire des disques de 10 cm de diamètre. Mettre à four chaud 5 minutes environ.

• Les bords des disques commencent à dorer. Les retirer alors du four. Les décoller à la spatule de métal et les enrouler en forme de cornet. Laisser refroidir.

• Ces cornets sont souvent remplis de crème Chantilly.

Flognarde

LIMOUSIN

PRÉPARATION : 15 MINUTES
CUISSON : 30 MINUTES
FACILE
LOUPIAC AOC BLANC

POUR 4 PERSONNES :

150 g de farine
50 g de sucre semoule
4 œufs
1 pincée de sel
25 cl de lait bouilli tiède
1 cuillerée à soupe de rhum
50 g de beurre
1 cuillerée à soupe de sucre vanillé
30 g de pruneaux d'Agen ou de pommes reinettes (facultatif)

• Beurrer une tourtière, la mettre au froid, ainsi que le beurre.

• Préchauffer le four à chaleur moyenne.

• Dans une terrine, mélanger la farine (en réserver une cuillerée), le sel et le sucre. Faire une fontaine, y casser les œufs.

• Bien mélanger, puis incorporer peu à peu le rhum et le lait tiède. La pâte devra être un peu liquide.

• Fariner la tourtière avec la farine réservée. La retourner en la secouant pour faire tomber l'excès de farine.

• Au fond de la tourtière, si l'on garnit la flognarde, disposer les tranches de pomme (pelées et débarrassées de leurs pépins) ou les pruneaux (gonflés quelques heures à l'eau et dénoyautés).

• Verser alors la pâte sur les fruits. Disperser au-dessus le beurre très froid en parcelles.

• Enfourner à chaleur moyenne 30 minutes.

• Servir saupoudré de sucre vanillé.

Gâteau aux noix

AUVERGNE

PRÉPARATION : 30 MINUTES
CUISSON : 30 MINUTES
FACILE
ARBOIS-VIN DE PAILLE AOC BLANC

POUR 4 PERSONNES :

100 g de cerneaux de noix
100 g de noisettes écalées

200 g de sucre en poudre
10 œufs
5 cl de rhum
50 g de farine
1 pot de confiture au choix

Gâteau aux noix

• Passer noix et noisettes 10 minutes à four chaud pour les griller.

• Les réduire en poudre. Mettre dans une terrine le jaune des œufs, le sucre, le rhum et la poudre de noix et noisettes. Malaxer, puis incorporer 6 blancs d'œufs montés en neige très ferme.

• Ajouter la farine et travailler le tout. Beurrer un moule, le fariner. Y mettre la préparation.

• Cuire 30 minutes, à four doux.

• Partager le gâteau démoulé en deux dans le sens de l'épaisseur pour le fourrer de confiture.

Midi

Comté de Nice
Corse
Languedoc méditerranéen
Provence
Roussillon

La France méditerranéenne s'étend de la frontière italienne à la frontière espagnole, et il faut y ajouter l'île de Corse. Par l'autoroute, de Vintimille au Perthus, moins de six cents kilomètres. La végétation y est, à peu de choses près, la même. L'architecture également. Là, pendant des siècles, les Romains ont établi une civilisation qui, en dépit des vicissitudes de l'histoire, a subsisté. La cuisine procède-t-elle d'une seule et unique inspiration ? Oui et non.

Pour les « gens du Nord » – c'est-à-dire ceux qui, tels que les considèrent les Méridionaux, vivent au-dessus d'une ligne allant de Montélimar à Barcelonnette –, le Midi, culinairement parlant, c'est l'ail, l'huile d'olive, les herbes de la garrigue et la tomate.

Ce qui est exact, mais trop sommaire. La gastronomie de la France méditerranéenne compte autant par ses similitudes que par ses différences. Et des différences, il y en a beaucoup, entre le Comtat Venaissin, la vieille terre des papes d'Avignon, riche de fruits, de légumes et de truffes noires ; la haute vallée de la Durance, plus pauvre, où paissent les excellents agneaux de Sisteron et où pousse la lavande ; la côte marseillaise et toulonnaise, industrielle ; la Côte d'Azur, touristique ; le Languedoc, viticole ; le Roussillon des primeurs et des anchois ; la Corse et son maquis.

De toutes les cuisines de cette région ensoleillée, celle du vieux comté de Nice et celle de la Corse sont les plus typées. Les parentés italiennes

Pages 180-181 : des étendues de lavande recouvrent les terrains calcaires du plateau de Valensole, en Haute-Provence. Sur ces hauts plateaux, on récolte, de juin à septembre, 80 % de la demande mondiale de la fleur très parfumée, cultivée ici depuis deux siècles.

À gauche : le pont Saint-Bénezet et, à l'arrière-plan, le palais des Papes de style gothique, en Avignon, ville d'origine romaine qui s'est développée sur la rive gauche du Rhône.

Ci-dessous : embarcations de plaisance et de pêche occupent le Vieux-Port de Marseille. Fondée par des colons grecs au VIe siècle av. J.-C. à l'embouchure du Rhône, la ville fut appelée Massilia par les Romains, qui la choisirent comme destination finale de la via Aurelia.

À droite : un étal de grains et d'épices aux couleurs les plus variées sur un petit marché de Provence.

ont profondément marqué ces provinces, notamment avec les pâtes (ravioli et cannelloni), les gnocchi et cette soupe au pistou qui, ainsi que la minestra corse, vient de Gênes.

On connaît les tripes et les rougets à la niçoise, le mesclun, la ratatouille, la salade niçoise, mais moins bien ces beaux plats que sont le velouté de fèves, les beignets d'anchois, la salade de nonats (alevins dont, depuis 1860, année du rattachement de Nice à la France, un privilège impérial qui ne fut jamais rapporté autorise la pêche) ou, encore, la socca, farine de maïs diluée à l'eau et à l'huile.

Et, en Corse, le figatellu, saucisse de foie de porc, l'omelette au brocciu, fromage de brebis, le ragoût d'aubergines et de tomates à la nébita (marjolaine sauvage), le ragoût de pommes de terre et de macaroni.

De même, Catalogne française (Roussillon) et Catalogne espagnole ont un patrimoine commun. On y trouve les anchois, dont Collioure s'est fait une spécialité ; les escargots, autour desquels se déroule cette véritable fête qu'est la cargolade ; la zarzuela de calamars, poissons, moules, langoustines, oignons, tomates, ail... Mais aussi, que d'originalité : l'ouillade (potée à la queue de porc et au lard rance, appelé sagi), la bouillinade d'anguilles, le fraginat (bœuf sauté à l'ail), le boutifare (boudin) et surtout les boles de picoulat, boulettes de viande et d'herbes, frites et nappées d'une sauce aux tomates, olives et jambon.

Comme toute région côtière, le Midi méditerranéen a deux types de cuisine : celle de la mer et celle de l'arrière-pays.

Ainsi les poissons de Méditerranée, d'une frontière à l'autre, fournissent-ils la matière essentielle de ce plat appelé bouillabaisse en Provence, bouillinade en Languedoc, pinyata en Roussillon, aziminu en Corse, soupa de péi à Nice. La bourride (poissons blancs accompagnés d'une sauce à l'aïoli) et l'aïoli lui-même se mangent aussi bien en Languedoc qu'en Provence.

Poissons, crustacés et coquillages ont inspiré bien des recettes. Partout, sur nos côtes méditerranéennes, la morue est à l'honneur. À Nice, on prépare la stoficada (le stockfish) que, bien loin de là par la distance, mais proches par la linguistique, les gens du Rouergue appellent estofinado. C'est de l'aiglefin boucané, longuement dessalé, boyaux compris, préparé avec huile d'olive, tomates, pommes de terre, poivrons, ail, olives noires et herbes. La morue devient en Corse le pestu. Elle est glorifiée à Nîmes dans la brandade (en purée, avec huile d'olive et crème ou lait), en Roussillon dans la merenda (avec des épinards) ou à la catalane, à l'huile d'olive, au piment et à la tomate.

À Palavas, en Languedoc, on prépare la lotte (baudroie) sous le nom de gigot de mer. En Roussillon, c'est en civet qu'on sert la langouste. À Martigues, on récolte chaque année les œufs de mulet, dont on tire la poutargue.

Dans l'arrière-pays, l'escargot est le roi du Languedoc et du Roussillon. Les recettes abondent : à la nîmoise, à la gayouparde, à la biterroise, à l'arlésienne, à la narbonnaise, etc.

En Roussillon et en Corse, on excelle dans la confection des charcuteries paysannes.

En Provence et à Nice, on pratique l'art de la soupe (à l'ail et à l'huile, au pistou, aux blettes) et des légumes (petits farcis, courgettes frites, fleurs de courgettes, artichauts à la barigoule, gratin d'aubergines).

Enfin, la Haute-Provence élève des agneaux (Sisteron, Alpilles) qui comptent parmi les meilleurs de France, nourris qu'ils sont par les herbes sauvages. Leurs tripes servent aux pieds et paquets, spécialité marseillaise.

À ce riche éventail de produits méditerranéens, il convient d'ajouter la vigne, depuis le rare bellet de Nice jusqu'au banyuls du Roussillon, en passant par les vins de Provence, du Luberon et des coteaux d'Aix, les excellents cassis, palette et bandol, les vins des Côtes-du-Rhône sud, notamment le gigondas et les crus de Châteauneuf-du-Pape ; enfin, les

À gauche : le pont de Langlois – plus connu sous le nom de « pont Van Gogh » parce que reproduit plusieurs fois par le peintre – se trouve à peu de distance d'Arles, ville dans laquelle l'artiste hollandais séjourna pendant environ quinze mois, réalisant des œuvres devenues célèbres.

Ci-dessus : vu d'en haut, Bonifacio, en Corse méridionale, révèle toute sa beauté sauvage. Au premier plan, détaché de la roche calcaire de la côte, l'écueil dit « grain de sable ».

Ci-contre : étangs et lagunes plates, marais et surfaces saumâtres constituent le Parc naturel de Camargue, où depuis des siècles s'arrêtent des colonies de hérons et de flamants roses.

produits de la viticulture languedocienne, surtout en Minervois et dans les Corbières.

Seuls les fromages ne sont pas à la hauteur de la cuisine. On ne trouve guère que le banon et le picodon provençaux, le pélardon languedocien, le niolo et le venaco corses.

Au chapitre des sucreries, inscrivons les fruits confits d'Apt, les berlingots de Carpentras, les calissons d'Aix, les croquants de Montpellier, les biscotins de Castelnaudary et, né du mariage de deux produits de la Provence – le miel et les amandes –, le nougat de Montélimar.

potages

Aïgo boulido

PROVENCE

PRÉPARATION : 5 MINUTES
CUISSON : 15 MINUTES
TRÈS FACILE
🍷 CÔTES-DE-PROVENCE AOC ROUGE

POUR 6 PERSONNES :

6 gousses d'ail
2 cuillerées à soupe d'huile d'olive
3 feuilles de sauge
1 feuille de laurier
quelques tranches de pain rassis
œufs
fromage râpé (facultatif)
sel, poivre

• Faire bouillir 2 l d'eau salée et poivrée avec l'huile. Peler l'ail, l'écraser à la pointe du couteau, le mettre dans l'eau à ébullition, avec la sauge et le laurier. Laisser bouillir 15 minutes.
Enlever la sauge et le laurier. Verser le bouillon en soupière sur de fines tranches de pain rassis.

• Pour enrichir cette soupe du pauvre, on peut verser au fond de la soupière des œufs battus et recouvrir les tranches de pain de fromage râpé.

Soupe de pinaïou

LANGUEDOC
MÉDITERRANÉEN

PRÉPARATION : 30 MINUTES
CUISSON : 35 MINUTES
FACILE
🍷 PICPOUL-DE-PINET AOC BLANC

POUR 6 PERSONNES :

6 beaux grondins
5 gousses d'ail
1,2 kg de pommes de terre
1 bouquet garni (thym, laurier)
6 cuillerées à soupe d'huile d'olive
3 cuillerées à soupe de vinaigre de vin
sel, poivre

• Peler et laver les pommes de terre, les couper en quartiers. Vider les grondins, couper les nageoires dures. Laver les poissons, les essuyer. Peler les gousses d'ail.

• Dans un fait-tout, monter 2,5 l d'eau à ébullition. Y mettre le bouquet garni, ail, sel et poivre. Laisser bouillir 5 minutes, ajouter les pommes de terre. Couvrir et cuire 15 minutes à feu vif. Retirer le fait-tout du feu et plonger les grondins dans le liquide. Les faire cuire 15 minutes à feu modéré.

• Retirer les grondins en veillant à ce qu'ils ne se défassent pas. Les dresser sur un plat de cuisson, au-dessus des pommes de terre disposées au fond. Tenir au chaud.

• Composer une vinaigrette à l'huile d'olive et au vinaigre de vin, y ajouter 3 cuillerées à soupe de jus de cuisson et arroser les grondins et leur lit de pommes de terre. Servir immédiatement.

Minestra

CORSE

À COMMENCER ÉVENTUELLEMENT LA VEILLE
PRÉPARATION : 15 MINUTES
CUISSON : 1 H 30
TRÈS FACILE
🍷 CORSE AOC BLANC

POUR 6 PERSONNES :

250 g de haricots blancs en grains frais (125 g s'ils sont secs)
250 g de haricots rouges en grains frais (125 g s'ils sont secs)
1 petit chou frisé
2 pommes de terre
1 oignon
2 gousses d'ail
150 g de gras de jambon fumé
150 g de riz ou de pâtes
2 cuillerées à soupe d'huile d'olive
sel, poivre

• Écosser les haricots (s'ils sont secs, il faut les avoir fait tremper depuis la veille au soir). Peler les autres légumes, ôter les feuilles extérieures du chou ainsi que son trognon.

• Dans une marmite ou un fait-tout rempli aux deux tiers d'eau salée, mettre les haricots, les pommes de terre lavées et épluchées, l'oignon émincé, 1 gousse d'ail et la moitié du gras de jambon. Porter à ébullition, puis réduire à chaleur moyenne. Cuire 1 h 30.

• Vingt minutes avant la fin de la cuisson, jeter dans l'eau le chou coupé en petits morceaux, ainsi que les pâtes ou le riz. Pendant ce temps, dans une poêle, faire revenir doucement, à l'huile, le reste du gras de jambon et 1 gousse d'ail hachés très fin. Verser dans la soupe 5 minutes avant de servir.

Soupe au pistou

PROVENCE
ET COMTÉ DE NICE

PRÉPARATION : 40 MINUTES
CUISSON : 2 HEURES
FACILE
🍷 COTEAUX-VAROIS AOC ROSÉ

Pour 6 personnes :
5 petites courgettes
5 carottes
5 navets ou un petit céleri-rave
2 poireaux moyens
2 gros oignons
2 belles tomates fermes
200 g de haricots verts
100 g de haricots blancs frais à écosser
100 g de haricots rouges frais à écosser
1 bouquet garni (thym, laurier, persil)
100 g de gros macaronis (facultatif)
sel, poivre

Pour le pistou (qui est le mélange, et non le basilic qui entre dans la composition) :
1 bouquet de basilic, 3 gousses d'ail
6 cuillerées à soupe d'huile d'olive
100 g de gruyère ou de parmesan râpé (facultatif)

• Peler, laver et couper en petits morceaux les légumes. Les mettre dans un fait-tout, couverts d'eau, avec le bouquet garni. Saler, poivrer. Amener à ébullition. Laisser cuire 2 heures à petits bouillons.

• Les tomates sont ajoutées 10 minutes avant de servir (certains les mixent même avec le pistou).

• Préparer le pistou. Dans un mortier, écraser l'ail pelé, puis y ajouter le basilic, l'huile d'olive et, éventuellement, le fromage.

• Le pistou ne doit pas cuire. On le sert à part en saucière et chacun en mélange un peu à la soupe.

Ravioli

COMTÉ DE NICE ET CORSE

PRÉPARATION : 30 MINUTES
REPOS DE LA PÂTE : 1 HEURE
CUISSON : 12 MINUTES ENVIRON
DIFFICILE
BELLET AOC BLANC

POUR 6 PERSONNES :

Pour la pâte :
700 g de farine
5 œufs
2 cuillerées à soupe d'huile d'olive
25 g de sel

Pour la farce :
500 g de restes de daube de bœuf
1 kg de feuilles de bette
1 gousse d'ail pelée et émincée
1 oignon pelé et émincé
1 branche de thym
1 pincée de noix de muscade
2 œufs
200 g de parmesan râpé
sel, poivre

• Préparer la pâte à ravioli ainsi : sur une plaque, placer la farine, faire une fontaine, y mettre les œufs, l'huile et le sel. Mélanger avec les doigts jusqu'à ce que la pâte forme une boule. Pétrir cette boule pendant une dizaine de minutes. Lorsqu'elle est devenue brillante et élastique, la placer dans une terrine et la laisser reposer 1 heure, sous un linge. Étendre cette pâte au rouleau en deux abaisses de l'épaisseur d'une feuille de papier.

• Préparer le hachis avec le reste de bœuf en daube, les feuilles de bette blanchies et lavées, les œufs, le thym effeuillé, une pointe de muscade, la gousse d'ail, l'oignon. Arroser, si la farce paraît trop sèche, avec une ou deux cuillerées de jus de daube.

• Sur l'une des deux abaisses de pâte, ranger de petits tas de farce de 2 cm, éloignés les uns des autres de 2 cm également. Lorsque tous les petits tas ont été formés, étendre délicatement la seconde abaisse sur la première et presser légèrement entre les petits tas de farce, afin de bien faire adhérer les abaisses dans les intervalles.

• Avec une roulette à pâtisserie, découper les ravioli en carrés. Bien les fariner et les déposer sur un linge. Faire cuire à l'eau une douzaine de minutes, servir très chaud avec une noix de beurre et saupoudrer de parmesan. En Corse, la farce comprend en outre du fromage de brocciu et du jambon cru de pays.

Ravioli

Salade niçoise

COMTÉ DE NICE

PRÉPARATION : 35 MINUTES
TRÈS FACILE
CÔTES-DE-PROVENCE AOC ROUGE, ROSÉ
ON FAIT BEAUCOUP DE CHOSES SOUS CE NOM, VOICI LA VRAIE RECETTE :

POUR 6 PERSONNES :
10 tomates moyennes
1 concombre de bonne taille
200 g de fèves fraîches (si la saison s'y prête)
12 petits artichauts violets poivrade (si la saison s'y prête)
2 poivrons verts
6 petits oignons blancs
1 bouquet de basilic
1 gousse d'ail
3 œufs durs
12 filets d'anchois
100 g d'olives noires (de Nice, de préférence)

Salade niçoise

6 cuillerées à soupe d'huile d'olive
sel, poivre

• Couper les tomates en quartiers et les saler légèrement pour leur faire rendre leur eau. Les poser sur du papier absorbant. On peut expulser les pépins.

• Couper les œufs en quartiers. Couper en trois ou quatre morceaux les filets d'anchois préalablement dessalés sous l'eau courante et débarrassés du gros de leurs arêtes. Émincer le concombre finement, et aussi les poivrons en anneaux, enfin les oignons. Écosser les fèves et ôter leur seconde peau. Émincer les artichauts.

• Avec la gousse d'ail, frotter jusqu'à usure les parois d'un grand saladier, placer tous les ingrédients à l'intérieur et ajouter les olives. S'assurer que les tomates sont sèches ; les saler encore. Composer la sauce avec l'huile d'olive, le basilic haché fin, du poivre et du sel.

• Servir frais.

Gnocchi

COMTÉ DE NICE ET CORSE

PRÉPARATION : 50 MINUTES
REPOS DE LA PÂTE : 30 MINUTES
CUISSON : QUELQUES MINUTES
FACILE
BELLET AOC BLANC

POUR 6 PERSONNES :
1 kg de pommes de terre farineuses
250 g de farine
1 œuf
100 g de parmesan râpé
50 g de beurre
sel

• Peler les pommes de terre et les faire bouillir à l'eau salée. Les passer, quand elles sont bien cuites, à la grille fine du moulin à légumes. Au chaud, mélanger vivement à cette purée la farine, le beurre et l'œuf. Laisser reposer cette pâte pendant 30 minutes dès qu'elle est devenue homogène.

• Rouler entre les mains, sur une planche farinée, des morceaux de cette pâte de la grosseur d'un œuf de bonne taille. En faire des rouleaux de la grosseur du doigt.

• Détailler ces rouleaux, au couteau, en tronçons de 3 cm de long.

• Écraser au doigt, légèrement, le centre de chaque gnocchi pour faciliter la cuisson.

• Plonger les gnocchi dans un grand récipient d'eau bouillante. Ils sont cuits dès qu'ils remontent à la surface.

• Les égoutter, les servir avec du beurre et du parmesan, ou avec une sauce tomates.

Pissaladière

COMTÉ DE NICE

PRÉPARATION : 45 MINUTES
CUISSON : 15 MINUTES
FACILE
🍷 COTEAUX-DE-PIERREVERT AOC BLANC

POUR 10 PERSONNES :

500 g de pâte à pain (achetée chez le boulanger)
3 kg d'oignons
2 gousses d'ail
50 g d'olives noires de Nice
10 filets d'anchois
1 bouquet garni (thym, laurier, persil)
6 cuillerées à soupe d'huile d'olive
sel, poivre

• Émincer finement les oignons et les faire fondre, légèrement salés, à feu très doux, dans une marmite ou une cocotte couverte, avec les gousses d'ail écrasées à la pointe du couteau, le bouquet garni et 1 cuillerée à soupe d'huile d'olive. Ils doivent être très cuits, sans prendre couleur.

• Étendre la pâte à pain sur une plaque, à une épaisseur de 1,5 cm. Elle doit former un cercle de 25 cm de circonférence. La placer dans une tourtière et la laisser lever dans un endroit tiède.

• Quand le volume de la pâte a doublé, la faire sécher à four assez chaud.

• Enlever le bouquet garni du récipient où cuisent les oignons et coucher ceux-ci sur la pâte sèche. Éparpiller au-dessus les olives et ranger les filets d'anchois en rayons de bicyclette.

• Arroser d'un bon filet d'huile d'olive.

• Enfourner à forte chaleur pendant 15 minutes.

• Poivrer à la sortie du four.

Pissaladière

Tapenade

PROVENCE

Macération des olives : 2 heures
Préparation : 10 minutes
Très facile
🍷 Côtes-du-Rhône-villages AOC blanc

Pour 4 personnes :

250 g d'olives noires (de préférence de Nyons)
150 g de câpres
100 g de filets d'anchois dessalés
2 dl d'huile d'olive
le jus d'un citron
poivre

- Dessaler à l'eau courante les anchois. Ôter les arêtes. Dénoyauter les olives et les faire macérer 2 heures dans l'huile.

- Piler dans un mortier câpres, anchois, olives bien égouttées. Incorporer à cette pommade l'huile d'olive et le jus de citron.

- Rectifier l'assaisonnement.

- La tapenade se mange sur des croûtons séchés au four.

Petits pâtés de Pézenas

LANGUEDOC MÉDITERRANÉEN

À commencer la veille
Préparation : 30 minutes
Cuisson : 30 minutes
Difficile
🍷 Coteaux-du-Languedoc AOC rouge

Pour 6 personnes :

600 g de farine
300 g de saindoux
300 g de filet d'agneau ou de gigot
150 g de graisse de rognon de veau
150 g de graisse de rognon de mouton
500 g de cassonade
2 citrons
1 œuf
sel

- La veille, préparer la pâte. Dans une terrine, mélanger la farine, le saindoux et une pincée de sel, puis ajouter peu à peu une petite quantité d'eau et pétrir cette pâte à la main jusqu'à former une boule ferme, qui ne colle plus aux doigts. Laisser reposer au frais.

- Le jour venu, couper l'agneau en petits morceaux, hacher fin les graisses de rognons et mélanger le tout. Râper le zeste des citrons et l'ajouter, ainsi que la cassonade, au hachis. Travailler ce mélange pour l'amalgamer. Abaisser la pâte au rouleau à une épaisseur de 7 mm. Découper à l'emporte-pièce des cercles de 4 à 5 cm. Il faut deux cercles pour chacun des douze pâtés.

- Ramasser le reste de la pâte, la triturer un peu et l'abaisser pour découper des bandes qui seront roulées de façon à faire de petits tubes. Poser chacun de ces tubes sur une rondelle de pâte, le remplir de farce et le fermer avec une autre rondelle. Dorer en badigeonnant avec un jaune d'œuf.

- Cuire à four chaud 30 minutes.

- Ces petits pâtés se mangent chauds.

Escargots à la languedocienne

LANGUEDOC
MÉDITERRANÉEN

PRÉPARATION : 25 MINUTES
CUISSON : 30 MINUTES
FACILE
🍷 MINERVOIS AOC ROUGE

POUR 4 PERSONNES :

4 douzaines d'escargots
(en boîte si on ne les prépare pas)
200 g de jambon cru
1 gros oignon
2 gousses d'ail
2 cuillerées à soupe d'huile d'olive
2 tomates
1 petit piment
20 cl de bouillon
1 petit bouquet de persil plat
1/2 verre de vin blanc sec du Languedoc
sel, poivre

• Égoutter les escargots de la boîte 1 heure avant le repas.

• Hacher un gros oignon et l'ail écrasé. Tailler le jambon en dés de 2 à 3 cm de côté.

• Dans une poêle, faire bien chauffer l'huile, jeter le jambon et le faire revenir sans rissoler. Le retirer et le faire sécher sur du papier absorbant. À la place, mettre dans l'huile le hachis d'oignon et d'ail.

• Remuer délicatement avec une cuiller de bois, laisser blondir à feu doux, remettre les dés de jambon.

• Jeter ensuite les tomates pelées, épépinées et coupées en morceaux, puis le piment.

• Ajouter les escargots, mouiller du bouillon et du vin blanc. Couvrir.

• Baisser le feu et laisser mijoter 30 minutes. Rectifier l'assaisonnement.

• Servir avec du persil ciselé.

Beurre de Montpellier

LANGUEDOC
MÉDITERRANÉEN

PRÉPARATION : 25 MINUTES
FACILE
🍷 PICPOUL-DE-PINET AOC BLANC

POUR 6 PERSONNES :

100 g de cresson
100 g de pimprenelle
50 g d'épinards
50 g de persil
50 g de cerfeuil
10 g d'estragon
2 cornichons au vinaigre
1 cuillerée à soupe de câpres
5 filets d'anchois
2 gousses d'ail
1 échalote
1 branche de thym
300 g de beurre
2 cuillerées à soupe d'huile d'olive

• Il s'agit d'une sauce verte froide, qui accompagne poissons et viandes froids. Faire bouillir 2 l d'eau. Retirer du feu et y jeter le cresson, la pimprenelle, les épinards, le persil, le cerfeuil et l'estragon. Couvrir et laisser infuser 2 minutes. Égoutter les herbes et les presser dans un linge pour en exprimer toute l'eau.

• Peler l'échalote et l'ail, les hacher fin et effeuiller le thym. Mélanger aux herbes les cornichons, les câpres et les filets d'anchois dessalés. Hacher et malaxer le tout longuement. Incorporer le beurre, malaxer de nouveau jusqu'à obtenir une pâte homogène. Incorporer l'huile à l'ensemble.

Berlingueto

PROVENCE

PRÉPARATION : 15 MINUTES
CUISSON : 10 MINUTES
FACILE
🍷 TAVEL AOC ROSÉ

POUR 2 PERSONNES :

4 œufs durs
1 jaune d'œuf cru
1/2 tasse de mie de pain de campagne
6 filets d'anchois à l'huile
1 gousse d'ail
2 branches de persil
10 feuilles de basilic
4 cuillerées à soupe de crème fleurette
4 cuillerées à café de chapelure
1 cuillerée à soupe d'huile d'olive
sel, poivre

• Couper en deux les œufs durs dans le sens de la longueur, en ôter les jaunes et mettre ceux-ci dans un bol.

• Placer les blancs d'aplomb, en sectionnant un peu de leur arrondi. Tremper la mie de pain dans la crème.

• Enlever les anchois de l'huile, les égoutter, ôter le maximum d'arêtes apparentes, les hacher au couteau, les mettre dans le bol où se trouvent les jaunes d'œufs avec le persil et le basilic ciselés. Écraser l'ail, le mettre également dans le bol, ainsi que la mie de pain.

• Saler, poivrer, malaxer à la fourchette jusqu'à faire une pâte. Mélanger à cette pâte le jaune d'œuf cru.

• Huiler un plat à gratin, remplir les moitiés de blanc d'œufs du mélange jusqu'à en former un dôme. Saupoudrer de chapelure, arroser avec le reste de crème.

• Mettre à four moyen 10 minutes.

> * *À Pâques, où l'agneau de Provence était sur toutes les tables, on a fait longtemps la pascaline : l'animal était présenté entier, désossé et farci. Jusqu'au règne de Louis XV, on en servit à la table du roi de France, pour le déjeuner pascal.*

Bouillabaisse

PROVENCE

PRÉPARATION : 30 MINUTES
CUISSON : 1 H 30
DIFFICILE
CASSIS AOC BLANC

POUR 6 PERSONNES :

Pour la soupe :
2 kg de petits poissons (girelles, petites rascasses et congres)
25 cl d'huile d'olive
1/2 pied de céleri
2 tomates
1 tête d'ail
1 poireau
2 oignons
1 bouquet garni (thym, laurier, persil, fenouil)
1 petit piment
2 g de filaments de safran
2,5 l d'eau
sel, poivre

Pour les poissons :
4 kg, selon l'approvisionnement, de chapon, saint-pierre, vive, galinette (grondin), rascasse, baudroie

Pour la rouille :
4 jaunes d'œufs
6 gousses d'ail
1 petit piment
1 g de filaments de safran
25 cl d'huile d'olive
sel, poivre

Pour l'accompagnement :
1 kg de pommes de terre
1 baguette de pain

• Préparer la soupe. Peler et hacher l'ail, les oignons et les divers légumes. Vider, écailler et laver les poissons de la soupe. Dans une grande cocotte, faire blondir à l'huile d'olive le hachis de légumes. Ajouter les poissons. Saler, poivrer.

• Laisser cuire 10 minutes à feu vif, en remuant avec une cuiller de bois, jusqu'à obtenir la consistance d'une pâte. Ajouter le bouquet garni, le piment, verser les 2,5 l d'eau bouillante. Mélanger en portant à ébullition et laisser cuire à léger bouillottement 40 minutes. Passer la soupe au chinois, en pressant bien légumes et poissons avec la cuiller pour extraire les sucs, verser en casserole, faire frémir et ajouter les filaments de safran émiettés.

• Peler les pommes de terre, les couper en rondelles épaisses et les faire cuire à feu doux 30 minutes dans un peu de soupe.

• Préparer la rouille. Peler l'ail, l'écraser en pommade dans un mortier avec piment et safran. Saler, poivrer. Ajouter les jaunes d'œufs et monter comme une mayonnaise avec l'huile d'olive (à la cuiller de bois ou au batteur).

• Écailler, vider et laver les gros poissons. Les faire pocher 10 minutes dans la soupe. Pendant ce temps, détailler la baguette de pain en rondelles, qu'on frotte d'ail et qu'on fait griller.

• Servir la soupe dans la soupière, les poissons (entiers ou filets levés) dans un plat avec les pommes de terre, la rouille et les croûtons à part.

Bouillabaisse

Tian de merlussa

COMTÉ DE NICE

À COMMENCER 36 HEURES AVANT
PRÉPARATION : 20 MINUTES
CUISSON : 30 MINUTES
DIFFICILE
🍷 CÔTES-DU-VENTOUX AOC BLANC

LE TIAN EST LE PLAT ALLANT AU FOUR ;
PAR EXTENSION, LE MOT DÉSIGNE SON CONTENU.

POUR 4 PERSONNES :

600 g de morue séchée
4 tomates
4 oignons
2 gousses d'ail
les feuilles de 4 bettes
3 branches de céleri
1 petit bouquet de persil et de menthe fraîche
3 cuillerées à soupe d'huile d'olive
sel, poivre

• Dessaler la morue 36 heures à l'eau courante. L'égoutter. Peler et émincer les oignons. Écraser l'ail. Jeter l'oignon et l'ail dans la casserole où chauffe l'huile. Laisser prendre couleur pendant 10 minutes.

• Pendant ce temps, peler et épépiner les tomates. Les couper en tranches et les poser sur du papier absorbant. Tronçonner le céleri, après avoir ôté les fils des côtes, en morceaux de 3 cm. Pocher, avec l'ail enlevé de la casserole, la morue, dont on ôte la peau et les arêtes. Arrêter l'ébullition quand l'eau frémit et laisser la morue 5 minutes. Égoutter et conserver l'ail. Blanchir, puis égoutter le céleri. Dans l'eau de cuisson encore chaude qui a servi à pocher la morue, jeter 1 minute les feuilles de bette. Égoutter. Préchauffer le four à chaleur assez forte.

• Retirer les oignons avec une écumoire et conserver leur huile de cuisson. Disposer au fond du tian la moitié des oignons et parsemer l'ail récupéré et haché. Effeuiller la morue. Placer tomates, oignons, céleri, feuilles de bette, morue, en rangées dans le sens de la largeur du tian. Parsemer de persil et de menthe ciselés, arroser avec l'huile de cuisson. Saler peu et poivrer généreusement. Couvrir d'une feuille de papier aluminium. Passer 10 minutes au four.
Si l'on veut, après 5 minutes, on peut disperser à la surface de la préparation du gruyère ou du parmesan.

Rougets à la bonifacienne

CORSE

PRÉPARATION : 20 MINUTES
CUISSON : 30 MINUTES
FACILE
🍷 VIN DE CORSE AOC ROUGE

POUR 6 PERSONNES :

1 kg de rougets moyens
2 cuillerées à soupe d'huile d'olive
6 anchois
4 gousses d'ail
1 cuillerée à soupe de purée de tomates ou 3 cuillerées de coulis peu fluide
1 bouquet de persil
3 cuillerées à soupe de chapelure
sel, poivre

• Écailler les rougets sans léser la peau et les essuyer avec précaution. Les vider et réserver le foie.

• Dessaler les anchois sous l'eau courante et les débarrasser des arêtes. Les piler avec la tomate, un hachis fin d'ail et de persil, une cuillerée à soupe d'huile. Poivrer. Saler avec précaution. Incorporer le foie des rougets réduit en purée.

• Huiler un plat à four, y verser le mélange. Coucher les rougets au-dessus, les saupoudrer de chapelure.

• Faire cuire à four chaud 30 minutes.

Aïoli

PROVENCE
ET COMTÉ DE NICE

À COMMENCER 2 JOURS AVANT
PRÉPARATION : 1 HEURE
CUISSON : 1 HEURE
+ 1 HEURE POUR LES HARICOTS SECS
DIFFICILE OU TRÈS DIFFICILE,
SELON LA COMPOSITION
🍷 CASSIS AOC BLANC

L'AÏOLI EST LE NOM DE LA SAUCE,
MAIS IL S'ÉTEND À CE QUI L'ACCOMPAGNE,
ET QUI PEUT VARIER À L'INFINI ;
VOICI UNE RECETTE, DITE DU « GRAND AÏOLI » :

POUR 10 PERSONNES :

1,5 kg de morue séchée
2 douzaines d'escargots de mer, dits « bulots », ou d'escargots
10 petits artichauts poivrade
12 carottes
500 g de haricots verts
500 g de haricots secs ou de pois chiches
20 petites pommes de terre
6 œufs
2 cuillerées à soupe d'huile d'olive
1 verre de vin blanc
1 bouquet garni (thym, laurier, persil, fenouil)
sel, poivre, gros sel
<u>Pour l'aïoli :</u>
20 gousses d'ail
3 jaunes d'œufs
1 citron
75 cl d'huile d'olive
1 pincée de sel, poivre

• Faire dessaler 2 jours la morue à l'eau courante.

• La veille, faire tremper une nuit les haricots secs ou les pois chiches. Mettre les escargots à dégorger dans un récipient avec 3 ou 4 poignées de gros sel.

• Le jour de la préparation : laver les escargots à plusieurs eaux, jusqu'à disparition de la bave, et les faire cuire au court-bouillon avec sel, poivre et bouquet garni. Égoutter les haricots secs ou les pois chiches, les rincer et les faire cuire à l'eau, qu'on poivrera, mais qu'on ne salera que 10 minutes avant la fin de la cuisson, pendant 2 heures à petits bouillons. De cette façon, les haricots ne durciront pas.

• Peler et nettoyer les légumes. Les faire cuire séparément, à mesure de leur temps de cuisson. Les réserver au chaud après les avoir égouttés, recouverts d'une serviette.

• Bien égoutter la morue, lui ôter la peau et les arêtes, la sécher et la couper en morceaux de 5 à 6 cm de côté. Faire bouillir 2 l d'eau avec le bouquet garni. À l'ébullition, plonger la morue, ramener à petit feu et faire cuire le poisson 15 minutes à léger frémissement.

• Retirer pendant ce temps les escargots de leur coquille, leur ôter la partie noire, faire chauffer l'huile, y faire revenir les escargots, ajouter le vin blanc et un peu de persil haché. Laisser mijoter doucement pendant 20 minutes.

• Entre-temps, faire durcir les œufs 10 minutes dans l'eau bouillante, les refroidir, les écaler. Peler les pommes de terre, qui ont cuit dans leur peau. Pendant ces opérations, on a monté l'aïoli.

• Peler l'ail, en ôter le germe s'il y en a. Placer les gousses dans un mortier et les réduire soigneusement en pommade avec un pilon. Ajouter les jaunes d'œufs, sel et poivre, 1 cuillerée à café d'eau froide. Mélanger au pilon le tout. Verser ensuite l'huile goutte à goutte en tournant avec une cuiller de bois (ou un batteur, mais les Provençaux réprouvent cet instrument). Après avoir incorporé un tiers de l'huile, verser le jus du citron, puis reprendre l'opération, en procédant toujours aussi lentement. Faire attention, car le mélange doit durcir, mais pas trop. Dans ce cas, on peut incorporer une cuillerée à café d'eau froide. Disposer les éléments sur un grand plat.

• Servir l'aïoli en saucière.

Aïoli

Bourride à la sétoise

LANGUEDOC MÉDITERRANÉEN

PRÉPARATION : 15 MINUTES

CUISSON : 30 MINUTES

FACILE

🍷 CLAIRETTE DU LANGUEDOC AOC BLANC

POUR 4 PERSONNES :

4 tranches de lotte (baudroie), de 250 g chacune (ou tout autre poisson blanc)
quelques coquillages (facultatif)
1 carotte
10 feuilles de céleri
1 grande feuille de bette
2 blancs de poireau
4 cuillerées à soupe d'huile d'olive
sel, poivre

Pour l'aïoli :

2 gousses d'ail
2 jaunes d'œufs

Bourride à la sétoise

1/2 cuillerée à café de moutarde forte
1 dl d'huile d'olive

• Hacher fin les légumes, faire chauffer l'huile dans la sauteuse ou la poêle, faire revenir sans colorer, à feu doux, 10 minutes. Ajouter les tranches de lotte. Saler, poivrer. Couvrir.

• Laisser cuire 10 minutes à feu doux, puis retourner les poissons et laisser cuire encore 10 minutes.

• Pendant ce temps, préparer l'aïoli. Piler l'ail dans un mortier, en pommade, ajouter moutarde et jaunes d'œufs.

• Bien mélanger et laisser reposer 1 minute, puis verser l'huile en mince filet, en fouettant.

• Retirer le poisson de la sauteuse, le réserver au chaud dans un plat de service. Verser l'aïoli dans la sauteuse, le mélanger au jus de cuisson et en napper le poisson.

• Peut se servir avec des pommes vapeur.

Feuilleté aux anchois

ROUSSILLON

PRÉPARATION : 25 MINUTES (SANS LA PÂTE)
CUISSON : 20 MINUTES
FACILE
CLAIRETTE DE BELLEGARDE AOC BLANC

POUR 4 PERSONNES :
300 g de pâte feuilletée
3 cuillerées à soupe d'huile d'olive
5 œufs
2 douzaines de filets d'anchois à l'huile
1 kg de tomates
1 cuillerée à café de sucre semoule
50 g d'olives dénoyautées, vertes ou noires
sel, poivre, cayenne

• Abaisser la pâte feuilletée à 2 mm d'épaisseur, en garnir une tourtière huilée.

• Badigeonner la pâte avec un œuf battu pour la dorer. Égoutter les filets d'anchois. Faire durcir les 4 œufs 10 minutes à l'eau bouillante. Réserver 2 tomates fermes, couper les autres, pelées et épépinées, en morceaux, dans une casserole, en ajoutant le reste d'huile, du sel, du poivre, le sucre et du cayenne. Faire fondre à feu doux en remuant, afin de laisser l'eau s'évaporer.

• Laisser tiédir cette purée ; l'étaler ensuite sur la pâte, mettre au-dessus les œufs durs coupés en rondelles, puis les tomates réservées, pelées, épépinées, égouttées et coupées en tranches, puis les filets d'anchois, enfin les olives dénoyautées.

• Faire cuire 20 minutes à four moyen.

• Servir chaud, tiède ou froid.

Thon à la catalane

ROUSSILLON

PRÉPARATION : 10 MINUTES
CUISSON : 20 MINUTES
FACILE
CÔTES-DU-ROUSSILLON AOC ROUGE

POUR 4 PERSONNES :
1 tranche de thon frais de 800 g
800 g de tomates
100 g de cornichons au vinaigre
100 g de petits oignons au vinaigre
1 cuillerée à soupe de concentré de tomates ou 1/2 verre de coulis de tomates
1 verre d'huile d'olive
quelques brins de persil et de coriandre fraîche
sel, piment de cayenne

• Peler, épépiner et couper en quartiers les tomates. Mettre en cocotte la moitié de l'huile, les tomates et la tranche de thon au-dessus.

• Assaisonner de sel et de piment. À l'huile qui reste mélanger le concentré ou le coulis de tomates et verser sur le thon.

• Cuire à couvert, à feu doux, 20 minutes, en retournant la tranche de thon à mi-cuisson.

• Cinq minutes avant la fin de la cuisson, ajouter les cornichons coupés en rondelles, les oignons et les herbes.

• Laisser refroidir et servir après avoir ôté les herbes, la peau et l'arête du thon.

Stocaficada

COMTÉ DE NICE

À COMMENCER 4 JOURS AVANT
PRÉPARATION : 15 MINUTES
CUISSON : 2 HEURES
FACILE
CÔTES-DE-PROVENCE AOC ROUGE

POUR 10 PERSONNES :
1,5 kg de stockfish (ou de morue séchée)
150 g de boyaux de morue séchés
3 dl d'huile d'olive
1 gros oignon
le blanc d'un gros poireau
200 g d'olives noires dénoyautées
1 bouquet garni (thym, laurier, persil, fenouil)
4 gousses d'ail
1 kg de pommes de terre nouvelles
2,5 kg de tomates pelées, épépinées et coupées en morceaux

• Attendrir le stockfish ou la morue en le frappant. Le faire dessaler, ainsi que les boyaux, 4 jours dans l'eau courante.

• S'il s'agit de morue séchée, dessaler pendant 36 heures. Effeuiller ensuite la morue après en avoir ôté peau et arêtes.

• Mettre l'huile dans une grande casserole ou dans une cocotte. Faire rissoler, en remuant à la cuiller de bois, l'oignon et le poireau émincés. Baisser le feu, ajouter le bouquet garni, l'ail finement haché, les tomates.

• Sur ce lit, étendre les feuilles de morue et les boyaux. Cuire à feu doux. Après 1 h 30 de cuisson, rectifier l'assaisonnement, ajouter les olives noires et les pommes de terre coupées en tranches épaisses. Cuire encore 30 minutes.

Civet de langouste à la catalane

ROUSSILLON

PRÉPARATION : 30 MINUTES
CUISSON : 30 MINUTES
DIFFICILE
BANYULS AOC ROUGE - VIN DOUX NATUREL

Pour 4 personnes :

2 langoustes de 700 g chacune
10 cl d'huile d'olive
1 petit verre de marc
1/2 bouteille de vin de Banyuls rancio
100 g d'oignons
100 g d'échalotes
4 gousses d'ail
4 tomates
1 bouquet garni (thym, laurier, persil)
100 g de beurre
1 pointe de cayenne
sel, poivre

• La langouste se tronçonne vivante. Effectuer l'opération sur un plat creux pour récupérer le liquide. Détacher les pattes et les antennes, séparer les coffres (la tête), couper les queues en tronçons, selon les articulations de la carapace. Réserver les œufs, s'il y en a.

• Faire revenir immédiatement les tronçons et les pattes dans l'huile d'une sauteuse ou d'une poêle, sur feu moyen. Bien agiter afin que toutes les parties rougissent. Réserver.

• Ouvrir les coffres en deux, récupérer, avec les œufs, le corail et les parties crémeuses et les réserver également. Faire revenir les coffres dans la sauteuse. Réserver.

• Ensuite, à feu doux, dans le même récipient, faire blondir les oignons et échalotes pelés et hachés. Ajouter l'ail pelé et haché, enfin les tomates qui auront été pelées, épépinées et coupées en morceaux. Laisser cuire 10 minutes.

• Remettre dans la sauteuse les morceaux de langouste, arroser de marc, flamber, puis verser le banyuls et ajouter le bouquet garni. Saler, poivrer, laisser mijoter 10 minutes.

• Disposer les tronçons de langouste sur un plat de service. Tenir au chaud.

• Dans la sauteuse, mettre, ajoutés au fond de cuisson, le corail, les parties crémeuses, éventuellement les œufs, le liquide du découpage. Faire revenir 5 minutes, puis passer le tout au chinois.

• Dans une casserole, incorporer à ce jus le beurre et le cayenne, en fouettant. Le verser sur les morceaux de langouste et servir.

Rougets à la niçoise

COMTÉ DE NICE

Préparation : 20 minutes
Cuisson : 25 minutes
Facile
🍷 Palette AOC blanc

Pour 6 personnes :

12 rougets de roche
12 filets d'anchois
1 kg de tomates
1 vingtaine d'olives noires de Nice
1 cuillerée à soupe de câpres
5 citrons
1 verre de farine
60 g de beurre
1 bouquet de persil
1 bon verre d'huile d'olive
sel, poivre

• Écailler les rougets avec précaution, pour ne pas léser la fine peau. Sans les vider, inciser légèrement, de trois entailles, leurs flancs. Les rouler dans un mélange de sel et de poivre, puis dans la farine.

• Dans une poêle contenant de l'huile en quantité suffisante, faire dorer les poissons en les arrosant et en les retournant une fois. Ils doivent frire dans l'huile très chaude.

• Retirer les rougets avec une spatule et les ranger dans un plat à gratin.

• Les recouvrir des tomates pelées, épépinées, égouttées et concassées. Poser sur chaque poisson 2 rondelles de citron pelé à vif, ainsi qu'un filet d'anchois. Disperser dans le plat les olives et les câpres. Arroser d'un jus de citron, saupoudrer de persil haché. Mettre le plat à four doux 20 minutes.

• Pendant ce temps, faire fondre doucement le beurre en casserole et en arroser les rougets au moment de servir.

Bourride

PROVENCE

Préparation : 30 minutes
Cuisson : 20 minutes
Difficile
🍷 Coteaux-d'Aix-en-Provence AOC rosé et Coteaux-des-Baux-de-Provence AOC rosé

Pour 8 personnes :

2,5 kg de poissons blancs (baudroie, merlan, loup, saint-pierre, etc.)
1 oignon
1 poireau
1 carotte
6 gousses d'ail
1 tomate
1 bouquet garni (thym, laurier, fenouil)
l'écorce d'une orange, à condition qu'elle ne soit pas traitée
50 cl de vin blanc sec de Provence
75 cl d'huile d'olive
8 œufs
quelques tranches de pain rassis ou grillé
sel, poivre

• Écailler, vider, nettoyer et tronçonner les poissons. Peler et émincer oignon, blanc du poireau et carotte. Peler l'ail.

• Dans une grande casserole, placer les morceaux de poisson, les légumes émincés, la tomate

pelée et épépinée en quartiers, le bouquet garni, éventuellement un quart de l'écorce d'orange. Saler, poivrer. Mouiller de vin blanc et de 2 cuillerées à soupe d'huile. Compléter d'eau bouillante à hauteur du contenu de la casserole. Monter à ébullition à feu vif et faire bouillir vivement 10 minutes.

• Pendant ce temps, on aura fait un aïoli (voir recette p. 194).

• Réserver les morceaux de poisson dans un plat chaud et passer le contenu du récipient. Réserver.

• Prélever une cuillerée à soupe d'aïoli par convive. Placer le reste dans une casserole ou un poêlon et y amalgamer, un à un, les jaunes des 8 œufs, hors du feu.

• Sur un feu très doux, avec une plaque isolante interposée, poser la casserole. Y verser lentement le bouillon filtré, en tournant sans cesse avec la cuiller de bois. Ne pas faire bouillir.

• Laisser épaissir le mélange en tournant. Dès qu'il est devenu onctueux, retirer du feu.

• Disposer sur les assiettes creuses des tranches de pain rassis ou grillé. Verser dessus le mélange. Le poisson est présenté à part et le reste de l'aïoli en saucière.

Gigot de mer à la palavasienne

LANGUEDOC
MÉDITERRANÉEN

PRÉPARATION : 25 MINUTES
CUISSON : 55 MINUTES
FACILE
🍷 COTEAUX-DU-LANGUEDOC AOC BLANC

POUR 6 PERSONNES :

1,5 kg de baudroie (appelée lotte à Paris)
3 gousses d'ail
3 oignons
4 poivrons verts
1 verre d'huile d'olive
sel, poivre

• La baudroie est prise en un seul morceau et dépouillée de sa peau. Peler l'ail, couper les gousses en deux ou trois morceaux et en piquer la baudroie.

• Peler et couper les oignons en rondelles.
Laver et sécher les poivrons ; les couper en deux pour en ôter les graines et les parties blanches. Les découper en larges lanières. Dans une casserole, mettre 3 cuillerées à soupe d'huile d'olive, les oignons et les poivrons.

• Cuire à feu doux une dizaine de minutes, sans colorer.

• Disposer la baudroie dans un plat allant au four, verser l'huile sur le poisson salé et poivré et dans le fond du plat. Entourer la pièce des oignons et des poivrons.

• Enfourner à chaleur modérée et laisser rôtir 45 minutes, en arrosant plusieurs fois le poisson, qu'on retourne à mi-cuisson.

Brandade nîmoise

LANGUEDOC
MÉDITERRANÉEN

À COMMENCER LA VEILLE
PRÉPARATION : 20 MINUTES
CUISSON : 20 MINUTES
DIFFICILE
🍷 CÔTES-DU-RHÔNE-VILLAGES AOC ROSÉ

POUR 4 PERSONNES :

1 kg de morue salée
40 cl d'huile d'olive
40 cl de lait
ail, muscade (facultatif)
sel, poivre

• Dessaler la morue à l'eau courante pendant 24 heures. La faire pocher 10 minutes dans de l'eau frémissante. Égoutter.

• Dans un récipient qu'il est conseillé de ne choisir ni en aluminium ni en fonte, effeuiller la morue.

• À feu doux, l'écraser à la spatule, en tournant et en incorporant peu à peu de l'huile.

• Quand on a utilisé ainsi le tiers de l'huile, verser la même quantité de lait bouilli tiède, toujours en un mince filet et en tournant.

• Continuer en alternant l'huile et le lait jusqu'à épuisement des ingrédients. Poivrer et ne saler qu'avec prudence.

• La brandade se sert avec des croûtons grillés ou frits au beurre. Certaines recettes ajoutent de l'ail, voire de la muscade.

Loup farci

PROVENCE
ET COMTÉ DE NICE

PRÉPARATION : 20 MINUTES
CUISSON : 45 MINUTES
FACILE
🍷 CASSIS AOC BLANC

POUR 8 PERSONNES :

1 loup de 1,5 kg
200 g de jambon cru ou de petit salé maigre
1 gros oignon
500 g de tomates
300 g de champignons de Paris
100 g d'olives dénoyautées
100 g de câpres
2 ou 3 branches de fenouil
2 gousses d'ail
1 bouquet de persil
1 l de vin blanc sec de Provence
1/2 verre d'huile d'olive
sel, poivre

• Vider, nettoyer, sécher le loup. Le saler et le poivrer extérieurement et intérieurement. Le piquer avec des branches de fenouil. Hacher fin le jambon, les câpres, les champignons, les olives dénoyautées, l'oignon, le persil et l'ail.

• Dans une cocotte, faire chauffer 6 cuillerées à soupe d'huile d'olive et y jeter le hachis dès qu'elle commence à fumer. Bien tourner pour faire revenir la préparation. Ajouter les tomates pelées, épépinées, égouttées et concassées. Mouiller avec le vin. Faire réduire le tout des deux tiers à feu doux.

• D'autre part, dans un plat à four bien huilé, placer le loup et le passer 30 minutes à four moyen.

• Retirer le plat du four. Ouvrir le poisson en deux, après avoir ôté le fenouil. Retirer les arêtes. Verser la sauce sur une moitié du poisson et poser l'autre moitié dessus, pour qu'il paraisse farci.

• Servir très chaud.

** La cargolade, en Roussillon, est plus une fête qu'un plat. On se réunit nombreux autour d'un feu de sarments où grillent de petits escargots bruns de vigne. Tandis que les escargots (cargols, en catalan) cuisent, on verse dans chacun d'eux un peu de lard fondant. Pendant ce temps, on prépare de grandes tartines d'aïoli qui accompagneront les limaçons, arrosés de vin du pays bu au purru, sorte de gourde de verre. Viennent ensuite les côtelettes d'agneau, les saucisses, le boudin et, comme dessert, un gâteau appelé « bras de gitane ».*

Chou farci

CORSE

PRÉPARATION : 40 MINUTES
CUISSON : 3 HEURES
FACILE
🍷 PATRIMONIO AOC ROUGE

POUR 4 PERSONNES :

1 chou vert bien pommé
100 g de panzetta (poitrine de porc)
200 g de figatellu (saucisse fumée au foie)
3 oignons
100 g de mie de pain imbibée de lait
4 gousses d'ail
1 petit bouquet de persil
2 œufs
sel, poivre

Pour la cuisson :

2 l de bouillon
2 carottes
2 poireaux
2 cuillerées à soupe d'huile d'olive
1 crépine de porc

• Ôter les premières feuilles du chou ainsi que le trognon. Le faire blanchir, ainsi paré, à l'eau bouillante salée pendant 10 minutes. L'égoutter, le passer à l'eau froide et l'ouvrir en écartant les feuilles. Réserver le cœur.

• Préparer la farce. Mélanger dans une terrine la panzetta hachée au figatellu, dont on a enlevé la peau. Hacher très fin les feuilles du cœur du chou, l'ail et le persil, les oignons et mettre le tout dans la terrine des viandes, avec la mie de pain essorée.

• Lier avec les œufs et l'huile. Saler modérément et poivrer. Mélanger avec les mains jusqu'à obtenir une farce bien homogène.

• Garnir le chou ouvert avec cette farce et, en rabattant ensuite les feuilles, lui redonner sa forme primitive. L'envelopper dans la crépine et ficeler.

• Déposer le chou dans une marmite, y placer les carottes et le blanc des poireaux pelés et lavés, recouvrir le tout de bouillon et laisser mijoter 3 bonnes heures. Arroser fréquemment en cours de cuisson.

• Pour servir, ôter la ficelle. Découper le chou comme un gâteau.

Chou farci

Tripes à la niçoise

COMTÉ DE NICE

PRÉPARATION : 25 MINUTES
CUISSON : 10 HEURES
DIFFICILE
🍷 CÔTES-DU-RHÔNE-VILLAGES AOC BLANC

POUR 6 PERSONNES :

2,5 kg de tripes lavées et blanchies
500 g de jarret de veau
ou 1 pied de bœuf coupé en deux
4 gros oignons
12 carottes
5 branches de céleri
6 gousses d'ail
10 tomates
1 bouquet garni (thym, laurier, persil)
1 pointe d'origan
6 citrons non traités
1 petit verre de marc
6 cuillerées à soupe de parmesan
sel, poivre

• Si l'on n'est pas assuré du parfait nettoyage des tripes, les laver avec soin, les brosser, les blanchir, les rafraîchir.

• Les frotter au citron et les couper en lanières de 2 cm environ de largeur et de 5 cm de longueur. Les assaisonner avant cuisson de sel et de poivre.

Pigeons à la catalane

ROUSSILLON

PRÉPARATION : 30 MINUTES
CUISSON : 40 MINUTES
FACILE
🍷 COLLIOURE AOC ROUGE

POUR 4 PERSONNES :

2 pigeons préparés pour la cuisson
2 bardes de lard
80 g de maigre de jambon cru du Vallespir
12 gousses d'ail
50 g de beurre
2 cuillerées à soupe d'huile d'olive
20 cl de vin blanc
20 cl de bouillon de volaille
2 oranges amères
(ou 1/2 citron et 1/2 orange)
1 cuillerée à soupe de farine
2 cuillerées à soupe de vinaigre de vin
sel, poivre

• Peler l'ail et le placer 10 minutes à l'eau bouillante. Envelopper les pigeons dans une barde, après les avoir salés à l'intérieur et à l'extérieur.

• Découper le jambon en petits dés.
Peler les oranges amères à vif, les couper en rondelles.

• Verser l'huile et mettre le beurre dans une cocotte. À feu moyen, faire prendre couleur aux pigeons. Puis, à feu doux, ajouter les dés de jambon ainsi que les gousses d'ail écrasées et les rondelles d'orange amère (ou du citron et de l'orange), dont on aura ôté les pépins. Enfin, verser le vin et le bouillon.

• Poivrer, saler avec précaution. Couvrir, laisser mijoter 30 minutes. À mi-cuisson, retourner les pigeons. Après ce temps, retirer les pigeons et les tranches d'orange.

• Verser dans la sauce la farine délayée avec le vinaigre, tout en remuant avec la cuiller de bois, sur feu doux.

• Ôter rapidement la barde des pigeons, les couper en deux.

• Sur le plat de service, poser les pigeons et les napper de la sauce passée au chinois. Placer autour les tranches d'orange amère.

• Dans le fond d'une marmite, de préférence en terre (tripière), poser une assiette retournée.

• Placer le jarret ou le pied et un mélange des tripes et des légumes : oignons émincés, carottes en rondelles, céleri en morceaux, gousses d'ail, tomates pelées et épépinées.

• Ajouter le bouquet garni, l'origan, le petit verre de marc et recouvrir d'eau.

• Fermer la marmite en lutant le couvercle et cuire à four très doux pendant 10 heures.

• À la fin de la cuisson, sortir le contenu de la marmite. Remplir un plat à gratin avec les tripes mélangées aux légumes et au jarret (ou au pied) désossé, coupé en morceaux et mélangé au reste.

• Saupoudrer largement de parmesan et faire gratiner au four.

Daube de bœuf

PROVENCE,
COMTÉ DE NICE
CORSE

PRÉPARATION : 35 MINUTES
CUISSON : 7 HEURES
FACILE
BANDOL AOC ROUGE

POUR 8 PERSONNES :

2 kg de bœuf à braiser (gîte ou tranche)
100 g de poitrine de porc fraîche
200 g de lard gras
1 pied de veau fendu en deux en longueur
1 cuillerée à soupe de saindoux
1 cuillerée à soupe d'huile d'olive
4 oignons, dont 2 piqués de 2 clous de girofle
4 carottes
1 bouquet garni (thym, laurier, persil, sarriette)
2 gousses d'ail
3 tomates
4 échalotes
1 petite branche de céleri
1 l de vin rouge de Provence ou des Côtes du Rhône
le quart d'une écorce d'orange
sel, poivre

• Couper la viande en cubes de 5 cm de côté. Couper la moitié du lard gras en petits bâtonnets et les rouler dans de l'ail et du persil hachés très fin. Piquer ensuite les cubes de viande de ces bâtonnets, à raison d'un par cube.

• Couper en dés ce qui reste de lard gras et la poitrine de porc débarrassée de sa couenne et de ses cartilages.

• Peler les oignons, en piquer 2 de clous de girofle. Peler également échalotes, ail et carottes.

• Dans une cocotte, mettre le saindoux, l'huile et les dés de lard gras.

• Mettre à feu doux, puis ajouter après 5 minutes les dés de poitrine.

• Quand ces ingrédients ont pris couleur, à feu toujours modéré, jeter les morceaux de bœuf lardés, les oignons et les carottes fendues en quatre.

• Quand la viande présente une belle couleur brune, ajouter le pied de veau et le bouquet garni. Remuer à la cuiller de bois.

• Après 5 minutes, mettre en cocotte les tomates coupées en quatre, les échalotes, l'ail, l'écorce d'orange, le céleri. Mélanger et verser le vin rouge.

• Saler, poivrer, faire prendre l'ébullition, puis mettre à four très doux et laisser mijoter 6 h 30.

• Vérifier de temps en temps la cuisson. Si le liquide réduit trop, ajouter un peu d'eau chaude.

Estouffade de bœuf provençale

PROVENCE

PRÉPARATION : 15 MINUTES
CUISSON : 2 H 20
FACILE
GIGONDAS AOC ROUGE

POUR 6 PERSONNES :

1,5 kg d'entrecôte coupée en morceaux de 150 g environ
8 filets d'anchois
1 oignon
2 bouteilles de vin corsé des Côtes du Rhône (châteauneuf-du-pape ou gigondas)
1 dl de vinaigre de vin
1 cuillerée à soupe de concentré de tomates ou 1/2 verre de coulis de tomates
1 cuillerée de câpres
1 cornichon au vinaigre
2 gousses d'ail
1 bouquet garni (thym, laurier, persil)
2 cuillerées à soupe d'huile d'olive
sel, poivre

• Dessaler les anchois à l'eau courante et les débarrasser de leurs arêtes.

• Mettre l'huile dans la poêle. Y faire revenir les morceaux de bœuf, puis, après 5 minutes, quand ils ont pris couleur sur toutes leurs faces, les égoutter sur du papier absorbant et les placer dans une cocotte.

• Déglacer la poêle avec le vinaigre, ajouter le concentré ou le coulis de tomates, l'oignon émincé, le bouquet garni et un hachis fait des câpres, de l'ail et du cornichon. Saler, poivrer.

• Verser dessus le vin rouge et faire cuire le tout 15 minutes à feu moyen.

• Verser dans la cocotte, ajouter les anchois. Couvrir et laisser cuire 2 heures à feu doux.

• On peut servir avec des côtes de bettes blanchies, étuvées avec une gousse d'ail.

Stufatu

CORSE

PRÉPARATION : 30 MINUTES
CUISSON : 3 H 30
FACILE
CORBIÈRES AOC ROUGE

POUR 6 PERSONNES :

- 300 g de jambon cru fumé (de préférence corse)
- 750 g de bœuf à braiser
- 500 g d'épaule de mouton
- 200 g de lard gras
- 6 gousses d'ail
- 3 oignons
- 2 verres de vin blanc sec
- 1 cuillerée à soupe de coulis de tomates
- 3 cuillerées à soupe de saindoux
- 1 bouquet de toutes les herbes du maquis qu'on peut trouver : thym, laurier, sauge, romarin, menthe poivrée, sarriette
- 2 clous de girofle
- 2 grains de genièvre
- sel, poivre

• Couper les viandes en cubes de 5 cm environ de côté. Découper de petits bâtonnets de jambon cru et en larder les cubes (1 ou 2 par cube).

• Peler 2 gousses d'ail, les couper en minces éclats et les enfoncer également dans les viandes, avec la pointe d'un couteau. Rouler les

Stufatu

cubes de viande ainsi préparés dans un mélange de sel et de poivre.

• En cocotte, faire dorer au saindoux 2 oignons émincés, à feu réduit. Ajouter les viandes en remuant à la cuiller de bois et faire dorer les morceaux sur toutes leurs faces.

• Mélanger le coulis de tomates et le vin. Verser dans la cocotte. Remuer et ajouter le bouquet d'aromates, ainsi que le dernier oignon piqué des clous de girofle. Fermer la cocotte et cuire 20 minutes.

• Verser après ce temps de l'eau dans la cocotte pour recouvrir son contenu. Couper en dés le reste du jambon, hacher le lard gras et le reste des gousses d'ail, jeter le tout dans la cocotte. Mélanger et laisser cuire à très petit feu 3 heures.

• Ce plat est souvent accompagné, en Corse, de pâtes qui gonflent dans le jus du stufatu, saupoudrées de parmesan et de fromage de Hollande mélangés.

Boles de Picoulat

ROUSSILLON

PRÉPARATION : 25 MINUTES
CUISSON : 1 HEURE
FACILE
CÔTES-DU-ROUSSILLON-VILLAGES AOC ROUGE

POUR 4 PERSONNES :

200 g de gîte de bœuf haché
500 g d'échine de porc hachée
6 gousses d'ail
1 bouquet de persil
2 œufs
sel, poivre
Pour la sauce :
100 g de poitrine de porc fraîche
50 g de jambon cru
200 g d'olives vertes dénoyautées
1 oignon
1 petit piment
1 pointe de muscade
1 tomate pelée, épépinée, coupée en morceaux
3 cuillerées à soupe d'huile d'olive
2 cuillerées à soupe de farine
sel, poivre

Boles de Picoulat

• Hacher persil et ail écrasé, les mettre dans une terrine avec les viandes hachées de bœuf et de porc. Battre les œufs et les incorporer au hachis. Avec la main, faire des boulettes (les boles) de la grosseur d'un œuf. Les rouler dans la farine et les ranger sur une plaque.

• Dans une large poêle, faire chauffer l'huile et dorer les boulettes. Pendant cette cuisson, couper en dés la poitrine de porc et le jambon cru. Hacher finement l'oignon.

• Quand les boles sont bien dorées, les réserver sur du papier absorbant. Les couvrir et les tenir au chaud.

• Dans l'huile de cuisson, mettre à blondir les dés de poitrine.
Si la farine qui reste dans la poêle ne suffit pas, en ajouter une pincée, remuer avec une cuiller de bois, puis jeter l'oignon haché, le faire blondir et mouiller avec 2 verres d'eau tiède.

• Laisser prendre l'ébullition, saler, poivrer, ajouter la tomate, le piment, une pincée de muscade, les olives, les dés de jambon, enfin les boles, qui doivent bien baigner dans la sauce.

• S'il le faut, ajouter un peu d'eau. Laisser mijoter 45 minutes à feu doux, en retournant les boles après les 20 premières minutes de cuisson.

Carbonade d'agneau

PROVENCE

Préparation : 40 minutes
Cuisson : 2 h 20
Facile
🍷 Côtes-de-Provence AOC blanc

Pour 6 personnes :

1 épaule d'agneau désossée de 1,5 kg
125 g de poitrine de porc fraîche
5 carottes nouvelles
5 navets nouveaux
1 cœur de céleri
12 petits oignons blancs
15 à 20 petites pommes de terre nouvelles
3 tomates
2 cuillerées à soupe d'huile d'olive
1 bouquet garni (thym, laurier, persil)
1 petit bouquet de basilic
1/2 verre de coulis de tomates
3/4 de bouteille de vin blanc des Côtes du Rhône ou de Provence
sel, poivre

• Couper la poitrine de porc, débarrassée de sa couenne et des cartilages, en petits lardons.

• Couper l'épaule d'agneau en cubes d'environ 5 cm de côté.

• Peler les carottes et les navets, les couper en morceaux, gratter les pommes de terre, peler les oignons en laissant la moitié de la queue verte, couper en morceaux le cœur de céleri.

• Réduire en coulis, avec une cuillerée d'huile d'olive, sel et poivre, les tomates pelées, épépinées et coupées en quartiers.

• Dans une cocotte, faire blondir doucement, à l'huile, les lardons pendant 5 minutes. Réserver. Faire revenir à leur tour les morceaux d'épaule, 5 minutes également. Réserver.

• Dans la même graisse toujours, jeter les petits oignons 2 minutes après, puis les légumes (excepté les pommes de terre) et remuer le tout 5 minutes.
Remettre les lardons, l'agneau, ajouter le bouquet garni. Mouiller avec le vin.

• Couvrir et cuire 1 h 30 à feu doux, ou bien mettre au four à feu moyen.

• Après ce temps de cuisson, ôter le bouquet, mettre les pommes de terre, poivrer généreusement. Éventuellement, ajouter un peu d'eau pour que les pommes de terre puissent cuire. Verser le coulis de tomates et laisser cuire encore 30 minutes.

• Servir dans un plat ou même dans la cocotte, avec du basilic ciselé.

Poule farcie provençale

PROVENCE

Préparation : 30 minutes
Cuisson : 4 h 20
Difficile
🍷 Lirac AOC rosé

Pour 6 personnes :

1 poule de 2,5 kg, avec son foie et son gésier
1 jarret de veau
3 oignons
3 œufs
100 g de mie de pain
1 verre de lait
250 g de jambon cuit
2 gousses d'ail
150 g de feuilles de bette
1 gros bouquet de persil
6 carottes
6 blancs de poireau
6 navets
6 oignons blancs moyens
1/2 verre d'huile d'arachide
sel, poivre
Pour le bouillon :
1 kg de gîte ou de macreuse de bœuf
1 carotte
1 oignon piqué d'un clou de girofle
1 bouquet garni (thym, laurier, persil)
Pour la vinaigrette :
2 cuillerées à soupe de vinaigre de vin
1 cuillerée à café de moutarde forte
6 cuillerées à soupe d'huile d'olive
1 bouquet de persil plat ciselé
1 œuf dur haché
sel, poivre

• Préparer le bouillon. Dans 2,5 l d'eau froide, mettre la viande de bœuf, les légumes et les aromates indiqués pour le bouillon. Laisser cuire 2 heures. Écumer et passer le bouillon.

• Pendant ce temps, tremper la mie de pain dans le lait. Hacher les 3 oignons, les faire blondir dans un peu d'huile d'arachide, ajouter le foie et le gésier hachés de la poule.

• Faire revenir le tout 2 minutes. Blanchir les feuilles de bette 1 minute, les égoutter, les rincer à l'eau froide, les égoutter. Hacher ou mixer l'ail, le jambon, le persil, les feuilles de bette, les oignons, la mie de pain essorée, les 3 œufs. Saler et poivrer.

• Introduire cette farce dans la poule et brider celle-ci, qui doit être fermée hermétiquement.

• Badigeonner la poule d'huile et la faire dorer 20 minutes à four très chaud et préchauffé. La plonger dans le bouillon filtré et chaud. Remettre à cuire sur feu doux. Une heure plus tard, mettre le jarret de veau et les légumes. Laisser cuire encore 1 heure.

• Préparer la vinaigrette avec l'œuf dur haché et le persil ciselé.

• Dresser la poule découpée et la farce en tranches. Les entourer de morceaux de jarret de veau et de légumes.

• Servir la vinaigrette en saucière.

Ratatouille

COMTÉ DE NICE

PRÉPARATION : 1 H 15
CUISSON : 35 MINUTES
FACILE
BANDOL AOC ROUGE

POUR 8 PERSONNES :

1,2 kg de petites aubergines
2 cœurs de céleri
1 gros oignon
1 dl de vinaigre de vin
1 cuillerée à soupe de sucre en poudre
500 g de tomates
2 cuillerées à soupe de câpres égouttées
150 g d'olives noires dénoyautées
2 cuillerées à soupe de basilic ciselé
6 cuillerées à soupe d'huile d'olive
2 cuillerées à soupe de gros sel
poivre

• Laver les aubergines, les couper en tranches sans les peler. Les placer dans une passoire et les poudrer de gros sel, poser dessus une assiette surmontée d'un poids. Laisser 1 heure, puis rincer et essuyer les aubergines.

• Peler et émincer l'oignon. Couper en rondelles les cœurs de céleri. Peler, épépiner et hacher grossièrement les tomates.

• Faire chauffer l'huile dans une sauteuse ou une poêle, y faire dorer les tranches d'aubergine. Les retirer, mettre à la place l'oignon et le céleri, faire blondir 3 minutes à feu doux. Ajouter les tomates, mélanger, verser le vinaigre, mettre le sucre et le sel.

• Laisser mijoter 15 minutes en remuant. Remettre les aubergines, laisser prendre l'ébullition, ajouter câpres et olives. Laisser mijoter 10 minutes, retirer du feu.

• La ratatouille se sert chaude ou froide. Si elle est froide, parsemer au moment de servir le basilic ciselé.

Ratatouille

★ Le poète provençal, maître du félibrige, Frédéric Mistral, dans son livre Proses d'almanach, *cite sept villes de Provence qui mangent les aubergines de façon différente : « À Sérignan, on les mange fricassées ; à Carpentras, on les aime mieux au tian (le tian est le plat qu'on met au four) ; au Thor, en barbouillade ; à L'Isle, farcies à la poêle ; à Maillane, en beignets ; à Apt, en confitures ; à Pertuis, grillées sur la braise... »*

Aubergines à la biterroise

LANGUEDOC MÉDITERRANÉEN

Préparation : 35 minutes
Cuisson : 1 h 10
Difficile
🍷 **minervois aoc rouge**

Pour 6 personnes :

6 grosses aubergines
500 g de chair à saucisse
150 g de jambon cru
150 g de ventrèche (poitrine de porc sèche)
200 g de mie de pain de campagne
4 cuillerées à soupe de lait
2 œufs
1 pincée de girofle en poudre
1 brindille de thym
1 feuille de laurier
2 échalotes
1 oignon
2 gousses d'ail
4 cuillerées à soupe de farine
1/2 verre d'huile d'olive
3 verres de coulis de tomates, cuite avec ail et enrichie de basilic ciselé
sel, poivre

• Laver et essuyer les aubergines, leur ôter la queue. Couper en cône, à l'extrémité ronde de l'aubergine, une calotte.

• Introduire par cet orifice un couteau bien coupant et détacher à l'intérieur la pulpe, en faisant bien attention à ne pas léser les parois.

Aubergines à la biterroise

Laisser environ 5 mm de chair le long des parois. Faire un hachis avec le jambon, la ventrèche, l'oignon, l'ail, les échalotes. Tremper la mie de pain dans le lait tiède et l'essorer. Dans une terrine, malaxer avec ce hachis la chair à saucisse, les œufs, la mie de pain.

• Saler, poivrer, saupoudrer de girofle avec parcimonie, émincer la brindille de thym et émietter la feuille de laurier. Malaxer énergiquement pour obtenir une masse de farce bien liée.

• Remplir les aubergines avec ce hachis et remettre la calotte qui ferme chacune d'elles.

• Avec la farce de reste, faire des boulettes, les rouler dans la farine et les passer à la poêle pour les dorer dans la moitié de l'huile. Les sécher et les réserver.

• Verser dans une sauteuse le reste de l'huile, y ranger les aubergines et chauffer 10 minutes à feu vif. Verser la sauce tomates (sans le basilic), couvrir et faire mijoter 30 minutes. Ajouter les boulettes, retourner les aubergines, laisser encore 30 minutes à couvert.
Présenter le tout sur un plat de service.

Artichauts à la barigoule

PROVENCE

Préparation : 20 minutes
Cuisson : 2 h 30
Facile
🍷 **côtes-de-provence aoc rosé**

Pour 6 personnes :

18 artichauts violets, poivrade, très jeunes, sans foin
2 oignons
2 carottes
1 verre d'huile d'olive
1 verre de vin blanc de Provence
2 gousses d'ail
sel, poivre

• Ôter les premières feuilles dures des artichauts. Sectionner aux ciseaux l'extrémité des autres feuilles. Régulariser les fonds au couteau. Jeter dans de l'eau froide et laver, en écartant les feuilles. Sécher en renversant les artichauts.

Artichauts à la barigoule

• En cocotte, mettre les trois quarts de l'huile et étaler au fond oignons et carottes pelés et coupés en petits dés.

• Placer les artichauts au-dessus, feuilles vers le haut. Saler et poivrer en écartant un peu les feuilles. Arroser du reste de l'huile. Mettre la cocotte sur feu modéré. Couvrir. Laisser ainsi 15 minutes, en agitant de temps à autre le récipient.

• Découvrir, verser le vin et monter le feu pour que le liquide réduise du tiers. Ajouter l'ail pelé et écrasé, 1 verre d'eau. Couvrir et laisser cuire 2 heures à feu doux.

• De temps en temps, découvrir et agiter légèrement la préparation.

Barbouillade de légumes

PROVENCE

Préparation : 40 minutes
Cuisson : 25 minutes
Facile
🍷 CÔTES-DE-PROVENCE AOC ROUGE

Pour 4 personnes :
12 petits artichauts poivrade
1 kg de fèves
12 petits oignons blancs
8 asperges vertes de Provence
1 gros oignon
150 g de poitrine de porc fraîche
le jus de 1 citron
2 cuillerées à soupe d'huile d'olive
sel, poivre

• Couper en lardons la poitrine débarrassée de sa couenne et des cartilages. Écosser les fèves et ôter leur seconde peau.

• Couper à 5 cm la queue des oignons blancs pelés ou lavés. Peler les asperges, réserver les pointes et tronçonner en rondelles de 1 cm les tiges sur 10 cm.

• Couper en quatre les artichauts après avoir retiré les feuilles extérieures et coupé le haut des feuilles restantes sur 2 à 3 cm, de façon à ne garder que les parties tendres. Peler le gros oignon et le hacher finement.

• Faire chauffer l'huile dans une poêle, y jeter les lardons, les dorer 5 minutes sur tous les côtés.

• Mettre le hachis d'oignon, remuer le tout et cuire 2 minutes.

• Ajouter artichauts et petits oignons, puis, 3 minutes après, les fèves et les tronçons d'asperges. Faire cuire 10 minutes à feu doux en remuant. Ajouter enfin les pointes d'asperge, le jus du citron, le sel et le poivre.

• Mélanger délicatement et cuire 5 minutes à feu doux. Prolonger la cuisson si les légumes sont par trop croquants.

Bagna cauda ou anchoïade

PROVENCE
ET COMTÉ DE NICE

Préparation et cuisson : 30 minutes
Très facile
🍷 CÔTES-DE-PROVENCE AOC ROUGE

Pour 4 personnes :
des légumes crus de saison
(artichauts poivrade, poivrons, côtes de céleri, carottes nouvelles, fèves fraîches, fenouil, radis, radis noir, chou-fleur, tomates, champignons)
Pour la sauce :
25 cl d'huile d'olive
2 gousses d'ail
100 g de filets d'anchois au sel
1 cuillerée à café de vinaigre de vin
poivre

• Laver et essuyer les légumes et les disposer dans une corbeille. Préparer la sauce. Dessaler les filets d'anchois sous l'eau courante, leur ôter les arêtes apparentes.

• Peler et hacher l'ail. Mélanger ail et anchois au mortier ou au mixer. Dans une casserole ou, mieux encore, dans un poêlon, mettre le mélange anchois-ail et le poivrer.

• À feu doux, ajouter le vinaigre, puis, peu à peu, l'huile, en remuant au fouet jusqu'à ce que le mélange soit devenu homogène.

• Mettre le récipient sur un réchaud et le disposer au milieu de la table. Chaque convive trempera ses légumes dans la sauce.

Gratin d'aubergines

PROVENCE
ET COMTÉ DE NICE

Préparation : 20 minutes
Cuisson : 30 minutes
Facile
🍷 GIGONDAS OU VACQUEYRAS AOC ROUGE

Pour 4 personnes :
4 aubergines
5 tomates
3 oignons
1 gousse d'ail
1 bouquet garni (thym, laurier, persil)
25 cl d'huile d'olive
sel, poivre

• Peler les aubergines, les couper en tranches minces, en longueur. Disposer une couche de ces tranches dans un plat creux. Saupoudrer d'un peu de sel fin. Procéder ainsi, couche par couche, jusqu'à épuisement. Peler et épépiner les tomates, les couper en morceaux. Peler oignons et ail, hacher les premiers, écraser la gousse à la pointe du couteau.

• Disposer tomates, oignons, ail, bouquet garni dans une casserole avec 2 cuillerées à soupe d'huile. Saler, poivrer. Laisser mijoter 20 minutes à feu doux et à découvert. Pendant ce temps, retirer du plat les tranches d'aubergine et les presser entre les mains pour en extraire l'eau. Préchauffer le four au maximum.

• Dans une poêle, chauffer l'huile et y faire revenir les tranches d'aubergine. Quand elles sont bien dorées, les placer sur du papier absorbant.

• Enfin, dans un plat allant au four, placer par couches les aubergines, puis la sauce tomates. Mettre au four 10 minutes.

** La brandade a tenu sa place dans la politique française. Adolphe Thiers, qui était né à Marseille, parlait de ce plat comme du « chef-d'œuvre du genre humain ». Il mangeait en cachette, dans sa bibliothèque, des pots de brandade qu'il faisait venir de Nîmes. Quant à Gaston Doumergue, qui fut président de la République entre les deux guerres, il disait qu'en dégustant ce plat il entendait chanter les cigales dans les pins de la tour Magne (monument célèbre de Nîmes).*

Fiadone

CORSE

PRÉPARATION : 30 MINUTES
CUISSON : 30 MINUTES
FACILE
MUSCAT DU CAP CORSE AOC

POUR 8 PERSONNES :

500 g de fromage de brocciu frais
150 g de sucre semoule
6 œufs
le zeste de 1 citron
1 cuillerée à café d'huile

• Jeter le zeste du citron, prélevé mince, dans l'eau bouillante. Laisser 3 minutes et égoutter. Hacher fin.

• Séparer le blanc du jaune des œufs. Battre vivement les jaunes et le sucre jusqu'à ce que le mélange soit crémeux.

• Incorporer le hachis de zeste et le fromage bien égoutté. Mélanger avec la cuiller de bois et la fourchette, mieux indiquée pour travailler le fromage.
Ajouter enfin avec beaucoup de soin les blancs d'œufs montés en neige ferme.

• Verser la pâte dans un moule à bord haut, huilé. Enfourner à chaleur moyenne 30 minutes. Laisser tiédir et démouler. Se mange froid.

Biscotins du Fenouillède

Biscotins du Fenouillède

ROUSSILLON

PRÉPARATION : 10 MINUTES
REPOS DE LA PÂTE : 1 HEURE
CUISSON : 15 MINUTES
FACILE
MUSCAT DE SAINT-JEAN-DE-MINERVOIS AOC BLANC - VIN DOUX NATUREL

POUR 6 PERSONNES :

250 g de farine
250 g de sucre en poudre
3 œufs
150 g d'amandes en poudre
1 zeste de citron non traité
3 cuillerées à soupe de sucre glace
50 g de beurre
sel

• Pétrir farine, œufs et sucre, puis ajouter la poudre d'amandes, le zeste de citron râpé, une pincée de sel.

• Faire une pâte homogène, la mettre à reposer 1 heure dans un endroit frais. Sur une plaque farinée, abaisser la pâte au rouleau sur une épaisseur de 2 cm. La découper en bâtonnets de 10 cm de long sur 2 de large.

• Beurrer la plaque farinée, disposer les biscotins à 3 cm les uns des autres. Enfourner à chaleur moyenne pendant 15 minutes. À la sortie du four, saupoudrer de sucre glace.

Gâteau aptésien de Noël

PROVENCE

PRÉPARATION : 25 MINUTES
CUISSON : 1 H 20
FACILE
🍷 **RASTEAU AOC BLANC VIN DOUX NATUREL**

POUR 8 PERSONNES :
300 g de farine
200 g de beurre
175 g d'huile d'olive
6 œufs
200 g de cassonade
1 pincée de sel
1 cuillerée à café de vanille en poudre
1 kg de fruits confits mélangés
4 verres d'amandes hachées
1 zeste de citron haché fin
1 petit verre de marc
1 pincée de cannelle en poudre
1 sachet de levure en poudre

• Hacher amandes et fruits confits. Réserver deux cuillerées de farine et y rouler ces derniers. Mélanger en terrine le beurre, l'huile d'olive et la cassonade.

• Battre le blanc des œufs en neige et ajouter, dans la terrine, les jaunes d'œufs. Travailler à la

Tarte à la fleur d'oranger

PROVENCE

PRÉPARATION : 10 MINUTES
+ 1 HEURE POUR FAIRE LEVER LA PÂTE
CUISSON : 30 MINUTES
FACILE
🍷 **MUSCAT DE LUNEL AOC BLANC VIN DOUX NATUREL**

cuiller de bois tout en versant la farine, puis incorporer les blancs d'œufs, la cannelle, la vanille, la levure, le sel, le hachis de zeste, le marc, enfin le mélange amandes et fruits confits farinés.

• Beurrer généreusement un moule à pâtisserie, y verser la pâte bien travaillée.

• Cuire à four chaud préchauffé 20 minutes, puis à four moyen 1 heure. Vérifier la cuisson en enfonçant une aiguille à brider dans la préparation.

Pour 6 personnes :

250 g de farine
10 g de levure de boulanger
100 g de beurre
6 gouttes d'eau de fleur d'oranger
4 cuillerées à soupe de cassonade
2 œufs
4 cuillerées à soupe de sucre cristallisé
4 cuillerées à soupe de crème fraîche
4 cuillerées à soupe de lait
1 pincée de sel

• Délayer dans une terrine la levure dans le lait tiède, puis ajouter 2 cuillerées à soupe de sucre, la farine, les trois quarts du beurre, les œufs, le sel et l'eau de fleur d'oranger. Travailler cette pâte à la cuiller ou à la spatule de bois, puis à la main.

• Rouler la boule de pâte dans un peu de farine.

• Dans un moule à charlotte beurré, verser la pâte et la laisser lever 1 heure, recouverte d'un linge, dans un endroit chaud.

• Lorsque la pâte est bien levée, saupoudrer de cassonade et mettre 15 minutes à four moyen, préchauffé.

• Retirer alors du four, verser 3 cuillerées à soupe de crème fraîche dessus et remettre au four 5 minutes. Retirer de nouveau le moule du four, puis verser le reste de la crème avec le reste du sucre cristallisé.

• Remettre au four une dizaine de minutes pour glacer la tarte.

L'aiguille doit ressortir sèche.
Ne pas laisser brûler le gâteau. S'il brunit, poser dessus une feuille de papier aluminium.

Bras de Vénus

LANGUEDOC MÉDITERRANÉEN ET ROUSSILLON

Préparation : 25 minutes
Cuisson : 10 minutes
Difficile
Muscat de Saint-Jean-de-Minervois AOC blanc - vin doux naturel

Pour 6 personnes :

3 cuillerées à soupe de farine
3 cuillerées à soupe de sucre
3 œufs
100 g de beurre
1/4 de sachet de levure en poudre
1 pot ou une boîte de crème de marrons vanillée
sel

• Dans une terrine, mélanger avec une spatule de bois le sucre au jaune des œufs jusqu'à ce que le mélange soit devenu blanc et lisse. Monter les blancs en neige ferme avec une pincée de sel.

• Sur la moitié des blancs d'œufs, verser le mélange sucre-jaunes, mélanger, tout en versant en pluie, peu à peu, la moitié de la farine.

• Faire de même avec l'autre moitié des blancs et de la farine. Mélanger le tout.

• Faire fondre le beurre au bain-marie, le laisser refroidir, puis le mélanger à la pâte en même temps que la levure.

• Placer un papier huilé sur la plaque du four et y verser la pâte en l'égalisant bien à l'aide d'une lame de couteau.

• Enfourner une dizaine de minutes à forte chaleur.

• Prendre un torchon humide, y renverser la pâte, qui a pris une légère couleur. Retirer le papier. Étendre sur la pâte la crème de marrons et rouler la préparation sur elle-même à l'aide du torchon, qu'on soulève. Laisser refroidir.

Biscotins d'Aix

PROVENCE

Préparation : 20 minutes
Cuisson : 15 minutes
Facile
Clairette de Die AOC blanc

Pour 6 personnes :

375 g de farine
250 g de sucre
2 cuillerées à café d'eau de fleur d'oranger
25 g de beurre

• Délayer le sucre dans une casserole avec un verre d'eau.

• Mettre à feu doux jusqu'à formation d'un sirop transparent. Laisser refroidir 5 minutes.

• Mettre la farine en fontaine sur une planche à pâtisserie, y verser le sirop de sucre et l'eau de fleur d'oranger. Délayer peu à peu la farine et pétrir jusqu'à ce que la pâte devienne ferme.

• Prélever dans la boule de pâte des boulettes de la grosseur d'une noix.

• Sur la plaque à four beurrée, placer ces noix de pâte à 3 cm les unes des autres. Asperger de quelques gouttes d'eau et enfourner à forte chaleur 15 minutes.

• Décoller immédiatement les biscotins de la plaque et laisser refroidir.

Midi pyrénéen

Albigeois
Béarn
Comté de Foix
Gascogne
Languedoc toulousain
Pays basque

Si le Midi méditerranéen est le pays de l'huile d'olive, le Midi pyrénéen est celui de la graisse animale, de porc (saindoux) et surtout d'oie. Car l'oie et, de plus en plus, le canard règnent en maîtres, du Périgord au Pays basque, de l'Atlantique aux Cévennes. L'oie c'était – c'est encore souvent, mais dans d'autres conditions – l'affaire des femmes : elles conduisaient les volatiles aux champs, en troupeau comme des moutons, elles les gavaient pour les engraisser, elles les présentaient aux foires « de gras », vivants ou plumés, allégés de leur foie.

L'oie et le canard se retrouvent dans bien des recettes de ces régions pauvres à la riche cuisine. Tout est bon dans ces volailles et au premier chef le foie, préparé de cent façons, au naturel, mi-cuit, cuit avec ou sans porto, avec ou sans armagnac, à l'ail, aux câpres, aux raisins, en ragoût, etc.

Les confits servent à tous usages, y compris dans la garbure, la robuste soupe béarnaise. L'oie se mange en daube, aux châtaignes, ses cuisses grillées, son cou farci, ses abattis en ragoût, appelé alycot ou alicuit, ses débris en carcassons, et jusqu'à ses tripes dont on fait un civet. Mais c'est dans le plat traditionnel de cette vaste région et qui, gastronomiquement, la définit bien, que l'oie triomphe sur toute la ligne : il s'agit du cassoulet, où le confit voisine avec porc ou mouton et haricots.

Le cassoulet fait l'objet depuis fort longtemps d'une guerre entre trois villes : Toulouse, Castelnaudary et Carcassonne. Chacune de ces cités en revendique énergiquement la paternité. Aussi vaut-il mieux s'abstenir de prendre parti et imiter le grand chef cuisinier Prosper Montagné, quand il déclarait : « Dieu le Père est le cassoulet de Castelnaudary ; Dieu le Fils est celui de Carcassonne, et le Saint-Esprit, celui de Toulouse. » On peut même y ajouter la « mounjetado », qui est un cassoulet du comté de Foix.

Le cassoulet, l'oie et le canard ne sont pas les seuls éléments de la cuisine dans le Midi pyrénéen. Le Pays basque et le Béarn en font d'ailleurs un usage beaucoup plus modéré que la Gascogne et le Languedoc

Pages 214-215 : la cathédrale Sainte-Cécile, à Albi, patrie de Toulouse-Lautrec. Commencée en 1282 et consacrée en 1480, l'église est un des meilleurs exemples d'art gothique français en brique : son puissant donjon fut élevé au XVe siècle.

À gauche : le pic du Midi d'Ossau (2 884 m), un des sommets emblématiques de la chaîne des Pyrénées dans le Béarn.

Ci-contre : champs de tournesol dans la campagne du Gers, en Gascogne, territoire à la vocation agricole séculaire.

Ci-dessous : des maisons à claie, blanchies à la chaux, caractérisent l'architecture d'Aïnhoa, un village du Pays basque, où s'est maintenue l'autonomie culturelle et linguistique de cette fière population pyrénéenne.

toulousain. En Béarn, les charcuteries sont remarquables : jambon de Bayonne, andouille d'Oloron, boudin d'Orthez. Ce pays a en outre gardé un souvenir si vif du roi Henri IV qu'il a élevé à hauteur d'institution la poule au pot que le bon monarque promettait à chaque foyer le dimanche. Cette poularde est aujourd'hui farcie.

L'Albigeois a, lui aussi, spécialement à Lacaune, des jambons et saucissons réputés, qui étaient autrefois de sanglier. Il faudrait ajouter les combayous et les coustellous (jarrets et travers de porc) de Saint-Gaudens, le boudin blanc de Mazamet, le foie de porc aux radis…

Cependant, à l'extrême sud-ouest de cette région, observant en gastronomie comme en tous autres domaines leur particularisme, les Basques se distinguent. Pêcheurs, ils ont élaboré une belle cuisine de la mer : le ttoro, à l'origine simple soupe de tête de morue, est devenu une sorte de bouillabaisse ; la morue à la biscayenne ; les chipirons farcis ou « en leur encre », à l'espagnole ; le marmitako, ragoût de thon, de pommes de terre et de piment.

Paysans, les Basques ont également un art culinaire de terriens : la pipérade (œufs brouillés avec tomates, piments doux et, si l'on veut, jambon), le poulet basquaise, les tripotcha (tripes de veau), la gachucha (riz à la tomate et au chorizo), la pautxeta (saucisson de tripes d'agneau).

Les terres gasconne, béarnaise et basque produisent de succulents fromages de brebis. Elles ne sont pas non plus dépourvues de vin. Le Pays basque n'a que l'irouléguy, qui ne figure pas au nombre des grands crus. Meilleurs sont le tursan, le pacherenc et le madiran. Enfin, atteignant parfois des sommets, le jurançon est un vin dont les Béarnais sont justement fiers : c'est avec une goutte de ce nectar, ainsi qu'avec une gousse d'ail, que fut baptisé Henri de Navarre, le futur Henri IV. Toujours lui. Il convient enfin de ne pas oublier que c'est aux confins de deux départements gascons – les Landes et le Gers – que se distille l'un des alcools de vin les plus réputés du monde, avec son cousin le cognac : l'armagnac.

potages

Garbure béarnaise

BÉARN

Préparation : 30 minutes
Cuisson : 2 h 30
Facile
Béarn AOC rouge

Pour 6 personnes :
1 chou vert
400 g de pommes de terre
400 g de carottes
100 g de haricots frais en grains
300 g d'oignons
2 gousses d'ail
1 bouquet garni (thym, laurier, persil)
1 crosse de jambon (trébuc) ou, à défaut, un morceau de jambon de pays d'environ 200 g
400 g de petit salé (facultatif)
2 cous d'oie ou de canard (facultatif)
2 cuisses d'oie ou 3 cuisses de canard confites, avec la graisse qui les enrobe
sel, poivre

• Écosser les haricots. Nettoyer le chou, ôter ses feuilles extérieures et son trognon, le laver, l'émincer, le faire blanchir 5 minutes dans l'eau bouillante salée, le passer à l'eau froide, l'égoutter.

• Peler les pommes de terre et les carottes, ainsi que les oignons et l'ail.

• Dans un fait-tout, mettre les cous (si l'on en utilise) dans la graisse d'oie récupérée des confits et les faire dorer.

• Ajouter les oignons et l'ail écrasés (ou faire revenir ceux-ci dans la graisse si l'on n'utilise pas de cous). Mouiller de 2 l d'eau. Poivrer.

• Ajouter bouquet garni et viandes, à l'exception du confit. Porter à ébullition. Écumer. Couvrir. Laisser cuire à feu doux 2 heures.

• Après ce temps, ajouter le chou, les haricots, les pommes de terre, les carottes. Saler. Laisser cuire encore 30 minutes.

• Dix minutes seulement avant de servir, ajouter les confits.

• On peut faire griller des tranches de pain de campagne aillées et les placer dans les assiettes où est servie la garbure.

Ttoro

PAYS BASQUE

Préparation : 30 minutes
Cuisson : 1 h 10
Facile
Jurançon sec AOC blanc

Pour 8 personnes :
500 g de congre, plus la tête du poisson
1 grondin
500 g de baudroie (lotte)
8 langoustines
1 kg de moules
1 tête de merlu
2 oignons
2 gousses d'ail
1 bouquet garni (thym, laurier, persil)
1 branche de céleri
2 tomates
50 cl de vin blanc sec
1 poivron rouge
1 petit piment fort
1 bouquet de persil
3 cuillerées d'huile d'olive
1 verre de farine
sel

• Faire chauffer une cuillerée d'huile en cocotte, y faire revenir les têtes du congre, du grondin et du merlu, sectionnées en deux. Ajouter les oignons et l'ail pelés et hachés.

• Arroser avec le vin blanc et 1 l d'eau. Mettre le bouquet garni, le céleri, le poivron essuyé, épépiné et émincé en lanières, le piment fort, les tomates pelées, épépinées et coupées en morceaux. Saler. Couvrir. Laisser mijoter 1 heure.

• Dans une poêle, faire revenir 1 minute sur chaque face les poissons coupés en tronçons et légèrement farinés. Saler et retirer du feu.

• Dans une cocotte, disposer les tronçons de poisson, les moules bien lavées et grattées. Arroser avec le bouillon passé au chinois. Cuire 8 minutes. Deux minutes avant la fin, plonger les langoustines.

• On peut servir avec des croûtons frits à l'huile et du persil haché sur le ttoro.
On peut également, plutôt que mettre les moules directement dans la préparation, les faire ouvrir à feu moyen dans un fait-tout, les sortir des coquilles et les plonger dans le bouillon au moment de servir.

Ttoro

Ouliat

GASCOGNE

Préparation : 15 minutes
Cuisson : 40 minutes
Très facile
Côtes-de-duras AOC rouge

Pour 4 personnes :

2 gros oignons
2 gousses d'ail
2 cuillerées à soupe de graisse d'oie ou d'huile d'olive
1 bouquet garni (thym et persil)
4 tranches de pain de campagne
2 tomates
1,5 l de bouillon de cuisson de légumes
2 jaunes d'œufs
1 cuillerée à soupe de vinaigre de vin
sel, poivre

• Dans un poêlon en terre, faire revenir les oignons pelés et émincés dans la graisse d'oie ou l'huile.

• Dès qu'ils ont pris couleur, ajouter l'ail pelé et écrasé, ainsi que les tomates pelées, épépinées et coupées en morceaux et le bouquet garni. Faire cuire 30 minutes à couvert.

• Verser ensuite 1,5 l d'eau ou, mieux, de bouillon de cuisson de légumes (haricots, pois ou fèves, par exemple).
Saler, poivrer. Porter à ébullition et laisser cuire quelques minutes.

• Disposer les tranches de pain dans les assiettes. Au moment de servir, mettre dans l'ouliat passé au chinois les jaunes d'œufs délayés dans le vinaigre. On peut ajouter du gruyère râpé.

Tourain toulousain

LANGUEDOC TOULOUSAIN

Préparation : 20 minutes
Cuisson : 30 minutes
Facile
Gaillac AOC blanc

Pour 6 personnes :

100 g de graisse d'oie
100 g de gruyère
3 œufs
10 gousses d'ail
1 bouquet garni (thym, laurier, persil, sauge)
quelques tranches de pain de campagne
sel, poivre

• Peler et hacher fin l'ail, le faire blondir dans la graisse d'oie chauffée à feu doux. Faire bouillir 2 l d'eau, les verser sur l'ail, ajouter le bouquet garni, saler, poivrer.
Reprendre l'ébullition et laisser bouillir à couvert 20 minutes.

• Pendant ce temps, faire griller le pain, râper le gruyère, séparer les blancs des jaunes d'œufs.

• Retirer le bouillon du feu, ôter le bouquet. Verser les blancs d'œufs dans le bouillon et le remettre sur feu doux pour permettre aux blancs de se former en nuage.

• Battre les jaunes d'œufs dans un bol, avec 4 ou 5 cuillerées à soupe de bouillon versées très lentement, puis verser dans ce qui devient le tourain. Vérifier l'assaisonnement, poivrer généreusement.

• Couper en morceaux les blancs d'œufs durcis.

• Disposer les tranches de pain dans la soupière, saupoudrer du fromage râpé, verser le tourain et attendre, soupière couverte, 3 minutes avant de servir.

Rousolo

COMTÉ DE FOIX

PRÉPARATION : 5 MINUTES
CUISSON : 20 MINUTES
TRÈS FACILE
FAUGÈRES AOC ROUGE

POUR 4 PERSONNES :

150 g de lard gras haché
150 g de jambon cru de montagne, haché
1 bol de mie de pain de campagne rassis, émietté
3 œufs
2 cuillerées à soupe de graisse d'oie ou de saindoux
2 gousses d'ail écrasées
sel, poivre

• Mélanger en terrine tous ces ingrédients, poivrer, saler avec précaution, faire une galette. Poêler des deux côtés, sans roussir, dans un peu de graisse d'oie ou de saindoux.

• La rousolo peut se manger telle quelle, ou bien dans la soupe aux choux. Celle de Pâques se fait avec des rondelles de boudin de pays et de saucisse sèche.

Sauce béarnaise

BÉARN

PRÉPARATION ET CUISSON : 25 MINUTES
DIFFICILE
JURANÇON AOC BLANC

POUR 8 PERSONNES :

1 dl de vinaigre de vin
50 g d'échalotes, de préférence grises
5 g de poivre concassé
2 cuillerées à soupe d'estragon haché
1 cuillerée à café de cerfeuil haché
5 jaunes d'œufs
300 g de beurre
sel

• Amollir le beurre en le sortant du réfrigérateur en temps utile.

• Peler et émincer les échalotes. Mettre dans une sauteuse ou une casserole à fond épais le vinaigre, les échalotes, l'estragon, le cerfeuil et le poivre. Faire réduire des trois quarts et laisser refroidir. Ajouter les jaunes d'œufs à la réduction.

• Mettre le récipient à feu doux et battre vivement au fouet. Monter la chaleur sans cesser de battre. Dès que le fouet laisse apparaître le fond du récipient, incorporer, toujours en battant, le beurre en petits morceaux.

• Saler et garder à couvert et au tiède.

Pipérade

PAYS BASQUE

PRÉPARATION : 40 MINUTES
CUISSON : 20 MINUTES
FACILE
BÉARN AOC ROSÉ

POUR 6 PERSONNES :

4 gros poivrons ou, mieux, une vingtaine de piments doux d'Espelette
1 petit piment fort
4 oignons de bonne taille
2 gousses d'ail
1 kg de tomates fermes
1/2 verre d'huile d'olive
1 bouquet garni (thym, laurier, persil)
6 œufs
6 tranches de jambon de Bayonne (facultatif)
sel

• Faire griller les poivrons au four pour les débarrasser de leur peau amère, qui, à la chaleur, se détache : il suffit, dès qu'elle a noirci, de l'ôter en grattant ou en froissant dans un papier. Couper en deux les poivrons, ôter les graines, la queue et les parties blanches de l'intérieur. Les découper en lanières de 1 cm de largeur.

• Mettre les lanières de poivron dans l'huile chaude, à feu moyen. Remuer à la cuiller de bois pour les cuire, puis ajouter les oignons émincés, le piment fort également émincé, l'ail haché, les tomates pelées, épépinées et coupées en petits morceaux, le bouquet garni.

• Saler (si l'on n'utilise pas de jambon de Bayonne) et laisser cuire 10 minutes à feu doux en remuant. Les légumes doivent garder leur aspect.

• Battre les œufs au fouet, comme pour une omelette. Dans une poêle, mettre un peu d'huile, y verser les œufs battus et les laisser prendre 2 minutes, puis verser le mélange de légumes et remuer pour obtenir la consistance des œufs brouillés.

• Si la pipérade est accompagnée de jambon, poêler légèrement des tranches épaisses et les disposer sur le plat.

Thon basquaise

PAYS BASQUE

PRÉPARATION : 5 MINUTES
CUISSON : 15 MINUTES ENVIRON
FACILE
🍷 BÉARN AOC ROUGE

POUR 4 PERSONNES :

la préparation, sans les œufs ni le jambon, d'une pipérade (voir recette p. 220)
2 tranches de thon de 400 g chacune
2 gousses d'ail
2 cuillerées à soupe de farine
3 cuillerées à soupe d'huile d'olive
sel

• Peler l'ail, couper les gousses en quatre après avoir ôté le germe et piquer les tranches de thon. Saler et fariner légèrement celles-ci.

• Dans une grande poêle, faire chauffer l'huile, cuire le thon 5 minutes, le retourner et le laisser encore 5 minutes.

• Ajouter la pipérade. Couvrir. Chauffer 2 minutes si la pipérade est chaude, 8 si elle est froide, et servir.

Pibales (ou civelles) basquaises

PAYS BASQUE

PRÉPARATION : 20 MINUTES
CUISSON : 8 MINUTES
TRÈS FACILE
🍷 IROULÉGUY AOC ROSÉ

POUR 4 PERSONNES :

500 g de pibales (alevins d'anguille)
12 cuillerées à soupe d'huile d'olive
4 gousses d'ail
1/2 piment rouge séché
1 l de court-bouillon
1/2 verre de vinaigre

• Laver soigneusement les pibales dans trois eaux. Laisser un peu d'eau au fond du récipient, verser le vinaigre et laisser macérer les pibales 10 minutes. Laver de nouveau dans deux eaux et essuyer les pibales tuées par le vinaigre.
Amener le court-bouillon à ébullition, placer les pibales dans une passoire fine, les plonger dans le court-bouillon 1 minute. Égoutter et essorer.

• Dans un poêlon en terre, mettre l'huile, l'ail émincé, le piment. Laisser mijoter 4 minutes, puis jeter les pibales dans l'huile bouillante et les laisser cuire le même temps. Servir.

Chipirons à l'américaine

Chipirons à l'américaine

PAYS BASQUE

PRÉPARATION : 20 MINUTES
CUISSON : 50 MINUTES
FACILE
🍷 JURANÇON SEC AOC BLANC

POUR 6 PERSONNES :

12 chipirons (ou encornets)
1/2 verre d'huile d'olive
2 verres de vin blanc sec
2 cuillerées à soupe de purée de tomates fraîches
1 cuillerée à soupe de farine
1 cuillerée à soupe d'armagnac
2 oignons
4 gousses d'ail
4 piments doux
2 petits piments forts
1 bouquet garni (thym, laurier, persil)
sel

• Préparer les chipirons. Couper la tête et les antennes, ôter le cartilage de la tête, vider l'intérieur. Laver, puis couper en morceaux le corps, la tête et les tentacules. Faire doucement chauffer l'huile dans une poêle, y mettre les morceaux de chipirons, en remuant avec précaution pendant 15 minutes.

• Retirer, égoutter, réserver. Remplacer les chipirons par les oignons émincés, les gousses d'ail écrasées au couteau. Quand ail et oignons dorent, saupoudrer de la farine, mélanger avec la spatule ou la cuiller de bois et laisser colorer.

• Verser ensuite dans la poêle le vin, l'armagnac et un demi-verre d'eau. Ajouter le bouquet garni. Continuer à remuer la préparation.

• Quand se produit le bouillottement, verser la purée de tomates et les piments – doux et forts – en lanières, débarrassés de leurs graines.
Couvrir la poêle, laisser mijoter 15 minutes. Mettre les chipirons dans cette sauce, à feu doux, 15 minutes. Servir très chaud.

Cassoulet toulousain

LANGUEDOC TOULOUSAIN

À COMMENCER 12 HEURES AVANT
PRÉPARATION : 25 MINUTES
CUISSON : 4 HEURES
TRÈS DIFFICILE
GAILLAC AOC ROUGE

POUR 8 PERSONNES :

1 kg de haricots secs (environ 750 g à l'achat) de Pamiers, de Lavelanet ou de Tarbes
1 jambonneau demi-sel (cambayou)
350 g de travers de porc (coustelou)
1 saucisson (de couennes ou à l'ail) à cuire
1 branche de thym
1 oignon piqué d'un clou de girofle
1 carotte
1 gousse d'ail
200 g de couennes fraîches
1 tomate bien ferme
3 cuisses de canard ou 2 cuisses d'oie confites
400 g de saucisses de Toulouse
50 g de mie de pain rassis
sel, poivre

• Faire tremper les haricots dans l'eau froide une douzaine d'heures. Faire blanchir les viandes demi-sel (cambayou et coustelou).

• Mettre dans une marmite ou un fait-tout les haricots égouttés, le cambayou, le coustelou, le saucisson, l'oignon piqué, le thym effeuillé, la carotte coupée en quatre dans le sens de la longueur, la tomate pelée et épépinée. Couvrir d'eau froide. Ne pas saler, ce qui durcirait les haricots. Faire cuire 1 heure à petits bouillons (le feu vif désagrégerait les haricots).

• Dans un grand récipient de terre cuite (cassole), terrine ou poêlon, dont on aura frotté l'intérieur avec la gousse d'ail jusqu'à complète usure, placer les couennes, côté gras contre le récipient.

• Élaborer alors le cassoulet. Mettre au fond de la cassole la moitié des haricots égouttés, après avoir ôté du bouillon de cuisson l'oignon piqué et les morceaux de carotte.

• Disposer au-dessus le cambayou désossé et coupé en tranches, le coustelou coupé en morceaux au long des os et le saucisson coupé en tranches épaisses, sans la peau. Poivrer, saler avec précaution, couvrir avec le reste des haricots et une louche de bouillon de cuisson.

• Placer la cassole à four doux, sans couvrir, pendant 3 heures.

• Toutes les 20 minutes, enfoncer sans brutalité dans le cassoulet la pellicule qui s'est formée. Après la dernière de ces opérations, enfouir dans les haricots les morceaux de confit et la saucisse de Toulouse grillée.

• Saupoudrer le cassoulet de mie de pain grillée, verser la graisse d'oie fondue au-dessus et remettre une dernière fois la cassole au four.

• Servir dans la marmite de cuisson.

• On n'entrera pas dans la bataille du cassoulet : est-il originaire de Toulouse, de Castelnaudary, de Carcassonne ? Chacun d'eux a sa composition, sans parler des préparations qui ressemblent comme des sœurs au cassoulet, par exemple le mounetado ariégeois.

Oie en daube

LANGUEDOC TOULOUSAIN

À COMMENCER 12 HEURES AVANT
PRÉPARATION : 25 MINUTES
CUISSON : 3 H 15
DIFFICILE
MADIRAN AOC ROUGE

POUR 8 PERSONNES :

1 oie d'environ 3 kg, pas trop grasse, coupée en morceaux
100 g de poitrine de porc demi-sel
100 g d'oignons
3 gousses d'ail
1 bouteille de vin rouge (madiran, par exemple)
200 g de farine
2 branches de thym
1 feuille de laurier
2 clous de girofle
1 bouquet de persil
sel, poivre

• Prélever à la main sur l'oie l'excès de graisse. La faire fondre en cocotte avec un verre d'eau. Quand la graisse a fondu et ne dégage plus de vapeur, la conserver en pot pour d'autres usages. Ne laisser dans la cocotte que la valeur de 2 cuillerées à soupe.

• Mélanger sur une assiette le thym effeuillé, le poivre, le laurier émietté, les clous de girofle écrasés. Rouler dans ce mélange des bâtonnets de poitrine (celle-ci aura été débarrassée de sa couenne et de ses cartilages). Enfoncer ces bâtonnets dans la chair de l'oie avec une lardoire ou la lame d'un couteau.

Cassoulet toulousain

• Mettre les morceaux d'oie à mariner dans un récipient avec la composition suivante : thym émietté, la moitié des oignons, une gousse d'ail, persil haché, vin rouge. Le vin doit couvrir l'oie ; en ajouter si c'est nécessaire. Laisser à couvert 12 heures au frais.

• Retirer les morceaux d'oie, les égoutter, les essuyer, les passer dans la farine. Dans la cocotte où reste un peu de graisse, faire revenir les morceaux d'oie sur toutes leurs faces. Les sortir de la cocotte, jeter la graisse en excédent ; ne garder que la valeur de 2 cuillerées à soupe. Faire revenir dans cette graisse, à feu doux, pendant 5 minutes, le reste des oignons et de l'ail hachés. Remettre les morceaux d'oie, la branche de thym, la marinade passée au chinois. Saler.

• Couvrir la cocotte en la lutant de farine humectée d'eau et mettre à four doux 3 heures.

• Pour servir, retirer les morceaux de volaille, les mettre sur un plat de service tenu au chaud. Laisser la sauce refroidir 5 minutes, ôter la graisse qui se forme à la surface.

• Verser sur les morceaux d'oie, après avoir rectifié l'assaisonnement.

Aillade de veau à la gasconne

GASCOGNE

PRÉPARATION : 10 MINUTES
CUISSON : 3 H 15
TRÈS FACILE
🍷 VINS DE LAVILLEDIEU VDQS ROUGE

POUR 6 PERSONNES :

1 kg d'épaule de veau
3 cuillerées à soupe de saindoux
5 gousses d'ail
1 oignon
1 bouquet garni (thym, laurier, persil)
3 tomates
2 verres de bouillon
4 cuillerées à soupe de chapelure
1 pincée de sucre
sel, poivre

• Couper l'épaule de veau en cubes de 4 cm de côté environ. Peler l'ail et l'oignon. Peler, épépiner et débarrasser de leur eau les tomates.

• En cocotte, faire dorer doucement les morceaux de viande dans le saindoux, sur toutes leurs faces. Hacher l'ail et l'ajouter à la viande. Le faire revenir 5 minutes. Mettre les lamelles d'oignon et le bouquet garni. Saler, poivrer. Tourner à la cuiller de bois 5 autres minutes.

• Jeter ensuite dans la cocotte les tomates coupées en tranches, mélanger et verser le bouillon.

• Porter doucement à ébullition, vérifier l'assaisonnement, ajouter une pincée de sucre, couvrir et laisser mijoter 3 heures à chaleur modérée.

• Verser la préparation dans un plat de service, saupoudrer de chapelure, passer au four 5 minutes et servir.

Capilotade de lapin

Capilotade de lapin

LANGUEDOC TOULOUSAIN

À COMMENCER 12 HEURES AVANT
PRÉPARATION : 20 MINUTES
CUISSON : 2 HEURES
FACILE
BUZET AOC ROUGE

POUR 6 PERSONNES :

1 lapin de 2 kg
1 pied de veau fendu en deux
des os de veau
150 g de poitrine de porc
40 g de beurre
3 carottes
2 gousses d'ail
2 échalotes
2 clous de girofle
1 bouquet garni
50 cl de vin blanc
1 petit verre de cognac
sel, poivre

• Faire blanchir le pied et les os de veau (les mettre à l'eau froide, monter à ébullition et laisser 5 minutes). Égoutter.

• Peler les gousses d'ail, les échalotes, les carottes. Découper en lardons la poitrine débarrassée de sa couenne et de ses cartilages. Couper les carottes en rondelles, hacher les échalotes.

• Mettre le beurre en cocotte, le faire chauffer, y dorer le lapin coupé en morceaux, puis les lardons. Ajouter, une fois ces viandes bien revenues, les échalotes, les carottes, l'ail, les clous de girofle, le bouquet garni, le pied et les os de veau.

• Verser le vin blanc, le cognac et assez d'eau pour atteindre, sans le recouvrir, le niveau du lapin. Saler, poivrer.

• Laisser mijoter 2 heures à feu doux.

• Après ce temps, déposer en terrine les morceaux de lapin et les arroser du liquide de cuisson en le passant au chinois. Laisser refroidir, puis mettre au congélateur 12 heures. La gelée est prise.

• La capilotade se sert avec une salade.

Poule au pot farcie

BÉARN

PRÉPARATION : 25 MINUTES
CUISSON : 3 HEURES
TRÈS DIFFICILE
BÉARN AOC ROUGE

POUR 6 PERSONNES :

1 poule de 1,5 kg
Pour la farce :
1 œuf entier plus 1 jaune
125 g de mie de pain rassis émiettée
25 g de persil plat ciselé
50 g de jambon de Bayonne haché
100 g de jambon cuit haché
1 gousse d'ail écrasée
le foie de la poule haché
sel, poivre, cayenne en poudre
Pour le bouillon :
2,5 l d'eau
1 bouquet garni (thym, laurier, persil)
1 branche de céleri avec ses feuilles
le vert d'un poireau
1 1/2 cuillerée à soupe de gros sel
1 cuillerée à soupe de poivre en grains
1 gros oignon pelé et piqué d'un clou de girofle
1 piment de cayenne
Pour les légumes du plat :
6 grosses carottes pelées
6 gros poireaux nettoyés
3 cœurs de céleri partagés en deux et lavés
6 navets pelés et lavés
Pour la sauce :
2 œufs
2 cuillerées à café de moutarde
1 dl d'huile d'arachide
le jus de 1 citron non traité
2 cuillerées à soupe d'estragon, cerfeuil et ciboulette hachés

• Ouvrir la poule au bas de l'abdomen pour introduire la farce. Préparer celle-ci. Dans une terrine, battre l'œuf entier et le jaune. Ajouter ail écrasé, pain émietté, persil, jambon cru et cuit, sel, poivre, cayenne.

• Mélanger, puis ajouter le foie. Bien malaxer la farce, l'introduire dans la poule et fermer hermétiquement en cousant l'ouverture. Mettre la poule dans une grande marmite. Couvrir d'eau, ajouter le bouquet garni, les aromates, les légumes, puis les abattis de la poule (cou, ailerons, gésier).

• Sur feu doux, monter à ébullition. Baisser le feu, écumer, laisser cuire 2 heures à petit frémissement. Puis éteindre, évacuer les garnitures, dégraisser, plonger dans le bouillon les légumes lavés. Remettre sur le feu. Laisser cuire 1 heure encore.

• Trente minutes avant la fin de la cuisson, préparer la sauce : cuire les œufs 3 min 30 (coque), les refroidir.

• Les mettre dans un bol, coquilles vidées à la cuiller, avec la moutarde. Bien mélanger.

• Après 5 minutes, fouetter, en versant l'huile en mince filet. Mettre enfin le jus du citron et ajouter les herbes.

Poule verte

LANGUEDOC TOULOUSAIN

PRÉPARATION : 50 MINUTES
CUISSON : 1 H 30
FACILE
CÔTES-DU-FRONTONNAIS (FRONTON) AOC ROUGE

POUR 4 PERSONNES :

1 poule de 1 kg et ses abats
4 carottes
4 navets
4 poireaux
1 branche de céleri
1 oignon piqué d'un clou de girofle
1 bouquet garni (thym, laurier, persil)
sel, poivre, muscade
Pour la farce :
200 g de farce de veau (épaule ou tendron)
1 blanc de dinde, acheté chez le volailler
250 g d'épinards en branches
2 oignons
1 bouquet de persil
1 bouquet de cerfeuil
100 g de mie de pain
1 cuillerée à café de graisse d'oie ou de saindoux
1/2 verre de lait

• Réserver le gésier fendu et nettoyé, la tête sans le bec, les ailerons, les pattes de la poule. Débarrasser le foie de son fiel et le faire raidir 5 minutes dans la graisse d'oie, à la poêle. L'égoutter, le hacher. Hacher également le gésier cru.

• Préparer la farce. Hacher les épinards équeutés et lavés, ainsi que les oignons pelés. Mettre ceux-ci dans la poêle où a été raidi le foie et les faire blondir à feu doux, puis ajouter les épinards et réserver hors du feu.

• Dans une jatte, mélanger la mie de pain mouillée de lait et essorée, le foie, le gésier, la farce de veau, le blanc de dinde coupé en petits dés, le sel, le poivre, une pincée de muscade, enfin les oignons, le persil et le cerfeuil hachés.

• Ouvrir l'abdomen de la poule, introduire cette farce, qu'on aura bien malaxée. Recoudre soigneusement la fente.

• Peler les carottes, navets, poireaux, la branche de céleri. Les placer dans un fait-tout avec le bouquet garni, l'oignon piqué d'un clou de girofle et les abattis (cou, pattes, ailerons) de la poule.

• Placer la volaille sur ce lit, verser de l'eau jusqu'à 5 cm au-dessus. Cuire à feu doux 1 h 30. S'il reste de la farce, la rouler dans des feuilles de chou ou de laitue, ficeler ces boulettes et les cuire avec la poule.

• Celle-ci se sert entourée de ses légumes.

Deux siècles après que le roi Henri IV eut promis aux Français une poule au pot le dimanche, l'épigramme suivante, sous forme de quatrain, courait les rues de Paris :

« La poule au pot va enfin être mise,
On peut du moins le présumer,
Car depuis deux cents ans qu' elle
Nous est promise
On n'a cessé de la plumer. »

Confit de canard

GASCOGNE, LANGUEDOC TOULOUSAIN, BÉARN

À commencer 24 heures avant
Préparation : 1 heure
Cuisson : 1 h 20
Difficile
🍷 Côtes-de-bergerac AOC rouge

Pour 8 personnes :
2 canards gras
2 kg de graisse de canard ou d'oie
200 g de gros sel de mer

• Ouvrir le canard. Le vider, en faisant attention à ne pas crever la poche de fiel du foie. Prélever à l'intérieur la graisse blanche, le gésier et le cœur. Préparer le foie gras (voir recette sur cette même page).

• Nettoyer le gésier après l'avoir fendu. Détacher la chair du canard (appelée paletot) de la carcasse (celle-ci, grillée au four, est délicieuse).

• Séparer les ailes et les cuisses. Couper les ailerons, ainsi que les parties de peau qui ne recouvrent pas de chair.

• Saler l'intérieur et l'extérieur des cuisses et des ailes avec la main, afin que le gros sel adhère bien. Saler également les ailerons, le gésier et le cœur, ainsi que le cou, et les placer en terrine 24 heures, dans un endroit frais. Mettre la graisse au frais.

• Le lendemain, mettre dans un récipient à parois épaisses la graisse et les peaux. Faire fondre à feu doux, puis passer au chinois et remettre dans la bassine avec les 2 kg de graisse prévus dans les ingrédients.

• Essuyer très soigneusement les morceaux de canard, auxquels il ne doit plus adhérer de sel.

• Plonger ces morceaux dans la graisse chaude et laisser cuire à feu doux 1 h 15 environ. Dès que l'os apparaît, au bout des cuisses et des ailes, la cuisson est achevée.

• Laisser refroidir, placer les morceaux dans des bocaux très propres, à col droit (dans les récipients à col resserré, il est très difficile ensuite de sortir les morceaux de la graisse). Couvrir de graisse liquide. Veiller à éviter d'enfermer des bulles d'air. Fermer les bocaux, qu'on peut conserver de 2 à 3 mois dans un endroit frais.

• Si l'on veut stériliser les bocaux, ne faire cuire les morceaux de canard dans la graisse que 30 minutes. Ensuite, le bocal une fois fermé, stériliser pendant 1 h 15. En respectant les proportions, le procédé est le même pour le confit d'oie. Le cœur, le gésier et les ailerons serviront à d'autres usages.

Salmis de palombes

GASCOGNE, BÉARN, PAYS BASQUE

Préparation : 15 minutes
Cuisson : 1 h 10
Facile
🍷 Madiran AOC rouge

Pour 4 personnes :
4 palombes
1 tranche de jambon de Bayonne, large et épaisse
2 oignons
1 bouteille de vin rouge (madiran, côtes-de-buzet, bordeaux)
1 brin de thym
300 g de champignons (girolles ou champignons de Paris)
1 pincée de muscade
1 carré de chocolat amer
1 noix de beurre
1 cuillerée à soupe d'huile d'arachide
sel, poivre

• Vider et flamber les palombes. Les couper en deux. Dans une cocotte, chauffer beurre et huile, faire revenir le jambon coupé en petits dés, les oignons pelés et émincés, les champignons nettoyés et coupés en quatre.

• Laisser dorer 3 ou 4 minutes, retirer le tout et remplacer par les palombes. Faire dorer les oiseaux 5 minutes de chaque côté. Arroser de vin rouge, remettre oignons, jambon et champignons.

• Ajouter thym, poivre, sel, muscade. Laisser cuire 1 heure à feu doux. Ajouter le chocolat un peu avant la fin de la cuisson. Napper les palombes, qu'on peut accompagner de croûtons frits au beurre.

Foie gras

GASCOGNE, LANGUEDOC TOULOUSAIN, BÉARN

Le préparer 3 à 4 jours avant
Préparation : 20 minutes
Cuisson : 40 minutes
Difficile
🍷 Sauternes AOC blanc

Pour 6 personnes :
2 foies de canard de 400 à 450 g chacun
1 cuillerée à café de sel
1/2 cuillerée à café de sucre en poudre
1 pincée de poivre blanc

• Ouvrir avec grand soin les lobes des foies pour en ôter les vaisseaux sanguins, les amas graisseux, les parties touchant la poche de fiel. Pour cela, séparer les lobes, laisser les foies prendre la température de la pièce.

• Poser chaque lobe sur un torchon, l'inciser avec un couteau bien aiguisé sur toute sa longueur, à une profondeur de 2 mm environ.

• Rechercher le vaisseau qui irrigue le lobe, le tirer doucement afin d'entraîner le réseau des vaisseaux. Le gros lobe comporte, lui, deux réseaux sanguins.

• Mélanger sel, sucre et poivre, assaisonner les foies à l'extérieur et à l'intérieur avec ce mélange.

• Mettre dans une terrine un gros lobe au fond, les deux petits par-dessus et couvrir avec le second gros lobe, partie lisse vers l'extérieur.

• Bien tasser à la main et recouvrir de papier aluminium.

• Dans le four préchauffé à basse température, placer la terrine au bain-marie 40 minutes. Sortir la terrine du four.

• Poser à sa surface une planchette, sur laquelle on place un objet pesant de 150 à 200 g afin de bien tasser les foies et d'expulser la graisse.

• Laisser refroidir, puis mettre au réfrigérateur. L'y laisser reposer pendant 3 ou 4 jours.

Poulet basquaise

PAYS BASQUE

PRÉPARATION : 30 MINUTES
CUISSON : 55 MINUTES
FACILE
BÉARN AOC ROSÉ

POUR 6 PERSONNES :

1 poulet de 1,2 à 1,3 kg
50 g de graisse d'oie
4 tomates
6 piments verts d'Espelette
1 oignon
2 gousses d'ail
1 dl de vin blanc
250 g de jambon de Bayonne
1 bouquet de persil
100 g de champignons de Paris (facultatif)
6 saucisses basques appelées louquenkas (facultatif)
sel, poivre

• Découper en morceaux le poulet vidé et flambé.

• Conserver les abats, dont le foie débarrassé du fiel. Dans une cocotte, faire chauffer la graisse d'oie et revenir les morceaux de poulet ainsi que les abats. Baisser la flamme quand ceux-ci ont raidi. Retirer les morceaux de la cocotte et les réserver au chaud. Retirer les abats, plus fermes, en dernier.

• Dans la cocotte, mettre l'oignon émincé, l'ail écrasé au couteau, les piments coupés en lanières et débarrassés de leurs graines, les tomates pelées, épépinées et coupées en morceaux, éventuellement les champignons nettoyés et coupés en petits dés. Chauffer à feu vif, saler, poivrer, laisser réduire l'ensemble pendant 10 minutes. Verser le vin blanc, amener à ébullition, couvrir, laisser mijoter 30 minutes.

• Remettre ensuite les morceaux de poulet dans la sauce pendant 10 minutes à feu doux. Pendant ce temps, couper le jambon en dés et (éventuellement) les saucisses en rondelles épaisses. Les faire revenir dans une poêle à feu moyen et les disposer autour du poulet recouvert de la sauce. Saupoudrer de persil.

• On accompagne le plus souvent le poulet basquaise de riz cuit à l'eau salée.

Foie gras aux raisins

GASCOGNE

À COMMENCER LA VEILLE
PRÉPARATION : 1 HEURE
REPOS : UNE NUIT
CUISSON : 1 H 30
DIFFICILE
CADILLAC AOC BLANC

POUR 8 PERSONNES :

2 foies gras frais de canard d'environ 500 g ou 2 foies gras frais d'oie de 600 g
1,2 kg de raisins blancs mûrs, mais fermes
20 cl de vin blanc (tursan ou jurançon)
1 petit verre d'armagnac
20 cl de bouillon de volaille
20 g de graisse d'oie
1 pincée de sucre semoule
3 carottes
2 oignons
sel, poivre

• Laver et égrapper les raisins, les peler et les épépiner à l'épingle ou au cure-dent de plume. Les mettre en terrine avec le vin et l'armagnac. Couvrir et laisser macérer au frais une nuit.

• Parer le foie comme il est dit dans la recette du foie gras, p. 226. Le frotter ensuite d'un mélange du sel, du sucre et du poivre. Le laisser reposer également une nuit au frais, couvert d'un linge.

• Laver les carottes. Les peler ainsi que les oignons. Émincer finement et placer au fond d'une cocotte à fond épais, avec la graisse.

• Disposer les foies sur ce lit, placer au-dessus un papier sulfurisé graissé. Couvrir, mettre à four moyen 25 minutes pour les foies de canard, 30 minutes pour les foies d'oie.

• Enlever les foies, les réserver au chaud. Vider la graisse de la cocotte et la remplacer par le bouillon et la marinade des raisins. Sur feu moyen, réduire de moitié la sauce, puis la passer au chinois. La remettre en cocotte, y placer les grains de raisin, chauffer 4 minutes. Rectifier l'assaisonnement.

• Au moment de servir, escaloper les foies en trois tranches.

• Napper avec la sauce et les raisins.

Pistache de Saint-Gaudens

LANGUEDOC TOULOUSAIN

À COMMENCER 8 HEURES AVANT SI ON UTILISE DES HARICOTS SECS
PRÉPARATION : 30 MINUTES
CUISSON : 3 H 30
TRÈS DIFFICILE
GAILLAC AOC ROUGE

POUR 6 PERSONNES :

1 épaule de mouton de 1,2 à 1,3 kg
300 g de tomates
500 g de haricots blancs secs (ou 1,2 kg frais à écosser)
150 g de couennes de porc
150 g de graisse d'oie
6 gousses d'ail
3 oignons, dont un piqué d'un clou de girofle
3 carottes
25 cl de vin blanc sec
1 bouquet garni (thym, laurier, persil)
1 verre de chapelure
sel, poivre

• Si les haricots sont secs, les faire tremper 8 heures avant la cuisson, les égoutter et les rincer. Peler les oignons et les carottes, couper celles-ci en rondelles. Peler l'ail, ainsi que les tomates, qu'on épépine.

• Dans une marmite ou un fait-tout, mettre les haricots et les recouvrir d'eau froide. Ébouillanter les couennes pour les assouplir, les rouler et les ficeler. Ajouter aux haricots ces couennes, ainsi que l'oignon piqué, le bouquet garni et les carottes.

• Cuire 1 heure, à couvert, à feu très doux. Découper l'épaule en cubes de 4 cm environ. À la poêle ou en sauteuse, les faire rissoler à la graisse d'oie.

• Ajouter, quand la viande est dorée, les oignons coupés en quartiers et les faire dorer à leur tour, sur feu modéré, en remuant à la cuiller de bois.

• Ajouter les gousses d'ail écrasées, les tomates coupées en morceaux.

• Chauffer en pressant de la cuiller sur les tomates et l'ail afin de les réduire en purée grossière.

Pistache de Saint-Gaudens

• Verser ensuite le vin. Égoutter les haricots, dont on vérifie la cuisson.

• Le jus dans lequel ils ont cuit va rejoindre dans la poêle ou la sauteuse le vin blanc. Couvrir et laisser cuire à feu très doux pendant 1 heure. En cours de cuisson, rectifier l'assaisonnement.

• Après cette heure, frotter d'ail et graisser un plat allant au four. Y verser la moitié des haricots, les mouiller d'une louche de jus de cuisson de la sauteuse, disposer les morceaux d'épaule, recouvrir des haricots qui restent.
Verser une nouvelle louche de jus, qu'on aura fait réduire à feu vif. Saupoudrer de chapelure, verser un peu de graisse d'oie fondue et mettre à four très doux pendant 1 h 30.

• Servir dans le plat de cuisson.

• Certains mélangent aux haricots, dans le plat à gratin, de petits morceaux de couenne.

Gras-double albigeois

LANGUEDOC TOULOUSAIN

PRÉPARATION : 15 MINUTES
CUISSON : 10 H 40
DIFFICILE
🍷 TURSAN VDQS ROUGE

POUR 8 PERSONNES :

1,5 kg de gras-double nettoyé et blanchi
os de jambon, de gigot, de veau (demander au boucher)
300 g de carottes
150 g d'oignons
3 clous de girofle
1 tête d'ail
1 bouquet garni (thym et laurier)
1 cuillerée à café de poivre en grains
30 g de saindoux
300 g de jambon de pays
1 cuillerée à soupe de farine
2 cuillerées à soupe de câpres
2 g de filaments de safran
sel, poivre

• Mettre dans un grand récipient en terre le gras-double, les os, les carottes pelées, lavées, émincées, les oignons pelés et coupés en quartiers et les clous de girofle piqués dedans, la tête d'ail débarrassée seulement de sa peau extérieure, le thym, le laurier, les grains de poivre. Couvrir largement d'eau.

• Souder les bords du récipient au couvercle en lutant. Mettre à four très doux 10 heures.

• Vingt minutes avant la fin de la cuisson, découvrir le récipient.

• D'autre part, mettre le jambon coupé en petits dés, avec le saindoux, dans une sauteuse ou une poêle. Faire revenir 5 minutes. Poudrer de farine, tourner pendant 3 minutes, puis mouiller avec 75 cl du jus de cuisson du gras-double.

• Remuer encore 3 minutes. Dans la marmite, prélever la tête d'ail, en presser la pulpe sur les dés de jambon. Ajouter le safran. Égoutter le gras-double, le couper en carrés de 4 à 5 cm, l'ajouter à la préparation et laisser mijoter encore 30 minutes. Au moment de servir, jeter les câpres bien égouttées dans le plat de service.

Alycuit ou alycot à la béarnaise

BÉARN

PRÉPARATION : 25 MINUTES
CUISSON : 1 H 15 À 1 H 45
FACILE
🍷 JURANÇON SEC AOC BLANC

POUR 4 PERSONNES :

les abats d'1 oie grasse (cou, gésier, cœur, ailerons) ou de 4 poulets (foies en plus)
150 g de jambon cru
50 g de graisse d'oie
4 carottes
2 oignons
2 tomates
1 bouquet garni (thym, laurier, persil)
1 cuillerée à soupe de farine
2 verres de vin blanc (jurançon ou tursan)
2 clous de girofle
4 gousses d'ail
1 pincée de muscade
sel, poivre

• Nettoyer les abats, flamber les ailerons, ouvrir et nettoyer les gésiers, ôter le fiel des foies. Découper le jambon en petits dés. Peler et émincer les carottes et les oignons. Laver les tomates, les peler et les épépiner.

• Dans une cocotte, mettre la graisse d'oie, la chauffer et faire dorer les abats, en remuant avec une spatule ou une cuiller de bois. Ajouter ensuite les carottes, les dés de jambon, les oignons piqués des clous de girofle, les tomates, le bouquet garni, l'ail pelé et écrasé au couteau.

• Assaisonner de sel, poivre, muscade. Quand cet ensemble est bien revenu, verser la farine et remuer pour qu'elle colore. Verser ensuite le vin et un verre d'eau. Monter à ébullition.

• Pendant ce temps, hacher et réduire en purée les foies (si l'on en dispose) et les mélanger au jus de la cocotte. Dès que le liquide bout, couvrir et enfourner à chaleur modérée pendant 1 heure. S'il s'agit d'abats d'oie, prolonger de 30 minutes cette cuisson et vérifier au moment de servir que les gésiers sont bien tendres.

Riz à la gachucha

PAYS BASQUE

PRÉPARATION : 15 MINUTES
CUISSON : 35 MINUTES
FACILE
IROULÉGUY AOC ROSÉ

POUR 6 PERSONNES :
500 g de riz
1 chorizo
200 g de poitrine de porc fumée
150 g d'olives vertes dénoyautées
500 g de piments doux
120 g de purée de tomates fraîches
10 cuillerées à soupe d'huile d'olive
150 g d'oignons
1 cuillerée à soupe de beurre
sel, poivre

• Laver soigneusement le riz (de préférence à grains ronds) et le sécher dans un linge. Hacher fin les oignons pelés et les faire fondre doucement en casserole dans 8 cuillerées à soupe d'huile d'olive.

• Ajouter ensuite la purée de tomates. Faire réduire doucement ce mélange, en remuant, pendant 5 minutes. Jeter ensuite le riz dans cette sauce et lui faire prendre couleur. Ajouter alors 1,5 l d'eau chaude. Saler et poivrer avec prudence.

• Mettre dans la casserole les olives et le chorizo coupé en rondelles. Couvrir avec un papier huilé, hermétiquement, et cuire doucement 25 minutes. S'il reste de l'eau, prolonger un peu la cuisson.

• Pendant ce temps, faire revenir à la poêle, dans un peu d'huile, la poitrine fumée coupée en lardons. Retirer ceux-ci quand ils commencent à rissoler. Faire revenir à leur place les piments, qu'on a coupés en lanières, après en avoir ôté la queue et les graines.

• Beurrer un moule à savarin (en couronne). Disposer sur les parois le chorizo coupé en tranches, les lardons. Remplir avec le riz.

• Démouler et placer au centre la fondue de piment.

desserts

Gimblettes d'Albi

LANGUEDOC TOULOUSAIN

Préparation : 20 minutes
Repos de la pâte : 30 minutes
Cuisson : 30 minutes
Facile
🍷 **blanquette-de-limoux AOC blanc**

Pour 6 personnes :
400 g de farine
50 g de sucre en poudre
1 zeste de citron
75 g d'écorce de cédrat
1 cuillerée à café d'eau de fleur d'oranger
1 sachet de levure
6 œufs
10 g de sel
50 g de beurre

• Dans une terrine, mélanger la farine et la levure. Faire une fontaine.

• Y mettre 10 cl d'eau, le beurre fondu, le sucre, le sel et 2 œufs.

• Bien amalgamer jusqu'à obtenir une pâte souple et légère. Laisser reposer 30 minutes.

• Pendant ce temps, râper le zeste de citron et couper l'écorce de cédrat en très petits morceaux. Incorporer le tout, ainsi que les autres œufs et l'eau de fleur d'oranger, à la pâte. Malaxer et faire une boule de cette pâte.

• À la main, en roulant sur la plaque ou la planche à pâtisserie, faire des cordons d'une épaisseur de 1 cm.

• De ces cordons faire des couronnes, en soudant les deux extrémités.

• Dans de l'eau bouillante qu'on laisse à frémissement, plonger les couronnes après les avoir piquées légèrement de la pointe du couteau trois ou quatre fois.

• Quand les gimblettes remontent à la surface, les laisser encore 5 minutes pour qu'elles gonflent.

• Les sortir de l'eau et les sécher sur du papier absorbant.

• Placer enfin les gimblettes refroidies sur la plaque beurrée du four.

• Les enfourner 20 minutes à bonne chaleur. Les retirer quand elles sont dorées.

Gâteau basque

PAYS BASQUE

Préparation : 25 minutes
Cuisson : 45 minutes
Difficile
🍷 **maury AOC rouge - vin doux naturel**

Pour 8 personnes :
300 g de farine
180 g de beurre
200 g de sucre semoule
25 cl de lait
1 gousse de vanille
5 œufs
1/2 sachet de levure chimique
2 cuillerées à soupe de rhum

• Préparer d'abord la crème pâtissière. Faire bouillir le lait avec la gousse de vanille. Réserver.

• Dans une terrine, battre vigoureusement 2 œufs et 50 g de sucre.

• Quand le mélange est devenu crémeux, incorporer 30 g de farine en pluie. Verser le lait après en avoir ôté la gousse de vanille.

• Reverser le tout dans la casserole et remettre à feu doux sans cesser de tourner. Retirer du feu dès qu'apparaît le premier bouillon et incorporer 10 g de beurre en petits morceaux.

• Préparer la pâte. En terrine, fouetter 150 g de beurre jusqu'à ce qu'il prenne la consistance d'une pommade.

• Ajouter, toujours en fouettant, le reste du sucre jusqu'à obtenir un mélange parfait. Incorporer alors 2 œufs, la farine, la levure et le beurre.

• Beurrer un moule à manqué, poudrer de farine le fond et les parois. Secouer en retournant pour que l'excédent de farine tombe.

• Garnir le moule avec les deux tiers de la pâte.

• Battre la crème pâtissière en lui ajoutant le rhum, l'étaler dans le moule en évitant de lui faire toucher le bord.
Pour cela, disposer la pâte non seulement dans le fond, mais à mi-hauteur le long des parois du moule.

Millas landais

Millas landais

GASCOGNE

PRÉPARATION : 20 MINUTES
CUISSON : 30 MINUTES
FACILE
LOUPIAC AOC BLANC

POUR 6 PERSONNES :

1 l de lait
5 œufs
5 cuillerées à soupe de farine de maïs
5 cuillerées à soupe de sucre
1 cuillerée à soupe d'eau de fleur d'oranger
le zeste d'un citron non traité

• Faire bouillir le lait, moins 1/2 verre de réserve. Y faire fondre le sucre en remuant à la cuiller de bois, puis ajouter l'eau de fleur d'oranger. Battre en neige ferme les blancs d'œufs. Les réserver.

• Dans une terrine, verser la farine de maïs et y incorporer les jaunes d'œufs l'un après l'autre, en les mélangeant bien.

• Y ajouter le zeste râpé du citron. Verser avec précaution le lait, en remuant pour éviter la formation de grumeaux. Enfin, ajouter les blancs d'œufs, toujours en tournant avec la cuiller.

• Verser le mélange dans une tourtière beurrée, qu'on met au bain-marie. Cuire 30 minutes à four très chaud. Laisser refroidir. Démouler.

• Le millas peut se manger tartiné de miel.

• Dans ce puits, verser la crème. Recouvrir du reste de pâte. Dorer au pinceau avec le dernier œuf battu. Enfourner à chaleur moyenne pendant 45 minutes. Démouler.

• On peut, comme le faisaient les Basques, remplacer la crème par des cerises noires dénoyautées et de la confiture de cerises.

** La sauce béarnaise, comme son nom ne l'indique pas, n'est pas une création de cette province. Elle a été inventée en 1860, par un cuisinier d'origine béarnaise, à Saint-Germain, au restaurant appelé... Pavillon Henri IV.*

Glossaire

Abaisser. Étendre une pâte au rouleau pour lui donner la surface et l'épaisseur désirées. La pâte ainsi aplatie se nomme abaisse.

Bain-marie. Récipient d'eau bouillante dans lequel on place un récipient plus petit contenant le produit à réchauffer ou à cuire doucement.

Barder. Entourer la pièce à rôtir ou à braiser d'une fine tranche de lard, qu'on fixe avec une ficelle fine.

Béchamel (sauce). Pour 6 personnes : 40 g de beurre ; 40 g de farine ; 2 dl de lait froid ; 2 dl d'eau froide ; 1/2 cuillerée à café de sel fin ; quelques tours de moulin à poivre. Mettre le beurre dans la casserole sur feu doux. Quand il est fondu, mettre la farine. Délayer pour obtenir une consistance lisse. Tourner jusqu'à ce que le mélange devienne mousseux, mais sans colorer. Verser les trois quarts du mélange lait-eau. Monter le feu en mélangeant toujours jusqu'à ébullition. Laisser épaissir un peu, verser le reste du liquide. Saler, poivrer, laisser reprendre l'ébullition jusqu'à la consistance voulue.

Beurre manié. Mélange homogène de beurre et de farine, à la température de la pièce, en règle générale à égale proportion.

Blanchir. Placer quelques minutes un aliment dans l'eau bouillante pour l'attendrir ou l'adoucir, puis le rafraîchir à l'eau froide.

Brider. Maintenir le long du corps les ailes et les pattes d'un volatile à l'aide d'une ficelle passée à travers le corps avec une aiguille à brider.

Chapelure. Mie de pain grillée au four et pilée très finement. S'achète chez le boulanger ou en paquets.

Cheminée. Trou ménagé au sommet d'un pâté pour laisser échapper la vapeur à la cuisson. On en maintient les bords avec un bristol roulé.

Chinois. Passoire fine en forme de cône renversé.

Ciseler. Hacher avec des ciseaux.

Concasser. Couper en petits morceaux ou hacher grossièrement.

Court-bouillon. Pour 1 l d'eau : 1 dl de vinaigre ; 2 dl de vin blanc ; 1/2 cuillerée à soupe de gros sel ; 1 branche de persil, 1 brin de thym, 1 feuille de laurier ; 1 carotte ; 1 oignon ; 1 gousse d'ail. Porter à ébullition les ingrédients, après les avoir lavés, dans le mélange eau-vinaigre-vin. Laisser bouillir 1 heure. Employer froid ou tiède.

Crème Chantilly. Crème légère montée au fouet et sucrée.

Crème pâtissière. Pour 6 : 1/2 l de lait ; 125 g de sucre ; 1/2 gousse de vanille ; 3 œufs ; 30 g de farine. Faire bouillir le lait avec sucre et vanille. Dans une terrine, casser un œuf et délayer la farine jusqu'à ce qu'elle devienne lisse. Ajouter les autres œufs. Délayer. Tourner rapidement, en versant le lait bouillant. Passer ensuite avec une passoire fine dans une casserole, sur feu doux. Tourner jusqu'à ce que la crème épaississe. Verser dans un récipient froid et laisser refroidir.

Déglacer. Mouiller avec un liquide (eau, vin, alcool) certaines préparations pour dissoudre et récupérer le jus de cuisson attaché au fond du récipient.

Écaler. Ôter l'enveloppe coriace de certains fruits (noix).

Écumer. Ôter l'écume qui remonte à la surface d'un liquide au moment de l'ébullition. Utiliser une écumoire.

Effeuiller. Séparer les couches de chair de certains poissons comme la morue ou la raie.

Emporte-pièce. Instrument en métal, pour trouer ou découper.

Escaloper. Découper en tranches fines.

Foncer. Disposer une abaisse de pâte sur le fond et les parois d'un récipient.

Fontaine. Dépression creusée dans la farine pour préparer une pâte.

Fumet de poisson. Pour 1 l : déchets de poissons maigres dans la proportion de 2 kg ; 1 bouquet de persil ; 6 oignons ; 300 g de champignons de Paris ; le jus de 1 citron ; 1 cuillerée à soupe de gros sel ; une vingtaine de grains de poivre ; 1 l de vin blanc ; 1 l d'eau. Laver légumes et déchets. Mettre dans l'eau et le vin blanc avec les condiments. Amener lentement à ébullition. Laisser bouillir 1 h 30. Passer au chinois et poursuivre l'ébullition si le liquide reste trop abondant.

Glacer. Saupoudrer de sucre glace un aliment pour lui faire prendre coloration.

Julienne. Légumes détaillés en fines lamelles.

Piquer ou **larder.** Introduire de fines bandes de lard gras dans une pièce de viande grâce à une aiguille à larder.

Luter. Fermer hermétiquement un récipient grâce à un mélange de farine et d'eau formant pâte, qui sèche à la cuisson.

Moule à manqué. Moule à bords élevés et lisses.

Pâte brisée. Pour 6 : 250 g de farine ; 125 g de beurre ; 80 g d'eau ; 1 cuillerée à café de sel fin. Tamiser la farine sur une terrine. Y déposer le beurre en petits morceaux. Mélanger sans ramollir le beurre, en effritant le mélange. Faire un dôme, y ménager une fontaine de 10 cm de diamètre, verser le sel et l'eau. Délayer en spirale. Pétrir légèrement. Faire une boule rugueuse, pétrir encore légèrement. Laisser reposer 30 minutes dans un linge.

Pâte à choux. Pour 8 : 80 g de beurre ; 280 g d'eau ; 40 g de sucre ; 1 cuillerée à café de sel fin ; 250 g de farine ; 8 œufs. Mettre eau, beurre, sel et sucre dans une casserole. Monter à ébullition. Quand le mélange monte comme du lait, verser la farine. Tourner rapidement sur feu doux pour obtenir une pâte lisse. Faire dessécher la pâte jusqu'à ce qu'elle se détache. Retirer la casserole du feu, casser les œufs dans la pâte en mélangeant rapidement chaque fois. Tourner vigoureusement et la pâte devient de plus en plus lisse. Elle doit être à la fois souple et ferme. La laisser reposer 15 minutes.

Pâte feuilletée. Pour 6 : 500 g de farine ; 375 g de beurre ; 2 cuillerées à café de sel fin ; 200 g d'eau froide. Faire une fontaine avec la farine, mettre le sel, la moitié de l'eau, délayer à la cuiller de bois. Verser le reste de l'eau, pétrir la pâte, qui doit avoir la consistance du beurre. Faire une boule et laisser reposer 10 minutes. Étendre à la main la pâte, qui doit avoir 1,5 cm d'épaisseur. Au centre du cercle, déposer morceau par morceau le beurre. Humecter sur 2 cm les bords de la pâte et ramener sur le beurre, qu'on enferme ainsi dans la pâte repliée. Saupoudrer de farine le dessus de cette sorte de bourse. Avec un rouleau fariné, étaler doucement, en partant du centre. Le beurre ne doit pas crever la pâte. Étaler celle-ci jusqu'à 1 cm d'épaisseur. La plier en trois. Étaler de nouveau, le rouleau placé perpendiculairement à la pliure. Cette opération s'appelle « donner un tour ». Donner un deuxième tour, laisser reposer 20 minutes. Donner encore quatre tours, avec 20 autres minutes de repos après le deuxième. On trouve dans le commerce de la pâte feuilletée surgelée.

Pâte sablée. Pour 400 g de sablés : 1 œuf ; 125 g de sucre en poudre ; 250 g de farine ; 125 g de beurre ; 1 pincée de sel fin. Mettre en terrine œuf, sel et sucre. Mélanger à la cuiller de bois. Faire blanchir le mélange, qui devient coulant. Tamiser la farine, la verser sur le mélange, tourner à la cuiller de bois. Prendre entre les mains un peu de pâte, frotter, continuer avec la totalité de la pâte. Cette opération s'appelle « sabler ». Lorsque la pâte est devenue sable, fariner la planche légèrement, verser dessus le sable. Poser dessus le morceau de beurre et faire pénétrer peu à peu le sable dans le beurre. Pétrir avec légèreté. Lorsque la pâte est homogène, l'étendre au rouleau sur 2 à 4 mm d'épaisseur.

Pocher. Cuire dans un liquide sans que celui-ci prenne l'ébullition.

Revenir (faire). Passer viande, poisson ou légumes dans une matière grasse, à feu vif, pour colorer.

Roux blond. Pour 6 : 40 g de beurre ; 40 g de farine ; 4 à 5 dl d'eau ou de bouillon de volaille ; 1/2 cuillerée à café de sel fin ; quelques tours de moulin à poivre. Mettre le beurre dans la casserole, sur feu doux. Dès qu'il est fondu, verser la farine. Délayer pour obtenir un mélange lisse. Continuer à tourner. Quand le mélange mousse, continuer jusqu'à coloration blonde. Verser alors les trois quarts du liquide froid. Monter la chaleur. Mélanger toujours jusqu'à ébullition et épaississement. Ajouter le reste du liquide peu à peu, si la sauce est trop épaisse. Saler, poivrer, reprendre l'ébullition.

Sauteuse. Casserole ronde, à bords largement évasés.

Index des recettes

Index par catégorie

Légumes

Desserts

Crédits photographiques

Couverture :
première de couverture :
© Sucré Salé/P. Hussenot ;
quatrième de couverture :
© Moa Qui/P. Escudero.

Christian Délu, Paris :
17, 45, 49, 53, 64-65, 86, 111, 145, 148.
Katja Kissov (Nathalie Chassériau Banes, organisation), Milan :
16, 19, 21, 22, 23, 24, 28, 29, 32, 33, 40, 41, 48, 51, 55, 58, 60-61, 62, 63, 67, 69, 76-77, 79, 81, 83, 84-85, 88, 95, 96-97, 98, 99, 101, 102, 105, 106, 108-109, 117, 118-119, 122, 125, 127, 128-129, 133, 134, 137, 143, 146, 147, 150-151, 152, 153, 154, 156, 159, 160, 166, 167, 168, 170, 171, 172, 173, 174, 176, 177, 178-179, 186-187, 188, 189, 191, 201, 202, 204, 205, 208, 209, 211, 212-213, 218-219, 220, 221, 224, 227, 229, 230-231, 232-233.
Mondadori Press :
6.
© Hémisphères Images, Paris :
B. Barbier, 39h ; R. Cintract, 114b, 182-183b, 183h ; J. Du Boiberranger, 180-181 ; S. Frances, 214-215 ; S. Frances et P. Wysocki, 73b, 216b, 217b ; P. Frilet, 164-165b, 165h, 216-217h ; J. Frumm, 37b, 73h ; B. Gardel, 70-71 ; G. Giuglio, 115 ; F. Guiziou, 10, 36b, 38-39b, 74-75h, 75b, 140-141h, 140b, 141b ; C. Guy, 11, 162-163, 164h ; C. Heeb, 38h ; H. Krinitz, 184h ; D. Leroy, 138-139, 184-185b ; J. Nicolas, 15 ; B. Rieger, 34-35, 36-37h, 72, 74b, 112-113, 185h ; P. Thomas, 12-13, 14h, 14b, 182h ; P. Wysocki et S. Frances, 114h.
Overseas/Amiard :
25, 43, 44, 57, 68, 82, 90-91, 92, 110, 116, 121, 130-131, 142, 157, 172, 190, 193, 195, 196, 198-199, 222-223, 228.
Overseas/Studio Adna :
20, 31.
Prima Press, Milan :
27, 30, 46, 206-207.
Rauzier-Rivière-Jussy Production/ Stockfood/Olycom : 2
Richard Klune/Corbis/Contrasto : 9

(Les objets photographiés ont été aimablement fournis par : *La Porcellana Bianca*, Arezzo et *Nicola Fasano*, Milan).